U0367398

法官 裁判责任研究

郭延军◎著

上海交通大学出版社
SHANGHAI JIAO TONG UNIVERSITY PRESS

内容提要

本书的研究对象是法官裁判责任，主要从规范和实施两个层面全面梳理了我国法官裁判责任追究的实践情况，介绍了域外六个国家追究和豁免法官裁判责任的具体制度，根据法律责任追究的一般原理以及审判独立和审判监督平衡的司法规律，探讨了法官裁判责任的追究限度，提出了我国法官裁判责任制度完善的基本思路。主要内容包括：导论、错案及其判断标准、我国法官裁判责任追究的规范分析、我国法官裁判责任追究的实证分析、法官裁判责任追究和豁免的域外经验、法官裁判责任追究和豁免的法理依据、对我国法官裁判责任追究实践的检讨、我国法官裁判责任追究制度的完善。本书的读者对象包括：法理学、宪法学、诉讼法学的理论界和实务界人士。

图书在版编目(CIP)数据

法官裁判责任研究/ 郭延军著. —上海：上海交通大学出版社，2022.7
ISBN 978－7－313－25802－1

Ⅰ.①法… Ⅱ.①郭… Ⅲ.①法官－审判－责任制－研究－中国 Ⅳ.①D926.17

中国版本图书馆 CIP 数据核字(2021)第 272834 号

法官裁判责任研究
FAGUAN CAIPANZEREN YANJIU

著　　者：郭延军	
出版发行：上海交通大学出版社	地　　址：上海市番禺路 951 号
邮政编码：200030	电　　话：021－64071208
印　　制：江苏凤凰数码印务有限公司	经　　销：全国新华书店
开　　本：710 mm×1000 mm　1/16	印　　张：13.25
字　　数：223 千字	
版　　次：2022 年 7 月第 1 版	印　　次：2022 年 7 月第 1 次印刷
书　　号：ISBN 978－7－313－25802－1	
定　　价：58.00 元	

目　录

法官裁判责任研究

导　　论

　　多年来，一些重大冤假错案的曝光引起了人们对错案的广泛关注和对司法腐败的担忧。为保证司法公正和提高司法公信力，党的十五大报告明确提出"建立冤案、错案责任追究制度"；党的十八届三中全会再次强调"健全错案防止、纠正、责任追究机制"；党的十八届四中全会进一步提出了防范错案的具体举措，即"明确各类司法人员工作职责、工作流程、工作标准，实行办案质量终身负责制和错案责任倒查问责制，确保案件处理经得起法律和历史检验。"这些要求和举措的提出表明了中央对错案追责的高度重视。

　　司法人员是我国对参与司法过程的国家公职人员，主要是法官、检察官、刑事侦查人员的统称。诉讼案件分为刑事案件、民事案件和行政案件三种类型，任何类型的案件处理都要经过立案、调查、取证、审理、裁判等过程，错案产生的原因可以发生在任何阶段。民事案件和行政案件的处理过程主要在法院完成，在民事诉讼和行政诉讼中发生的错案，主要追究法官的责任。刑事案件的处理要经过公安机关或检察机关的侦查、检察院的起诉和法院审理三个阶段，在任何阶段都可能发生影响裁判结果、导致裁判错误的因素，因此，刑事错案的追责会涉及公安侦查人员、检察官和法官。本书将研究范围限定为对法官的责任追究。

　　根据2019年修订的《中华人民共和国法官法》（以下简称《法官法》）第2条规定："法官是依法行使国家审判权的审判人员，包括最高人民法院、地方各级人民法院和军事法院等专门人民法院的院长、副院长、审判委员会委员、庭长、副庭长和审判员。"在《法官法》修订之前，第2条规定的法官还包括助理审判员。2018年修订的《中华人民共和国人民法院组织法》（以下简称《法院组织法》）第40条规定："人民法院的审判人员由院长、副院长、审判委员会委员和审判员等人员组成"；第45条规定："人民法院的法官、审判辅助人员和司法行政人员实行分类管理"。因此，经过法官员额制改革后，在法官序列中不再设助理审判员。

对错案追究法官责任既要能够对审判活动起到应有的监督作用,但又不能影响审判的独立性,故追责限度的把握就显得尤为重要。有关错案追责的限度,争议主要集中于是否可以根据裁判结果追究法官责任这个问题,这正是本书的研究重点。本书将法官因其所作裁判承担的不利后果称为裁判责任。笔者曾以"法院错案追究的宪法学研究"为自选项目申请了国家社会科学基金 2013 年度项目资助,并获得批准,就法官裁判责任进行了专门研究,此课题已于 2017 年结项。本书是在该结项成果的基础上,根据我国法官责任制度改革的最新进展对法官裁判责任的研究进行了补充和完善。

一、对法官裁判责任之已有研究成果的梳理

有关裁判责任的探讨是在错案责任追究问题的研究中展开的,关于法院错案责任追究的研究可以追溯到 20 世纪 90 年代,研究缘于一些地方法院对错案责任追究制的推行。关于裁判责任,法学界主要探讨了以下几个方面的主题。

一是法官裁判责任追究的可能性。有学者通过论证"法律运行过程中存在来自三个方面的不确定性,即法律条文的不确定性、事实认定的不确定性和法律以外的其他社会和个人因素(甚至非理性的因素)的不确定性",由此认为"界定什么是'错案'是一件十分棘手的工作",[1]从而否定了追究法官裁判责任的可能性。但这种观点也遭到批评,有学者认为:"对于判决来说,只要它在法律允许的区域内,就是公正的,反之则为不公正。如果连这点确定性都不存在,判决的'合法性''合理性'将无法评价。法律的发展过程是确定性程度不断提高的过程,人们有伦理上的义务不断提高法律的确定性,而不是放任自流。"[2]

二是法官裁判责任追究的必要性。错案责任追究制的支持者多从增强法官责任心、提高办案质量等方面阐述错案追究的必要性;错案责任追究制的反对者多从维护审判独立的角度阐述错案追究不必要。也有学者认为,已经通过司法救济程序对裁判错误做了最大限度的防范,也通过国家赔偿制度对错误裁判的受害者进行了补偿,故对错案追责没有必要。[3]

三是基层法院裁判责任追究的具体实践及其效果。在已有研究中,有一些

---

① 王晨光:《法律运行中的不确定性与"错案追究制"的误区》,《法学》1997 年第 3 期。
② 周永坤:《错案追究制与法治国家建设——一个法社会学的思考》,《法学》1997 年第 9 期。
③ 参见陈瑞华:《法官责任制度的三种模式》,《法学研究》2015 年第 4 期。

针对特定基层法院对法官裁判责任追究的实际情况所做的调研，①还有一些针对部分地方法院制定的与错案追责相关的规范性文件所进行的文本分析。② 这些研究成果详细考察了一些地方法院错案追责制度的实际运行情况和对审判权的行使所产生的各种影响。

四是错案责任追究能够在当代中国得以生长并长期存在的原因。有学者从中国古代官僚制度的传统中探寻原因，认为"中国现代责任追究机制的内容——行政与司法权力的融合，对于司法错误的严格责任制，还有官员犯错的连带责任制都根源于中国古代皇权统治的司法实践。"③还有学者从人民司法的理念及相应实践中寻找答案，认为"只有按照新中国法院系统秉持的'人民司法'理念，我们才能对法院系统积极推行片面结果导向之错案责任追究机制作出一个符合逻辑的解释。"④

五是法官裁判责任追究的限度。有学者提出的追责事项范围是故意或重大过失造成的错案，追责对象范围包括直接办理者和监督管理者在内的有关司法人员。⑤有学者将审判业务责任分为法官因法律适用问题、事实认定问题和诉讼程序问题而担负的责任，并专门探讨了对中国法官在事实认定问题上的追责标准与豁免范围。⑥

二、本书对法官裁判责任研究的拓展

学界对法院实行错案责任追究制普遍持批判态度，⑦然而，饱受批判的错案

---

① 代表性论文：贺日开、贺岩：《错案追究制实际运行状况探析》，《政法论坛》2004 年第 1 期；王伦刚、刘思达：《从实体问责到程序之治——中国法院错案追究制运行的实证考察》，《法学家》2016 年第 2 期；江钦辉：《错案责任追究制度的目标偏移与矫正——以西北地区某基层法院错案责任追究的实践为考察对象》，《河北法学》2019 年第 7 期。

② 代表性论文：胡云秋：《道路通向"行为"：我国法官惩戒制度的转向与回归——以 25 省(市)65个法院的错案追究制度为样本的分析》，载贺荣主编：《尊重司法规律与刑事法律适用研究(上)——全国法院第 27 届学术讨论会获奖论文集》，人民法院出版社 2016 年版；李文静：《我国错案责任追究制的文本考察及制度构建》，《北京行政学院学报》2019 年第 1 期。

③ 〔美〕明克胜：《针对错案的司法责任追究制度：中华帝国的司法传统在延续》，夏雪、张欢、汪婧译，《司法》2015 年第 10 辑。

④ 周赟：《错案责任追究机制之反思——兼议我国司法责任制度的完善进路》，《法商研究》2017 年第 3 期。

⑤ 朱孝清：《错案责任追究与豁免》，《中国法学》2016 年第 2 期。

⑥ 樊传明：《追究法官审判责任的限度——现行责任制体系内的解释学研究》，《法制与社会发展》2018 年第 1 期。

⑦ 代表性论文：王晨光：《法律运行中的不确定性与"错案追究制"的误区》，《法学》1997 年第 3 期；周永坤：《错案追究制与法治国家建设——一个法社会学的思考》，《法学》1997 年第 9 期；李建明：《错案追究中的形而上学错误》，《法学研究》2000 年第 3 期；梁慧星：《叫停"错案追究" 完善"法官弹劾"》，《公民导刊》2003 年第 10 期；魏胜强：《错案追究何去何从？——关于我国法官责任追究制度的思考》，《法学》2012 年第 9 期；张玉洁：《错案追究终身制的发展难题——制度缺陷、逆向刺激与实用主义重构》，《北方法学》2014 年第 5 期；陈瑞华：《法官责任制度的三种模式》，《法学研究》2015 年第 4 期；等等。

责任追究制并没有偃旗息鼓,甚至在有些地方还层层加码,发展为对错案的终身追责。最高人民法院虽然纠正了地方法院对错案追责的一些不当做法,但并没有明确否定错案责任追究制,而中央文件也在不断强调对错案的追责。理论和实践显然是出现了分离现象。要化解其中的矛盾,并将对法官的错案追责纳入法治轨道,需要对法官裁判责任做更深入的研究。

本书对法官裁判责任的研究做了以下拓展。

第一,提出和论证了裁判错误的判断标准。对错案认识上的混乱一直是错案追责研究中一个未能很好解决的问题,目前也未形成比较清晰的裁判错误的判断标准。然而,只有对裁判错误的判断标准有科学而清晰的认识,才能回答对错案能不能追责的问题,也只有对裁判错误的判断标准有科学而清晰的认识,才能在错案追责问题上达成共识。本书根据法律对法官裁判的基本要求来认识裁判错误,明确提出和论证了确定裁判错误的判断标准,并分析了判断标准的确定性。

第二,深入探讨了裁判责任追究和限制的法理依据。已有研究很少讨论裁判责任追究的法理依据,包括错案责任追究制的支持者也很少展开对这个问题的讨论。本书从违法性、危害性、法官的主观过错、法官的责任能力等方面深入探讨了裁判责任追究的法理依据。已有研究关于限制裁判责任之法理依据的讨论也不深入,错案责任追究制的反对者主要从审判独立的角度阐述了限制裁判责任的必要性,但是对具体限制到什么程度、限度的考量因素是什么等问题都没有展开讨论。本书分别阐述了法官裁判责任之私法责任豁免的法理依据和公法责任严格限制的法理依据,并探讨了限制法官裁判责任的法治条件。

第三,以更加翔实的材料对域外法治国家法官裁判责任追究的两种基本模式做了更加全面的介绍。已有研究对域外法官裁判责任制度的介绍比较零散,尚不能准确和清晰地反映现代法治国家裁判责任追究和豁免的实际情况。本书对德俄法日四国和英美两国裁判责任追究和豁免的情况做了更为全面的介绍,并探讨了现代法治国家裁判责任追究和豁免的基本规律及其中蕴含的法理。

第四,对我国法官裁判责任制度做了更加深入的研究。一是从规则层面和实施层面对我国裁判责任追究的具体实践做了更加全面的考察;二是从宪法层面和诉讼法层面分析了地方法院裁判责任追究扩大化的原因,并从制度和立法技术上提出了解决裁判责任追究扩大化的具体方法;三是根据审判独立和审判监督平衡的司法原理,在分析我国审判独立保障制度和审判监督制度现状的基础上，从追责的事项范围和追责的责任形式范围两个方面，明确提出和论证了我国法官裁判责任追究的限度。

三、学科分析方法的选择

关于理论工具，本书选择以法权为核心范畴的新研究范式，即法权研究范式。这个研究范式的提出者证明了各种利益、各种基本法现象、各种财产之间客观上存在的对应关系和转化还原关系，抽象出"法权"这个概念，并以"法权"为核心，按照对法现象进行全面利益分析和财产分析的要求，形成了权、法权、权利、权力、剩余权、义务、法这七个基本概念作为法理学范畴架构的支柱。本书将使用法权概念，并根据该研究范式理解权利、权力、义务和法。法权，即权利和权力的统一体，其现实表现是权利和权力的各种具体存在形式，内容为一国或社会法定的各种个人利益、公共利益之和，以相应时空内归宿已定之全部财产为其物质承担者；法权可理解为法定之权的简称，它不是一个法律概念，而是认识和证实权利、权力从根本上是一个统一体后，记录对该统一体的认识的法学概念，即抽象思维的产物，就像经济学中的"价值"一样。权力是公共利益及支撑它的公共财产的法律存在形式，由国家机关等公共机构掌握和运用。权利是公民等自然人以及法律地位相当于自然人的拟制人的利益及支撑其私有财产的法律表现。义务是与权、权利、权力、法权、剩余权分别对应的概念，在法律或法学论著中体现相应的负数利益内容和负数财产内容；义务分为法律义务和法外义务。法（法律）是国家或社会中居于主导地位的社会集团运用国家机构分配法权，并规制其运用行为的以强制力为后盾的社会规范。①

法权研究范式关于法权的配置提出了法权中心和法权平衡原理。所谓法权中心是指"法治之法、社会主义之法事实上以或者应当以法权为重心，追求法权总量的最大化"。② 法权中心包含以下内容：一是法权中心是以人民（全体国民）权利中的全部法定部分中心。人民权利指在一个国家或政治共同体内，全体组成分子共有的本源性权利，其主体是一个集合体，即人民或国民全体，人民权利是一个政治概念。二是在现实生活中，法权中心就是权利、权力统一体中心或权利、权力统一体本位。三是从社会内容看，法权中心意味着法定整体利益中心，即"人民利益"的全部法定部分，是个体利益和公共利益的有机统一体中心；从物

---

① 童之伟：《中国实践法理学的话语体系构想》，《法律科学》2019 年第 4 期。
② 童之伟：《法权中心的猜想与证明——兼答刘旺洪教授》，《中国法学》2001 年第 6 期。

质内容层面看,法权中心强调的是全部合法财产中心,即强调各种主体的财产或各种所有制下的财产的平等保护。法权中心强调以法权最大化为原则和基准处理各种法权之间的关系。首先,是处理权利与权力的关系;其次,是处理一种权利与另一种权利、一种权力与另一种权力的关系。[①]

由于"权是一个整体,法权也是一个整体,它们中每一个构成部分的超常扩张或缩减,都不会只是其自身的事情,而是一定会引起其他部分的变化"。[②] 因此,法权研究范式特别强调法权平衡。法权平衡,即法权结构平衡,包括三个层次四个方面的内容:① 法权与法外之权平衡,即法权内部的第一级平衡,涉及哪些权入法,哪些权留在法外的问题;② 权利与权力的平衡,即个人权利、自由与公共机关职权、权限、公权力等的平衡;③ 权利内部的平衡,包括主体法律地位平等但占有权利的体量差别巨大的个人之间的权利平衡,以及同一个主体享有的不同权利之间的平衡;④ 权力内部的平衡,包括各级、各类公共机关间纵向权力平衡(中央与地方)和横向权力平衡(同一国家机构的不同国家机关之间)。[③]

错案防范和法官责任追究的相关制度涉及审判权与其他国家权力之间的关系、审判权内部的关系、审判权与公民权利之间的关系等。本书选择采用法权平衡的理论思路研究法官裁判责任问题,并尝试根据裁判责任追究和豁免的基本规律,结合我国的国情,在宪法框架下探讨我国法官裁判责任追究遵循司法理性在法治轨道上展开的路径和具体方法,供学界批判。

---

① 童之伟:《法权中心的猜想与证明——兼答刘旺洪教授》,《中国法学》2001年第6期。
② 童之伟:《法权说对各种"权"的基础性定位——对秦前红教授批评文章的迟到回应》,《学术界》2021年第2期。
③ 童之伟:《法权说对各种"权"的基础性定位——对秦前红教授批评文章的迟到回应》,《学术界》2021年第2期。

第一章 认 识 错 案

本书主要研究对错案是否应当追究法官裁判责任的问题。由于对错案所指的对象范围的认识存在比较大的争议,因此在展开裁判责任的研究前,需要把本书所要讨论的错案所指的对象界定清楚,并在法律框架下对错案的判断标准作出符合法理的解释。

第一节 有关错案的各种认识

从规范性文件对错案的界定和学者们有关错案的看法可以看到,关于错案的认识存在很大差异,尚未形成共识。

一、中央法律和司法文件中的错案

在我国法律中,"错案"一词出现的频率非常低,仅在《法官法》和《中华人民共和国检察官法》(以下简称《检察官法》)中各出现过一次。未修改前的《法官法》第 32 条和《检察官法》第 35 条所规定的法官和检察官不得有的行为中的第 8 项都是"玩忽职守,造成错案或者给当事人造成严重损失"。这里的错案是什么,相关法律未做解释。《法官法》和《检察官法》于 2019 年 4 月修订,在《法官法》第 46 条和《检察官法》第 47 条所规定的法官和检察官应当被追究法律责任的行为中,上述内容被删除,但第 5 项应当被追究法律责任的行为中有与错案相关的表述,其中《法官法》的表述是"因重大过失导致裁判结果错误并造成严重后果的";《检察官法》的表述是"因重大过失导致案件错误并造成严重后果的"。此外,《中华人民共和国刑事诉讼法》(以下简称《刑事诉讼法》)第 275 条中有"判决错误"的表述,即"监狱和其他执行机关在刑罚执行中,如果认为判决有错误或者罪犯提出申诉,应当转请人民检察院或者原判人民法院处理。"

　　最高人民法院制定的与法官责任相关的现行有效的司法文件主要是于 1998 年颁布的《人民法院审判人员违法审判责任追究办法（试行）》，2009 年制定的《人民法院工作人员处分条例》和 2008 年制定、2013 年修订的《人民法院监察工作条例》。在《人民法院监察工作条例》中没有与错案相关的表述。《人民法院审判人员违法审判责任追究办法（试行）》中也没有出现"错案"一词，但在第 8、9、12、14、22 条出现了"裁判错误"的表述。例如，第 8 条规定："当事人及其诉讼代理人因客观原因不能自行收集影响案件主要事实认定的证据，请求人民法院调查收集，有关审判人员故意不予收集，导致裁判错误的。"第 14 条规定："故意违背事实和法律，作出错误裁判的。因过失导致裁判错误，造成严重后果的。"《人民法院工作人员处分条例》第 89 条中有错误裁判的内容，具体规定是："因过失导致错误裁判、错误采取财产保全措施、强制措施、执行措施，或者应当采取财产保全措施、强制措施、执行措施而未采取，造成不良后果的，给予警告、记过或者记大过处分；造成严重后果的，给予降级、撤职或者开除处分。"这里的裁判错误或错误裁判都应当理解为裁判书中记载的裁判结果错误比较合适。

二、地方法院规范性司法文件中的错案

　　笔者通过北大法宝、北大法意的法律法规搜索系统和各地法院网收集到了 70 多件地方关于法官责任的规范性文件（不包括绩效考核方面的规范性司法文件）。

　　在这些文件中，地方人大常委会制定的有 9 件，其中 8 件是省级人大常委会制定的，属于地方性法规；还有一件是淮南市人大常委会制定的。其中，《海南省各级人民法院、人民检察院、公安机关错案责任追究条例》已于 2007 年废止，其理由是："《各级人民代表大会常务委员会监督法》对各级人大常委会的监督职责和监督形式作出了明确规定，最高人民法院、最高人民检察院和公安部对错案责任追究工作也已经颁布了相应的规定，为维护错案责任追究工作的法制统一"。[①]《陕西省各级人民法院、人民检察院、公安机关错案责任追究条例》于 2000 年被废止，之后直接"按照最高人民法院、最高人民检察院和公安部有关错案责任追究的条例和规定，依法加强对人民法院、人民检察院、公安机关错案责任追究工

---

　　① 《海南省人大常委会关于废止〈海南省各级人民法院、人民检察院、公安机关错案责任追究条例〉的决定》，2007 年 11 月 29 日海南省第三届人民代表大会常务委员会第三十四次会议通过，载北大法宝法律数据库，http://www.pkulaw.cn.［法宝引证码］CLI.10.201433。以下引注北大法宝法律数据库的文献均仅标注"北大法宝引证码"，不再一一标注该数据库网址。

作的监督"。① 淮南市的《司法机关追究错案责任条例》于 2010 年被淮南市人民代表大会常务委员会废止,没有任何说明。②

其他的规范性文件都是地方法院制定的,其中高级人民法院制定的有 5 件,中级人民法院制定的有 11 件,基层人民法院制定的有 45 件。

从文件标题来看,省级人大制定的地方性法规有的使用了"错案责任",有的使用的是"违法办案责任",法规适用于法院、检察院、公安行政部门等司法和执法工作人员。高级人民法院的文件除了《河南省高级人民法院错案责任终身追究办法(试行)》使用了"错案责任"外,其他省使用的都是"违法责任"或"过错责任"。11 家中级人民法院的文件中使用"违法责任"的有 4 件;使用"错案责任"的有 4 件;使用"差错责任"的有两件;使用"审判责任"的 1 件。45 家基层法院的文件中使用"错案责任"的有 26 件。上述数据表明,全国只有部分法院将其实行的法官责任制度称为错案责任追究制。

通过对上述规范性文件的条文内容进行梳理,可以发现,这些文件对错案的界定方式、所界定的错案范围的大小、具体的文字表述都存在很大的差异。

一是有的从程序标准上界定错案范围。法院错案指的是被二审或再审法院改变或撤销的裁判。《江西省司法机关错案责任追究条例》③第 8 条规定:"审判机关所办案件,有下列情形之一的,属于错案:(一)原审人民法院判决错误,被二审人民法院改判,或者按照审判监督程序改判的;(二)原审人民法院裁定错误,被二审人民法院撤销,或者按照审判监督程序撤销的;(三)原审人民法院违法调解,按照审判监督程序撤销的。"《陕西省各级人民法院、人民检察院、公安机关错案责任追究条例》④第 8 条的规定基本相同。《齐齐哈尔市中级人民法院审判责任制实施办法(试行)》⑤第 17 条规定:"错案是指经过司法审判程序审理,被发回重审或者改判的审判执行案件,经过审判组织确认,依照法律规定不属于

① 《陕西省人民代表大会常务委员会关于加强对各级人民法院、人民检察院、公安机关错案责任追究工作监督的决定》,2000 年 3 月 29 日陕西省第九届人民代表大会常务委员会第十四次会议通过。[法宝引证码] CLI.12.218278。
② 《淮南市人民代表大会常务委员会关于废止〈淮南市司法机关追究错案责任条例〉的决定》,2010年 4 月 28 日淮南市第十四届人民代表大会常务委员会第十九次会议通过,2010 年 6 月 29 日安徽省第十一届人民代表大会常务委员会第十九次会议批准。[法宝引证码] CLI.10.430638。
③ 江西省第十届人民代表大会常务委员会公告(第 99 号),2007 年 3 月 29 日发布,已失效。[法宝引证码] CLI.10.173187。
④ 陕西省第八届人民代表大会常务委员会公告(第 35 号),1996 年 1 月 30 日发布,已失效。[法宝引证码] CLI.10.6658。
⑤ 《齐齐哈尔市中级人民法院关于印发审判责任制和办案绩效考评"两个办法"的通知》(齐中法〔2013〕74 号),现行有效。[法宝引证码] CLI.13.1051982。

原判决裁定错误的除外。"

二是有的将错案界定为裁判和执行结果错误的案件。例如,《河南省高级人民法院错案责任终身追究办法(试行)》①第 3 条规定:"本办法所称的错案一般是指人民法院工作人员在办案过程中故意违反与审判执行工作有关的法律法规致使裁判、执行结果错误,或者因重大过失违反与审判执行工作有关的法律法规致使裁判、执行结果错误,造成严重后果的案件。"

三是有的将错案区分为行为错案和结果错案。例如《永州市中级人民法院错案责任追究办法》第 5 条的规定就是如此,然而,该条虽然列举了 10 种错案情形,却并没有说明哪些属于结果错案,哪些属于行为错案。②

四是有的从实体标准上界定错案。例如《淳安县人民法院错案责任追究制度》第 2 条规定:"审判人员在审判活动中故意或过失致使所作判决、裁定(调解)在认定事实、适用法律上确有错误的案件,或者执行错误的案件,属错案。"③

五是有的将程序标准和实体标准结合起来界定错案。例如《巢湖市居巢区人民法院错案责任追究制度》,其第 6 条规定的错案情形是:① 依法不属于人民法院受案范围而立案受理的。② 刑事案件认定事实错误或定性错误,明显混淆罪与非罪、此罪与彼罪界限,导致有罪被判无罪,无罪被判有罪,量刑畸轻、畸重,经二审、重审或再审改判的。③ 民事、经济、行政案件因错列诉讼主体,主要证据不足,认定事实错误,是非责任颠倒,致使判决、裁定不当,经二审、重审或再审改判的;民事、经济案件因违法调解致使调解协议显失公正,经再审予以纠正的。④ 案件审理中,因违反法定程序或适用程序不当,适用法律错误,导致处理结果不当,经二审发回重审或本院再审予以改判的。④

从上述规范性文件所列举的错案的各种情形来看,可能被纳入错案范围的案件可以划分为以下几类:法官行为违法的案件、审判程序错误的案件、裁判结果错误案件、裁判文书差错案件、执行结果错误案件。地方法院就在这些类型的案件中根据自己的理解加以取舍。从取舍的情况看,错案范围小的,错案仅指违

---

① 《河南省高级人民法院错案责任终身追究办法(试行)》,现行有效。[法宝引证码] CLI.13.594772。

② 参见《永州市中级人民法院规范权力运行制度》第三部分第(二十一)项,载永州市中级人民法院网,http://yzzy.chinacourt.org/public/detail/2011/05/id/3052657.shtml,最后访问时间:2021 年 10 月 15 日。

③ 《淳安县人民法院错案责任追究制度》,载淳安千岛湖门户网站,http://www.qdh.gov.cn/issue/root/sub/fy_fy/fy_fy_gzzd/20060719/8ac77f232c2029cc012c3359410f5551/index.shtml,最后访问时间:2016 年 6 月 19 日。

④ 《巢湖市居巢区人民法院错案责任追究制度》,载巢湖市政府网,http://www.chaohu.gov.cn/template/report_detail.aspx?News_Id=169,最后访问时间:2016 年 6 月 19 日。

法行为导致的裁判错误案件和执行结果错误的案件,在这种情况下,错案需要满足两个条件,即行为的违法性与裁判和执行结果的错误,河南省高级人民法院的做法就是如此。而错案范围大的,最大可包括上述各种类型的案件,在这种情况下,审判过程、结果和文书存在错误的所有案件都被纳入错案的范围,例如巢湖市居巢区人民法院的做法。不仅如此,通过仔细阅读各地法院关于法官责任的规范性文件还会发现,各地法院对于每一类错案所列举的具体情形和文字表述都有很大差别。

三、关于错案的不同认识

有两位法官曾经"通过随机抽样的方式分别对 100 名法官、100 名律师、200 名社会民众三个群体关于错案的认定标准进行问卷调查,问卷内容将错案以罗列的方式划分为裁判结果错误、程序错误、事实认定错误、适用法律错误、二审或者审判监督程序重审、改判或再审、故意枉法裁判、重大过失致使当事人权益受损、裁判文书瑕疵等共 9 项标准。法官群体中 76% 的人认为故意枉法裁判的为错案,10% 的人认为案件裁判结果错误的为错案,8% 的人认为二审或者审判监督程序重审、改判或再审的为错案,4% 的人认为程序错误的为错案,2% 的人认为法律适用错误的为错案。律师群体中 44% 的人认为故意枉法裁判的为错案,35% 的人认为案件裁判结果错误的为错案,15% 的人认为程序错误的为错案,6% 的人认为二审或者审判监督程序重审、改判或再审的为错案。社会民众群体中 62% 的人认为案件裁判结果错误的为错案,18% 的人认为二审或者审判监督程序重审、改判或再审的为错案,10% 的人认为重大过失致使当事人权益受损的为错案,10% 的人认为利益诉求没被满足的为错案。"[①]从这个调查结果可以看到,人们对于错案的认识比较混乱。

法学者们对错案的认识也存在很大差异。从研究情况来看,虽然现有研究对刑事错案的研究比较多,也比较深入,但是对其他类型错案的研究却相对较少。虽然把所有类型的错案归为一种法律现象所做的研究不少,但是不深入。从中国知网搜索有关错案的专门研究,最早对错案进行研究的中文论文是杜茂筠的《论错案》。该文对错案的认识是:"所谓错案,概括说,就是指对讼案的处理既不符合客观实际,也不符合法律要求而言。对此,人民通常称之为冤假错案。"[②]对错案

---

①　李洪波、石东洋:《错案界定的现实偏差及要件重构》,《江西警察学院学报》2016 年第 2 期。
②　杜茂筠:《论错案》,《宁夏社会科学》1988 年第 3 期。

的这种界定,主要考虑了错案的实质判断标准,而没有考虑认定错案的法定主体和程序等形式标准。该论文主要对错案的类型和实质判断标准做了一定程度的分析。2014年,陶婷的博士论文《错案论》对错案的界定、表现、成因、发现与纠正、对法律发展的影响等多个方面的问题进行了深入研究,该论文从法律适用的角度考察错案,认为"将既定的法律规范适用于特定的案件事实,从而得出判决结果,即大前提(法律规范)+小前提(案件事实)=结论(判决结果)。严格意义上讲,不论是大前提、小前提抑或是结论为假,这一案件就应认定为错案。"[1] 这也是在实质意义上认识错案。大多数有关一般意义的错案讨论是在对错案责任追究制度的研究中展开的,而且关于错案的认识还存在很大差别,以下举出几种有代表性的观点。

第一,错案是指审判人员和与审判活动有关的人员,在立案、审理和执行等诉讼过程中,违反实体法和程序法而办理的、依法应当改判或纠正的、根据有关规定应当追究违法责任的案件。[2] 这是结合违法性标准、形式标准和追责标准所认识的错案。

第二,审判人员在立案、审理、执行案件过程中,故意或过失违反程序法或实体法,导致处理结果错误并依法应当追究责任的案件。[3] 这种认识和上一种认识相比少了形式标准,且将责任主体限定在审判人员。

第三,错案是指最终生效的裁判完全改变了前一审级的判决,前一审级在案件事实认定或适用法律上出现重大差错。[4] 这种认识排除了程序违法和追责标准这两种考量因素,是结合形式标准和实质标准所认识的错案。

第四,错案是在认定事实或者适用法律上确有错误,必须按照审判监督程序改判的案件。[5] 这种认识也是兼顾了形式标准和实质标准,但相对于上一种认识而言,将形式标准限定为审判监督程序的改判,缩小了错案的范围。

第二节 错案聚焦

法律规范性文件对错案的不同界定和人们关于错案的认识分歧使得错案追

---

① 陶婷:《错案论》,华东政法大学2014年博士论文,第1页。
② 参见肖文昌:《建立错案责任追究制的几点思考》,《法律适用》1993年第6期。
③ 参见于伟:《错案标准的界定》,《法学》1997年第9期。
④ 参见马渊杰:《完善错案责任追究法律制度》,《人民法院报》2017年5月8日,第2版。
⑤ 参见金汉标:《"错案"的界定》,《法学》1997年第9期。

责问题的讨论时常不在同一个范围内展开,这使得有关错案追责的讨论难以形成共识。本书主张将审判错误和错案加以区分,其中审判错误指的是案件审判的全过程出现的各种错误,而错案是审判错误的一种表现形式,指的是"在刑事、民事和行政诉讼中,法院在认定事实或者适用法律上发生了错误"的案件,①简单地说,错案就是裁判错误案件。

一、审判错误的类型

审判错误根据其内容和特点的不同可以区分为以下 7 种表现形式。

(一) 审判主体的错误

审判主体的错误主要指的是管辖法院、审判组织方面的错误。诉讼程序的启动首先要确定对特定具体案件具有审判权的法院,即案件由哪一个级别、哪一个地方法院管辖。案件经由有管辖权的法院依法受理后,还要确定审判组织形式及其组成人员。《法院组织法》和《中华人民共和国民事诉讼法》(以下简称《民事诉讼法》)、《刑事诉讼法》《中华人民共和国行政诉讼法》(以下简称《行政诉讼法》)②都对法院关于刑事诉讼、民事诉讼和行政诉讼的级别管辖、地域管辖以及审判组织的形式和组成做了明确的规定,违反上述法律规定的,属于审判主体错误。具体来看,审判主体错误表现为以下三种情况。

1. 管辖法院的级别错误

关于级别管辖,三大诉讼法对各级人民法院审理第一审案件的管辖权做了明确规定,概括起来就是:基层人民法院管辖第一审案件,中级及其以上人民法院管辖本辖区内重大、复杂的第一审案件。此外,三大诉讼法都同时列举了由中级人民法院管辖的第一审案件,刑事案件是危害国家安全、恐怖活动的案件和可能判处无期徒刑、死刑的刑事案件;民事案件是涉外重大案件;行政案件是对国务院部门或者县级以上地方人民政府所作出的行政行为提起诉讼的案件、海关处理的案件和其他法律规定由中级人民法院管辖的案件。违反诉讼法有关级别管辖的规定确定受理案件的法院属于级别管辖错误。

2. 管辖法院的地域错误

关于地域管辖,三大诉讼法根据案件性质的不同规定了不同的确定地域管

---

① 最高人民法院司法改革领导小组办公室:《〈完善人民法院司法责任制度的若干意见〉读本》,人民法院出版社 2015 年版,第 221 页。

② 对于《民事诉讼法》《刑事诉讼法》《行政诉讼法》,下文简称三大诉讼法。

辖的标准。

刑事案件由犯罪地的人民法院管辖。如果由被告人居住地的人民法院审判更为合适的,可以由被告人居住地的人民法院管辖。几个同级人民法院都有权管辖的案件,由最初受理的人民法院审判。在必要的时候,可以移送主要犯罪地的人民法院审判。上级人民法院可以指定下级人民法院审判管辖不明的案件,也可以指定下级人民法院将案件移送其他人民法院审判。

行政案件由最初作出行政行为的行政机关所在地人民法院管辖。经复议的案件,也可以由复议机关所在地人民法院管辖。经最高人民法院批准,高级人民法院可以根据审判工作的实际情况,确定若干人民法院跨行政区域管辖行政案件。对限制人身自由的行政强制措施不服提起的诉讼,由被告所在地或者原告所在地人民法院管辖。因不动产提起的行政诉讼,由不动产所在地人民法院管辖。两个以上人民法院都有管辖权的案件,原告可以选择其中一个人民法院提起诉讼。原告向两个以上有管辖权的人民法院提起诉讼的,由最先立案的人民法院管辖。

民事案件的地域管辖比较复杂。《民事诉讼法》第22条规定:"对公民提起的民事诉讼,由被告住所地人民法院管辖;被告住所地与经常居住地不一致的,由经常居住地人民法院管辖。对法人或者其他组织提起的民事诉讼,由被告住所地人民法院管辖。同一诉讼的几个被告住所地、经常居住地在两个以上人民法院辖区的,各该人民法院都有管辖权。"同时,《民事诉讼法》第23—35条还明确规定了由原告住所地人民法院管辖的案件、各种特定诉讼确定管辖法院的具体标准以及协议管辖的条件和要求。对于两个以上人民法院都有管辖权的诉讼,《民事诉讼法》第36条规定,原告可以向其中一个人民法院起诉;原告向两个以上有管辖权的人民法院起诉的,由最先立案的人民法院管辖。

违反诉讼法有关地域管辖的规定,由不享有地域管辖权的法院受理案件的属于地域管辖错误。

3.审判组织的组成错误

根据《法院组织法》第29—30条的规定,我国的审判组织形式有两种:一是合议庭,由法官组成,或者由法官和人民陪审员组成,成员为三人以上单数;二是独任庭,法官一人独任审理。

此外,《刑事诉讼法》在第三编"审判"第一章"审判组织"中的第185条规定:"合议庭开庭审理并且评议后,应当作出判决。对于疑难、复杂、重大的案件,合议庭认为难以作出决定的,由合议庭提请院长决定提交审判委员会讨论决定。

审判委员会的决定,合议庭应当执行。"这表明,审判委员会对重大的或者疑难的刑事案件行使审判权。虽然我国《民事诉讼法》和《行政诉讼法》没有类似的规定,但从审判实践来看,审判委员会对提交讨论的重大的或者疑难的民事案件和行政案件的裁判也具有决定权。最高人民法院于 2010 年发布的《关于改革和完善人民法院审判委员会制度的实施意见》第 3 条明确指出:"审判委员会是人民法院的最高审判组织,在总结审判经验,审理疑难、复杂、重大案件中具有重要的作用。"2018 年新修订的《法院组织法》第 37 条将"讨论决定重大、疑难、复杂案件的法律适用"添加到审判委员会的职能中,且第 39 条明确规定:"审判委员会的决定,合议庭应当执行。"

审判组织的错误主要表现为以下几种情形:错误选择审判组织形式,主要是应该采用合议庭组织形式的但采用了独任庭的形式;合议庭的组成人员人数不符合法律规定;应该回避的法官没有回避;再审案件未另行组成合议庭;审判委员会讨论和决定案件未达到法定人数;等等。

(二)审判程序的错误

一般意义上的程序泛指人们从事一定活动所经过的方式、方法、顺序、步骤等总称。审判程序包括审理前的准备、开庭审理、判决三个环节。根据三大诉讼法的规定,审理前的准备主要包括:起诉状副本和答辩状副本的发送;通知必须到庭的诉讼参与人;当事人诉讼权利的告知;管辖权异议的审查;审核诉讼材料;调查收集必要的证据;公开审判的案件公布庭审的时间、地点、案由;等等。开庭审理主要包括法庭的调查和控辩双方问证、质证、辩论等活动。法官在庭审过程中的主要职责是:按照法定程序主持庭审和维持法庭秩序;保障诉讼参与人的诉讼权利;核实证据的真伪、排除非法证据等。判决是审判组织的成员评议案件,根据已经查明的事实、证据和有关的法律规定认定事实和使用法律的过程。三大诉讼法明确规定了法庭在每一个环节中具体行使审判权的方式、方法和期限。违反审判程序的错误主要表现为以下几种情形。

一是违反公开审判原则。应该公开审理的案件没有开庭审理。

二是审判程序选择错误。根据三大诉讼法的规定,诉讼程序分为普通程序和简易程序。《民事诉讼法》第十五章还规定了一些特别审判程序,分别适用于选民资格案件、宣告失踪或者宣告死亡案件、认定公民无民事行为能力或者限制民事行为能力案件、认定财产无主案件、确认调解协议案件和实现担保物权案件。审判程序不能选错,尤其是应该适用普通程序的不能选择适用简易程序,否则,会明显缩减诉讼参与人的诉讼权利。

三是不遵守法定期限。诉讼法所规定的期限主要涉及以下事项:立案;各种诉讼文书的送达;诉讼当事人通知合议庭组成人员和开庭时间;刑事诉讼中法院受理没收违法所得申请的公告期;民事诉讼中法院受理诉讼保全和先予执行申请后的裁决;一、二、再审的审理;选民资格案件的审结;宣告死亡的公告;等等。法院和审判组织必须按照诉讼法所规定的各种期限行使审判权,否则就是审判错误。

四是遗漏诉讼参与人。《民事诉讼法》第 135 条规定:"必须共同进行诉讼的当事人没有参加诉讼的,人民法院应当通知其参加诉讼。"法院没有依法通知共同诉讼人参与诉讼的,是一种严重的审判错误。

五是剥夺或者限制当事人的法定诉讼权利。当事人的诉讼权利主要有:获得辩护;少数民族公民使用本民族语言文字进行诉讼;诉讼当事人在法庭上进行辩论和举证;对笔录的知情权和请求补充、改正;申请回避;当事人及其诉讼代理人因客观原因不能自行收集影响案件主要事实认定的证据而请求人民法院调查收集;等等。诉讼法的重要任务就是保障当事人的各项诉权,剥夺和限制当事人法定诉权的做法是错误的。

六是违反法定要求收集和核实证据。这方面的错误主要表现为:依职权应当对影响案件主要事实认定的证据进行鉴定、勘验、查询、核对而没有进行;违反法定程序收集证据;采用刑讯逼供和以威胁、引诱、欺骗以及其他非法方法收集证据;应当采取证据保全措施而没有进行;对应该排除的非法证据没有排除;等等。

七是违反法定方式和程序进行评议和宣判。根据诉讼法的规定,合议庭评议实行少数服从多数的原则,作出的判决应公开宣告。此外,《民事诉讼法》第146—148 条、《行政诉讼法》第 58 条规定了缺席判决的条件,对于未经传票传唤而缺席判决的,未按法定评议原则作出裁判的,裁判未公开宣告的,都是审判错误的表现形式。《刑事诉讼法》第 291—297 条对缺席审判进行了专门规定,对不符合缺席审判条件所进行的审理和判决也属于审判错误的表现形式。

八是不严格围绕诉讼请求进行审理,漏审或者多审。

(三) 裁定、决定和命令的错误

裁定、决定和命令是审判组织在案件审理的过程中,为保证诉讼的顺利进行,对诉讼中的具体程序、法院内部工作关系、法庭秩序的维护、诉讼当事人的权益保护等事项所做的对当事人和诉讼参与人具有拘束力的指令。根据三大诉讼法的规定,裁定主要适用于以下情形:案件不予受理;对管辖权异议;驳回起诉、上诉、抗诉；财产保全和先予执行；行政行为停止执行和驳回相关申请；期间恢复；准许或者不准许撤诉；中止或终结诉讼；补正裁判书的笔误；中止或终结执行；不予执行仲裁；不予执行公证机关赋予强制执行效力的债权文书；再审；撤销原判、发回原审人民法院重新审判；最高人民法院核准或者不核准死刑；最高人民法院关于死刑缓期执行期满予以减刑；没收犯罪嫌疑人、被告人逃匿、死亡案件违法所得；减刑、假释；等等。

决定主要适用于以下情形：审判委员会关于已经生效的裁判再审；回避；采取强制措施；延期审理；协助调查。

命令主要有：支付令、搜查令、扣押令、财产保全的解除令等。

三大诉讼法对于各种情况下适用裁定、决定和命令的条件都作了明确的规定，违反法定条件作出的裁定、决定和命令都是错误的。

（四）判决的错误

判决是审判组织在案件审理终结时根据已经查明的事实和证据，依照相关法律规定对实体问题作出的决定。所谓案件的实体问题指的是事实的法律属性的认定和对案件所涉法权关系的处理，不依据法律规定对实体问题作出决定就是错案判决。

（五）调解的错误

我国《民事诉讼法》规定了调解制度，即法院在审理民事案件时可以根据当事人自愿的原则，在事实清楚的基础上，分清是非，进行调解。调解书是双方当事人达成的协议，内容包括诉讼请求、案件的事实和调解结果。调解违反当事人自愿原则，法院未查明案件事实，未对是非作出正确判断，这些情况都属于调解的错误。

（六）笔录和司法文书的错误

笔录是对案件调查、审理的具体情况所做的记录，主要分为勘验笔录、调查笔录、庭审笔录、合议庭评议笔录等，根据诉讼法的规定，笔录应该准确、完整，要宣读或由法定主体校阅，要有法定主体的签名、盖章等。法院制作的司法文书主要是判决书、裁定书、决定、命令等，司法文书的制作在格式、内容等方面都有严格的要求，对应该记录的事项应该准确完整地记录。错误记录或遗漏内容的笔录和司法文书是审判错误的表现形式。

（七）法官及法院其他工作人员个人行为的错误

2019年修订的《法官法》第46条列举了应当追究法官责任的事项范围，主要是：贪污受贿、徇私舞弊、枉法裁判的；隐瞒、伪造、变造、故意损毁证据、案件材料的；泄露国家秘密、审判工作秘密、商业秘密或者个人隐私的；故意违反法律法规办理案件的；因重大过失导致裁判结果错误并造成严重后果的；拖延办案，贻误工作的；利用职权为自己或者他人谋取私利的；接受当事人及其代理人利益输送，或者违反有关规定会见当事人及其代理人的；违反有关规定从事或者参与营利性活动，在企业或者其他营利性组织中兼任职务的；有其他违纪、违法行为的。上述这些行为都可能影响司法过程和结果。最高人民法院颁布的《人民法院工作人员处分条例》第二章第一节比《法官法》更为详细地列举了法院工作人员违反办案纪律应该受到处分的行为，共有 26 条。法官及其法院工作人员的这些行为都是在司法过程中所为，这些违法违纪行为都属于审判错误的范畴。

二、审判错误中的错案

一般认为，错案是诉讼中法院在认定事实或者适用法律上发生错误的案件。认定的事实和做出的裁判都会如实记录在司法文书中，司法文书是对个案作出的具有法律效力的法律文件，一个案件是否错案，主要是审查司法文书中所记录的事实和处理决断是否错误。不是所有的司法文书所记录的内容都具有认定事实和适用法律的性质，那么，哪些司法文书的内容具有这种性质？在审判权运行的整个过程中，记录在司法文书中的认定事实和适用法律的活动如下。

（一）判决

判决是审判组织在案件审理终结时根据已经查明的事实和证据，依照相关法律规定对实体问题作出的决定，这是典型的在认定事实的基础上适用法律的活动。

（二）驳回上诉、抗诉的裁定

根据三大诉讼法的规定，驳回上诉、抗诉的裁定是第二审人民法院对不服第一审判决的上诉、抗诉案件，经过审理后，对原判决认定事实和适用法律正确所作出的处理决定。《刑事诉讼法》第 233 条规定："第二审人民法院应当就第一审判决认定的事实和适用法律进行全面审查，不受上诉或者抗诉范围的限制。共同犯罪的案件只有部分被告人上诉的，应当对全案进行审查，一并处理。"《民事诉讼法》第 175 条规定："第二审人民法院应当对上诉请求的有关事实和适用法律进行审查。"《行政诉讼法》第 87 条规定："人民法院审理上诉案件，应当对原审人民法院的判决、裁定和被诉行政行为进行全面审查。"因此，驳回上诉和抗诉的裁定是认定事实和适用法律的活动。

（三）最高人民法院核准或者不核准死刑的裁定

根据《中华人民共和国刑法》（以下简称《刑法》）第 48 条第 2 款规定，"死刑除依法由最高人民法院判决的以外，都应当报请最高人民法院核准"。根据《刑事诉讼法》第 250—251 条的规定，"最高人民法院复核死刑案件，应当讯问被告人，辩护律师提出要求的，应当听取辩护律师的意见。""最高人民法院复核死刑案件，应当作出核准或者不核准死刑的裁定。对于不核准死刑的，最高人民法院可以发回重新审判或者予以改判。"可见，最高人民法院核准或者不核准死刑的裁定也是认定事实和适用法律的活动。

（四）高级人民法院关于死刑缓期执行期满予以减刑的裁定

《刑事诉讼法》第 261 条第 2 款规定："被判处死刑缓期二年执行的罪犯，在死刑缓期执行期间，如果没有故意犯罪，死刑缓期执行期满，应当予以减刑，由执行机关提出书面意见，报请高级人民法院裁定；如果故意犯罪，查证属实，应当执行死刑，由高级人民法院报请最高人民法院核准。"因此，高级人民法院关于死刑缓期执行期满予以减刑的裁定也是认定事实和适用法律的活动。

（五）关于减刑、假释的裁定

根据《刑事诉讼法》第 273 条第 2 款的规定："被判处管制、拘役、有期徒刑或者无期徒刑的罪犯，在执行期间确有悔改或者立功表现，应当依法予以减刑、假释的时候，由执行机关提出建议书，报请人民法院审核裁定，并将建议书副本抄送人民检察院。人民检察院可以向人民法院提出书面意见。"《刑法》第四章"刑罚的具体运用"第六节"减刑"和第七节"假释"对减刑和假释的具体条件、减刑的幅度、假释的期限等都进行了详细的规定。法院要对罪犯在刑罚执行期间的表现进行调查，确认罪犯的行为是否符合减刑或假释的条件，即认定事实的法律意义，然后根据认定的事实具体确定减刑的幅度或假释的期限，即适用法律。所以，减刑和假释的裁定都具有在认定事实的基础上适用法律的性质。

（六）调解书

根据《民事诉讼法》第 96 条规定，调解要以事实清楚、是非分明为基础。事实是法官认定的，是非是法官根据法律所作出的判断，因此，调解书应包含法官认定事实和适用法律的内容。

综上分析，错案就是上述六种裁判文书所记录的事实认定错误或适用法律错误的案件。

三、区分错案和其他审判错误的意义

在所有的审判错误中,错案和其他审判错误存在性质上的差异。错案是认定事实的错误和适用法律的错误,认定事实是依据证据和法定证明标准对事实的真伪做判断,适用法律是依据事实和法律规则对诉讼当事人行为的合法性做判断,这种判断性活动属于适用法律的活动。而其他审判错误都是法官在遵守法律和执行法律时出现的错误。守法、执法和适用法律都是实施法律的重要方式,法理学教科书中有专门的论述,观点大同小异。概括起来,三者的含义分别是:遵守法律强调社会主体的行为符合法律规定;执行法律是指特定国家机关主要是行政机关及其公职人员依照法定职权和程序贯彻执行法律的活动;适用法律是指特定国家机关主要是法院行使审判权进行居中裁判的活动。法官在审判的整个过程中所从事的活动从整体上看都可以归于适用法律活动,但这个过程包含了各种步骤和程序性职能,程序性职能就其性质而言,有些并不是在适用法律,而是遵守法律和执行法律。例如,审判组织的组成、审理的期限、庭审中调查和辩论的顺序等,对于有关这些事项的法律规范,司法机关及其工作人员的主要职责就是遵守法律;而像案件的受理,财产保全和先予执行,对证据进行鉴定、勘验、查询、核对,采取强制措施,发布搜查令、扣押令等都具有执行法律的性质,司法机关及其工作人员的主要职责就是依照法律规定的条件和程序执行法律。把错案和其他审判错误进行区分,将不是适用法律的活动中出现的各种错误从错案中剥离出来,这有利于科学认识错案的本质属性。

把错案和其他审判错误进行区分有利于聚焦问题和解决问题。有关审判责任追究的争议主要集中于错案,而不是其他的审判错误。审判错误中不遵守法律的错误和执行法律的错误因违法性及其判断标准都非常清晰,所以,法院审判责任追究对这两类错误的追责不存在实质性的争议。然而,对错案的追责则不同,实践和理论探讨都存在诸多分歧。在法院审判责任追究的实践中被纳入责任追究范围的错案存在很大差异,有的根据程序标准对所有被改判和发回重审的案件追究法官责任,有的根据实体判断标准对部分被改判和发回重审的案件追究法官责任,有的根据违法标准对部分被改判和发回重审的案件追究法官责任,等等。在学术讨论中,学者们对错案的认定标准和应否对错案追责也存在不同的看法。通过把错案和其他审判错误区分开来,可以将没有争议的内容剥离掉,从而将讨论重点集中在有争议的方面,以便更加有的放矢地解决错案追责中的问题。

第三节 错案的判断标准

有学者认为,"法律运行过程中存在来自三个方面的不确定性,即法律条文的不确定性、事实认定的不确定性和法律以外的其他社会和个人因素(甚至非理性的因素)的不确定性。由于有这些不确定性存在,想明确地界定什么是'错案'是一件十分棘手的工作。"①最高人民法院于 2015 年发布的《完善人民法院司法责任制度的若干意见》(以下简称《司法责任制意见》)虽然使用了"错案"这个词语,即在第 28 条列举了不得作为错案进行责任追究的案件,然而未给错案下定义。从《司法责任制意见》起草过程中有关错案概念的讨论情况来看,不界定错案的原因主要是"各方意见不统一",且"多数意见认为,错案不是一个严格的法律概念,很难对其作出一个确切的定义"。②错案的确不是一个严格的法律概念,而是日常生活中人们对冤假错案的一种口语化的说法,中央文件和司法文件频频使用"错案"这个词语,是对人民群众面对频频发生的错案而产生的要求司法公正、惩治司法腐败之强烈愿望的一种回应。然而,正是在这样的背景之下,有必要从学理上说清楚错案是什么,并将对错案的追责纳入法治轨道,否则司法责任制度的建设和实施会出现混乱和偏差。

关于错案的判断标准,有学者认为"在不同的语境下,错案有不同的含义和不同的判断标准",并将错案判断标准区分为纠错标准、赔偿标准和追责标准。③还有学者将错案的语境分为诉讼语境和诉讼外语境,"诉讼语境存在于刑事诉讼过程中,话语主体为刑事司法人员";"诉讼外语境存在于刑事诉讼过程之外,其话语主体为普通民众"。④"错案"一词的使用的确比较混乱,区分语境非常必要。所谓语境,就是事物被谈论的特定背景。本书将错案的语境区分为法律适用语境和法律适用外语境。所谓法律适用语境是指有权主体根据现行法律的具体规定确认错案。在法律适用语境下,判断错案的标准只能是法律。在法律适用外语境下,人们所谈论的错案,可能是已经经过有权主体确认的错案,也可能

---

① 王晨光:《法律运行中的不确定性与"错案追究制"的误区》,《法学》1997 年第 3 期。

② 最高人民法院司法改革领导小组办公室:《〈完善人民法院司法责任制度的若干意见〉读本》,人民法院出版社 2015 年版,第 221 页。

③ 参见陈学权:《刑事错案的三重标准》,《法学杂志》2005 年第 4 期。

④ 崔敏、王乐龙:《刑事错案概念的深层次分析》,《法治研究》2009 年第 1 期。

是学者通过学理分析出来的错案,还可能是个人主观感受认为的错案。对于学理分析和个人主观认为的错案,在法律上或可以称为疑似错案。

在我国的法律适用语境下,错案的判断标准包括形式判断标准和实质判断标准,而实质判断标准可以区分为认定事实错误的判断标准和适用法律错误的判断标准。判断错案,形式标准和实质标准缺一不可,只有同时符合这两个标准,错案在法律上才能成立,否则,只能算是疑似错案。

一、错案的形式判断标准

一个案件的裁判是由法定审判组织根据法定程序做出的,因此,一个案件裁判中认定事实和适用法律是否错误需要经过法定审判组织根据法定程序来确定。人们主观上认为的错案,如果未经法定主体根据法定程序加以确认,在法律上都不能算是错案,而只能认为是疑似错案。

最高人民法院《违法审判责任追究办法》第 27 条规定:"人民法院的判决、裁定、决定是否错误,应当由人民法院审判组织确认。"根据《法院组织法》的规定,人民法院的审判组织形式是:合议庭、审判员一人独任审判、审判委员会。

根据三大诉讼法的规定,我国实行二审终审制和审判监督制度,二审程序和审判监督程序承担着错案纠正的功能,审判组织通过二审和审判监督程序确认法院的裁判、裁定和决定是否错误。我国三大诉讼法几经修改,但对裁判错误的案件如何处理所做的规定基本一致,只是相关内容所在的具体条文顺序发生了变化,在这里以最新修订的法律条文为准。

根据《民事诉讼法》(2021 年修订)第 177 条、《刑事诉讼法》(2018 年修订)第236、238 条和《行政诉讼法》(2017 年修订)第 89 条的规定,对二审案件的处理有以下三种方式。

一是维持原判。适用这种处理方式的案件是民事案件原判决、裁定认定事实清楚,适用法律正确的;刑事案件原判决认定事实和适用法律正确、量刑适当的;行政案件原判决认定事实清楚,适用法律、法规正确的。

二是改判。案件改判分两种情况:一是应当改判的案件;二是可以改判的案件。应当改判的案件是:民事案件原判决、裁定认定事实错误或者适用法律错误的,或原判决认定基本事实不清的;刑事案件原判决认定事实没有错误,但适用法律有错误或者量刑不当的;原判决、裁定认定事实错误或者适用法律、法规错误的。可以在查清事实后改判的案件是:刑事、民事和行政案件原判决认定基本事实不清楚或者证据不足的。

三是发回重审。适用发回重审的案件是：民事案件原判决认定基本事实不清、原判决遗漏当事人或者违法缺席判决等严重违反法定程序的；刑事案件原判决认定事实错误或者证据不足的；刑事案件一审法院的审理违反公开审判的规定、回避制度、剥夺或者限制了当事人的法定诉讼权利、审判组织的组成不合法等违反法律规定的诉讼程序，可能影响公正审判的；行政案件原判决遗漏当事人或者违法缺席判决等严重违反法定程序的。因此，发回重审的案件主要是认定事实不清或违反法定程序的案件。

关于审判监督程序，根据《刑事诉讼法》第三编第五章、《民事诉讼法》第十六章、《行政诉讼法》第七章第五节的规定，各级人民法院院长对本院已经发生法律效力的判决和裁定，如果发现在认定事实或者在适用法律上确有错误，必须提交审判委员会处理；最高人民法院对各级人民法院已经发生法律效力的判决和裁定、上级人民法院对下级人民法院已经发生法律效力的判决和裁定，如果发现确有错误，有权提审或者指令下级人民法院再审；最高人民检察院对各级人民法院已经发生法律效力的判决和裁定、上级人民检察院对下级人民法院已经发生法律效力的判决和裁定，如果发现确有错误，有权按照审判监督程序提出抗诉。因此，根据审判监督程序重新审理的案件都是被初步确定存在认定事实错误或适用法律错误的案件。重新审理既可以是最高人民法院或上级人民法院的提审，也可以是上级人民法院指令下级人民法院再审。对于重审的案件，如果原来是第一审案件，由法院按一审程序审理；如果原来是第二审案件，或者是上级人民法院提审的案件，应当依照第二审程序进行审判。裁判错误的案件会被改判。

根据三大诉讼法的相关规定可以认为，经二审和审判监督程序改判的案件一定是认定事实错误和适用法律错误的案件，即裁判错误案件，而发回重审的案件可称为疑似错案，因此，经二审和审判监督程序改判是错案的形式判断标准，而经二审和审判监督程序发回重审是疑似错案的形式判断标准。

二、错案实质判断标准之认定事实错误的判断标准

最高人民法院《司法责任制意见》第28条明确列举了对于按照审判监督程序提起再审后被改判的案件不得作为错案进行责任追究的情形："（1）对法律、法规、规章、司法解释具体条文的理解和认识不一致，在专业认知范围内能够予

以合理说明的;(2) 对案件基本事实的判断存在争议或者疑问,根据证据规则能够予以合理说明的;(3) 当事人放弃或者部分放弃权利主张的;(4) 因当事人过错或者客观原因致使案件事实认定发生变化的;(5) 因出现新证据而改变裁判的;(6) 法律修订或者政策调整的;(7) 裁判所依据的其他法律文书被撤销或者变更的;(8) 其他依法履行审判职责不应当承担责任的情形。"这条意见意味着诉讼法的规定不合理,还是如有学者所认识的那样,裁判错误有多重判断标准?① 要回答这个问题,需要对错案的实质判断标准和《司法责任制意见》第 28 条所列举的各种情形进行具体分析。

《司法责任制意见》第 28 条第(2)(4)和(5)项是关于事实认定的标准,这个标准确实和诉讼法确立的认定事实错误的判断标准不同,前者是法律真实标准,后者是以法定证明标准为基础的相对客观真实标准。

(一) 判断认定事实错误的法律真实标准

有学者认为,"按照我国现有的制度设计,事实的认定标准毫无疑问是客观事实"。② 持这种观点的学者不少。但是,这个判断与我国诉讼法的规定及法官认定事实的具体实践是不相符的。

事实是关于案件发生的时间、地点、主体、客体、经过、结果的具体情况。认定的事实是被记录在裁判文书中,由证据证明被法官确信的,在法律上具有引起法律关系产生、变更和消灭的法律事实。

认定的事实若是能和客观事实相吻合,其正确性是毋庸置疑的。然而,客观事实是过去发生的事情,让过去发生的事实再现是不可能的。由于受到客观事实的复杂性和人的认识能力的局限性等主客观条件的限制,以客观事实作为参照来判断认定事实的正确性,很容易得出认定的事实具有不确定性的结论。

从司法的功能来看,法官认定事实的职责不是去发现客观事实,而是根据诉讼各方所提出的证据,通过法庭审理的过程去伪存真,并根据证明标准来认定案件事实。因此,在法律上判断认定事实正确与否的标准不是客观事实,而是证明标准,即法律真实。

证明标准是诉讼中对案件事实的证明所需要达到的程度或标准。只要有诉讼,就会有证明标准。证据标准因证据制度的不同而有所差别。神示证据制度

---

① 参见陈学权:《刑事错案的三重标准》,《法学杂志》2005 年第 4 期,第 31—32 页。
② 周赟:《错案责任追究机制之反思——兼议我国司法责任制度的完善进路》,《法商研究》2017 年第 3 期。

中的证明标准是神灵所揭示的真实。法定证据制度中的证明标准是法律预先对证据的证明力和认定事实的要件所作的规定,这个标准强调的是形式真实。自由心证证据制度中的证明标准是"高度的盖然性",也称"内心确信",即"证据的取舍和证明力的大小,以及案件事实的认定,均由法官根据自己的良心和理性自由判断,形成确信"①的一种证明标准,这是目前大陆法系国家采用的证明标准。英美法系国家采用多元化的证明标准,刑事诉讼的事实证明标准是"排除合理怀疑",民事诉讼中的事实证明标准是"盖然性的优势"或"优势证据"。此外,美国还规定了一些特殊的民事案件适用的第三种事实证明标准,即"清楚的、明确的和令人信服的标准"。

根据《刑事诉讼法》第 200 条、《行政诉讼法》第 69—70 条关于案件一审后如何处理的具体规定,以及《刑事诉讼法》第 236 条、《民事诉讼法》第 177 条、《行政诉讼法》第 89 条有关案件二审后如何处理的具体规定,一般认为,三大诉讼法均以"案件事实清楚,证据确实充分"为证明标准。不过,"案件事实清楚,证据确实充分"的标准显然过于抽象,明确的标准还得结合其他法律条文和最高人民法院的司法解释来进行判断。

《刑事诉讼法》第 55 条第 2 款明确规定了证据确实、充分应当符合的条件包括"定罪量刑的事实都有证据证明"和"据以定案的证据均经法定程序查证属实"。《最高人民法院关于适用〈中华人民共和国刑事诉讼法〉的解释》(以下简称《刑诉法解释》)第 69 条规定:"认定案件事实,必须以证据为根据。"《最高人民法院关于民事诉讼证据的若干规定》(以下简称《民诉证据规定》)第 85 条规定:"人民法院应当以证据能够证明的案件事实为依据依法作出裁判。"《最高人民法院关于行政诉讼证据若干问题的规定》(以下简称《行诉证据规定》)第 53 条规定:"人民法院裁判行政案件,应当以证据证明的案件事实为依据。"这些规定都清楚表明我国三种诉讼的证明标准是法律真实,而不是客观真实。

根据法定证明标准所认定的事实,即使存在认识上的不一致,也不能认为是认识上存在偏差,根据这样的认识作出的裁判也不能认为是裁判错误。因此,最高人民法院在《违法审判责任追究办法》第 22 条所规定的审判人员不承担责任的情形之一"因对案件事实和证据认识上的偏差而导致裁判错误的"这种表述是不科学的,而《司法责任制意见》第 28 条第(2)项将这种情形表述为"对案件基本

---

① 刘金友:《证明标准研究》,中国政法大学出版社 2009 年版,第 89 页。

事实的判断存在争议或者疑问,根据证据规则能够予以合理说明的"更为准确。

以法定的证明标准而不是以客观事实来判断认定事实的正确性,这是由诉讼功能和诉讼成本所决定的,在诉讼时限内作出具有确定性的裁决,事实的认定不可能是无止境的求真过程,而只能是一种有限的认识活动。当然,诉讼制度的各种设计,包括证明标准在内,也要力求保证在有限的时间内所认定的事实尽可能地符合客观事实,此乃诉讼制度所追求的目标。"司法证明的目的是客观真实,标准是法律真实。"①这句话非常精准地道出了事实认定的目的和标准之间的关系。

法定证明标准当然也是确定认定事实错误的标准,不按法定证明标准认定事实就是认定事实错误。在诉讼法上,被改判和发回重审的案件中有一种情况是案件原判决基本事实不清楚或者证据不足,这种情况从本质上说就是违反法定证明标准认定事实的错案。

(二) 判断认定事实错误的相对客观真实标准

如果出现《司法责任制意见》第 28 条第(4)项中的"因当事人过错致使案件事实认定发生变化的"和第(5)项"因出现新证据而改变裁判的"这两种情形,第 28 条将其排除在认定事实错误之外,但是诉讼法却将其作为认定事实错误而加以纠正的,人们也通常将这种案件称之为错案,而不论法官是否遵守了法定证明标准。为什么会出现这种不一致的现象?原因在于判断认定事实错误的标准发生了变化,即将法律真实变成了以法律真实为基础的相对客观真实。在这两种情形下,如果按照法定证明标准,即法律真实标准来判断,前判不是认定事实的错误,而如果按照相对客观真实标准来判断,前判可以认定为认定事实的错误。当然,在这两种情况下,后判认定事实仍然是根据法定证明标准作出的判断,而不能将后判所认定的事实作为客观真实来否定前判所认定的事实,只能说后判认定事实比前判更加接近客观真实。当然,也不否认在有些情况下后判认定的事实就是客观事实,但是这也是通过法定程序按照法定证明标准确认的。

"李某某诉张某某等借款纠纷案"就是一个典型的新证据推翻前判认定事实的案例。在该案中,原告李某某持借款借据、国有土地使用证、购房合同等证据向广东省四会市人民法院提起诉讼,请求法院判令被告归还借款和利息,并承担诉讼费用。经调查,原、被告双方确认借条上"张某甲、陆某某、张某乙"的签名均

---

① 何家弘:《论司法证明的目的和标准——兼论司法证明的基本概念和范畴》,《法学研究》2001 年第 6 期。

为其三人本人所签,而签订借据时,张某某不在现场,其签名为张某乙代签。但被告张某乙辩称,借条是因 2001 年 4 月 26 日其装有房产证的手袋被一名叫冯某某的人抢走,其后冯某某带原告李某某到张家胁迫其一家人签订的,实际上不存在向原告借款的事实;事发后,张氏一家均没有报案。庭审后,被告人莫某某根据法庭上被告张某乙的辩解和提供的冯某某的联系电话,通知冯某某到四会市人民法院接受调查,冯某某对张某乙提出的借条由来予以否认。主审法官根据已质证确认的证据、按照民事诉讼法"谁主张、谁举证"的原则认定借贷关系成立,并根据认定的事实判令被告张某甲、陆某某、张某乙于判决生效后 10 日内清还原告李某某的借款 1 万元及利息,并互负连带清还欠款责任;被告张某某不负还款责任。在判决生效后执行的时候,张氏夫妇在法院围墙外服毒自杀,由此引起争议,随后公安机关介入,查明李某某起诉所持的"借条"确是李某某伙同冯某某劫取张某乙携带的"国有土地使用证"后持凶器闯入张氏一家的住宅,胁迫张某甲、陆某某、张某乙写下的。在这个案件中,新证据是公安机关的调查结果:李某某起诉所持的"借条"是李某某伙同冯某某劫取张某乙携带的"国有土地使用证"后持凶器闯入张氏一家的住宅,胁迫张某甲、陆某某、张某乙写下的。

从法定证明标准来看,前判对事实的认定不能说是错误的,这也就是该案主审法官莫某某在案件改判后被检察院以玩忽职守罪提起公诉,但广东省高级人民法院最终判其无罪的原因所在。广东省高级人民法院判其无罪的理由之一就是,原审法官"严格按照民事诉讼中证据采信的原则决定证据的取舍。原告举证有被告签名的借条,是直接书证。被告方提出受胁迫的情况,但无法举证,且没有报警求助,尤其是在被告人莫某某两次提示后仍然没有报案的表示。尽管如此,被告人莫某某还是在庭后调查了冯某某,以证实被告的抗辩意见是否真实。但在经过开庭和调查后,均没有证据推翻原告提供的直接证据,故被告人莫某某确认借条是合法、有效的证据而予以采纳,完全符合民事诉讼的'谁主张、谁举证'的原则。"①这就是说,根据法定证明标准,前判对事实的认定是合法的、正确的。不过,从客观真实性来看,虽然不能从绝对意义上说后判一定符合客观事实,但前判对事实的认定相对于后判肯定更不符合客观事实,因此是错误的,这个错误应该被纠正,故该案经再审被改判。

从这个案件可以看到,关于错案的判断标准,对案件当事人而言的纠错标准

---

① 《广东省高级人民法院刑事裁定书》(2004)粤高法刑二终字第 24 号。

和对法官而言的追责标准是有差别的,前者的判断标准是以法定证明标准为基础的相对客观真实,而后者的判断标准是法定证明标准。有学者将错案标准区分为错案纠正、错案赔偿和错案追究三种标准,[①]这种认识是有一定道理的。不过,这种认识存在一个明显的问题,那就是,赔偿标准并不是判断一个案件的裁判是否错误的标准,而是法律规定国家对错案的受害者给予补偿的条件,这是在错案判断标准之上又附加的条件。不仅如此,从司法实践来看,错案的错误根据内容和性质的不同可以区分为认定事实的错误和适用法律的错误,仅仅是认定事实的错误存在着因为立法目的不同而判断标准不同的情况,而适用法律的错误并不存在需要进行这种区分的客观需要。

三、错案实质判断标准之适用法律错误的判断标准

《司法责任制意见》第 28 条第(1)(3)(6)(7)项涉及的是法律适用问题。第(1)项是"对法律、法规、规章、司法解释具体条文的理解和认识不一致,在专业认知范围内能够予以合理说明的",从该项的字里行间中可以推导出适用法律错误的判断标准是法律,即只有违法裁判才是错误裁判,而合法裁判是正确裁判,即使被改判也不属于错误裁判。这里的法律指的是法官在进行裁判当时所依据的有效法律,而不是指法官裁判之后变化了的法律,这正是第(6)项将因"法律修订的"而改判的案件排除在错案之外所要强调的。第(3)项"当事人放弃或者部分放弃权利主张的"、第(6)项的"政策调整的"、第(7)项"裁判所依据的其他法律文书被撤销或者变更的"这几种情形都是依法裁判的几种特别情况。第(8)项作为兜底项强调的也是"依法履行审判职责",从中可以看出,裁判错误的判断标准也只能是法律。

我国是制定法国家,适用法律的错误是指裁判文书上记录的对案件事实的法律定性以及对涉案法律关系的处理与所适用的法律的具体规定存在偏差。这里所说的明显偏差指的是对法律具体规定的理解和认识超出了第 28 条第(1)项所指的"在专业认知范围内能够予以合理说明"这个标准。法律的具体规定主要是指法律规则和法律原则。

(一) 法律规则

适用法律错误的判断标准首先是通过具体的法律条文所体现的法律规则。法律规则不同于法律条文。法律规则是法律的内容之一,法律的内容除了法律

---

① 参见陈学权:《刑事错案的三重标准》,《法学杂志》2005 年第 4 期。

规则,还有法律原则和法律概念。法律有多种表现形式,主要是制定法、判例法和习惯法。法律条文是制定法基础的构成单元,其内容可以是法律规则,也可以是法律原则或法律概念。在制定法中,法律条文是法律规则的重要表现形式,但不是每一个条文都完整地表述一个法律规则,也不是一个法律条文只表述一个法律规则。在实行制定法的中国,法律规则主要通过法律条文来表达,因此,每一个司法裁判都必须明确指出裁判所援引的具体法律条文。因此,在中国,适用法律的错误主要是指裁判结果与所适用的法律条文中所体现的法律规则的具体内容存在偏差。

法律规则是以法权和义务为主要内容,由国家强制力保障实施的具有严密逻辑结构的社会规范。对于法律规则的逻辑结构,从法理学教科书中可以看到许多不同的观点,包括各种的两要素说、三要素说和四要素说。本书采用三要素说中的一种,即法律规则由假定条件、行为模式和法律后果构成。[①] 不过,对于三要素的具体含义,本书接受该学说关于假定条件和法律后果的界定,但对行为模式的界定因为对法律规则内容的界定不同而有差异。具体来看,假定条件是经过对事实状态中相关条件和情况的归纳与抽象并将其规定在法律中,从而构成具体适用某一法律规则的前提条件。[②] 行为模式是对法律关系主体行为的标准与方向作出的法律要求和规定,指出法律关系主体所具体享有的法权和应当承担的法律义务及其方式。法律后果是指在一定情况下,法律对其调整范围内的相关事件与行为的动机、内容和意义等方面进行法律评价所得出的结果。结果可以是肯定性的,具体表现为对合乎法律要求的行为的允许、确定、保护,也可以是否定性的,具体表现为法律对违反其要求的行为作出否定性的评价,并进行相应的追究和制裁。[③]

法律适用是将法的一般规则运用于具体案件的活动,包含了两个基本内容:一是将法庭查证属实的事实与现行法律体系中的相关法律规则的假定条件进行比对,选择案情与假定条件匹配的法律规则作为适用规则。二是根据选定的法律规则中的行为模式对法律关系主体的行为进行评价,并根据法律后果对法律关系的内容,即法权和义务作出处理决定。

裁判文书上记录的对案件事实的法律定性、涉案法律关系的处理与所适用

---

① 付子堂:《法理学初阶》,法律出版社 2009 年版,第 136—137 页。
② 付子堂:《法理学初阶》,法律出版社 2009 年版,第 136 页。
③ 付子堂:《法理学初阶》,法律出版社 2009 年版,第 136—137 页。

的法律规则的具体规定存在偏差,这就是适用法律上的错误。在实行制定法的中国,适用法律错误主要是指裁判文书上记录的对案件事实的法律定性、对涉案法律关系的处理与所适用的法律条文中所体现的法律规则的具体内容存在偏差。例如,把本应是承揽合同按买卖合同定性,把本应是过失杀人罪定性为故意杀人罪,这些属于对案件事实的法律定性错误。又如,两人以上分别实施侵权行为造成同一损害,应当裁判各自承担相应责任的却裁判两人平均承担赔偿责任;对精神病患者追究了刑事责任;对累犯不适用缓刑的适用了缓刑等,这些都属于对涉案法律关系所涉法权和义务的处理错误。

(二) 法律原则

适用法律错误的第二个判断标准是法律原则。根据法理学教科书,我们可以从两个方面把握法律原则的含义和内容:"从静态意义上讲,法律原则是法律中能够作为法律概念和法律规则来源于基础的综合性、稳定性的原理;从动态意义上讲,法律原则是指导法律规则的创制以及在法律的具体适用中作为法律解释与法律推理依据的准则。"①在法律适用过程中,法律原则发挥四个方面的作用:一是指导法律规则的具体适用;二是约束自由裁量权;三是弥补具体法律规则的缺失;四是在适用法律出现个案不公正的时候发挥补救作用。

违反法律原则的裁判是适用法律错误的裁判。例如《中华人民共和国宪法》(以下简称《宪法》)第 33 条第 2 款规定:"公民在法律面前一律平等。"这是一个普遍性原则,对立法、执法和司法行为都具有约束力。为贯彻这一原则,我国《刑法》第 4 条规定:"对任何人犯罪,在适用法律上一律平等。"不允许任何人有超越法律的特权。《民事诉讼法》第 8 条规定:"民事诉讼当事人有平等的诉讼权利。人民法院审理民事案件,应当保障和便利当事人行使诉讼权利,对当事人在适用法律上一律平等。"法官在适用具体法律规则的时候,在相同情况下对不同的人不同对待,这就违反了适用法律平等原则,属于适用法律错误的情形。又如罪责刑相适应原则,我国《刑法》第 5 条规定:"刑罚的轻重,应当与犯罪分子所犯罪行和承担的刑事责任相适应。"《刑法》对于不同的罪所规定的刑罚会有一个幅度,例如我国《刑法》第 264 条规定:"盗窃公私财物,数额较大的,或者多次盗窃、入户盗窃、携带凶器盗窃、扒窃的,处三年以下有期徒刑、拘役或者管制,并处或者单处罚金;数额巨大或者有其他严重情节的,处三年以上十年以下有期徒刑,并

---

① 付子堂:《法理学初阶》,法律出版社 2009 年版,第 150 页。

处罚金;数额特别巨大或者有其他特别严重情节的,处十年以上有期徒刑或者无期徒刑,并处罚金或者没收财产。"刑责罚相适应原则在约束法官量刑的裁量权方面发挥了重要作用,要求法官量刑轻重适度。当然量刑适当并不要求法官的裁判如天平一般毫厘不差,而是要求法官的量刑不能畸轻畸重。所谓畸轻,就是对犯罪嫌疑人的刑事责任进行了不足的评断,从而在刑罚的掌握上失之过轻;所谓畸重,就是对犯罪嫌疑人的刑事责任进行了过度的评断,从而在刑罚的掌握上失之过重。法律也要求法官在民事案件中对权利和义务的处分裁判适当。《中华人民共和国民法典》(以下简称《民法典》)第 6 条规定:"民事主体从事民事活动,应当遵循公平原则,合理确定各方的权利和义务。"这个原则也对法官裁判形成约束。例如在损害赔偿案件中,法官在裁判中应当根据民事责任的大小来确定赔偿额,既不能过多也不能过少,否则,就违反了公平原则。畸轻、畸重或过多、过少,"看来似乎是量的误差,实际上是超越了标志着质的量度界限。"①这个质的量度界限就是法律原则,违反法律原则的裁判属于适用法律错误的错案。

(三) 疑难案件适用法律错误的判断标准:自由裁量权的边界

以法律规则作为适用法律正确与否的判断标准,受到的最大挑战就是法律规则的不确定性。② 不可否认,像规则怀疑论者所描述的那样,法律规则在有些具体案件的适用过程中,因为各种各样的不确定性因素会影响法官对法律规则的理解,从而使得法律适用的结果难以预测,然而因此而否定法律规则的确定性则显得过于极端。否定法律规则的确定性,也就否定了法律作为具有普遍约束力的社会规范的根本功能,也否定了法律规则反复适用于不同具体案件的可能性,使司法裁判失去了基准。当然,我们也无法奢望法官像一台"自动售货机",投入法条和事实就能产生出正确的司法判决。

理性地看,法律规则既有确定性的一面,也有不确定性的一面。博登海默曾指出,"我们语言的丰富程度和精妙程度还不足以反映自然现象在种类上的无限性、自然要素的组合与变化以及一个事物向另一个事物的逐渐演变过程,而这些演变则具有如我们所理解的那种客观事实的特性……不管我们的词汇是多么详尽完善、多么具有识别力,现实中始终有一些为严格和明确的语言分类所无能为力的细微差异与不规则情形。"③英国学者哈特提出的"法律的开放性结构"理论

---

① 杜茂筠:《论错案》,《宁夏社会科学》1988 年第 3 期。
② 参见王晨光:《法律运行中的不确定性与"错案追究制"的误区》,《法学》1997 年第 3 期。
③ 〔美〕E.博登海默:《法理学——法律哲学与法律方法》,邓正来译,中国政法大学出版社 2004 年版,第 503 页。

对此进行了比较深入的论证。一方面,哈特指出,"法律之所以能够成功运作于范围广大的社会生活中,是因为社会的成员广泛地有能力将特定行为、事物和情况涵摄到法条文字所做的一般化分类中。"① 另一方面,他也指出,"无论我们选择判决先例或立法来传达行为标准,不管它们在大量的日常个案上运作得如何顺利,在碰到其适用会成为问题的方面来看,这些方式仍会显出不确定性;它们有着所谓的开放性结构"。"为了使用包含一般化分类语汇的传播形式来传达事实情况,边缘地带的不确定性是我们必须要付出的代价。"② 根据哈特的分析,法律的开放性结构产生的原因主要是立法者认识能力有限,哈特说:"人类立法者不可能预知未来可能发生之所有可能情况的组合。人类在预知未来上的无能为力也造成目标的相对不确定性。"③ 哈特用"禁止在公园中使用车辆"这个规则举例说明规则的开放性结构,也就是规则的确定性和不确定性的具体表现:关于车辆的范围,汽车当然是车辆,这是确定的,但是脚踏车、飞机或轮式溜冰鞋是不是车辆则是个问题;④ 关于制定这个规则的目的,当将该规则与汽车、公共汽车、摩托车相联系的时候,其目的是明确的,即维护公园平静,但当将维护公园平静的一般目的与电动汽车玩具相联系时,该规则的立法目标就不确定了,主要问题是公园里某种程度的平静是否要牺牲孩子们使用电动玩具车的欢乐或好处。⑤ 法律的开放性结构表明,法律规则中所包含的各种一般性分类,在其中心区域含义和目的都是明确的,而在其边缘地带,含义和目的就会变得模糊、不确定。

除了法律的开放性结构所带来的法律规则本身在边缘地带的不确定性外,因立法者的疏忽所造成的法律规则的缺陷也是法律规则具有不确定性的重要原因。法律规则的缺陷有各种各样的表现,主要是:为实现立法目的有的法律规则缺失;法律规则过于抽象缺乏可操作性;法律规则逻辑结构不严密或基本要素欠缺;法律规则的语词使用不当而致歧义;法律规则之间存在矛盾;等等。

既然法律规则的确定性是相对的,具有部分的不确定性,那么,判断法律适用是否存在对错的标准问题就要具体问题具体分析了。对于简单案件或典型案件,即当案件的各个具体方面都能涵摄在含义明确的法律规则的各种要素的中心区域时,法律适用的结果显然是可以进行对与错的判断,判断标准就是含义明

---

① [英]哈特:《法律的概念》,徐家馨、李冠宜译,法律出版社 2011 年版,第 113 页。
② [英]哈特:《法律的概念》,徐家馨、李冠宜译,法律出版社 2011 年版,第 117 页。
③ [英]哈特:《法律的概念》,徐家馨、李冠宜译,法律出版社 2011 年版,第 117 页。
④ [英]哈特:《法律的概念》,徐家馨、李冠宜译,法律出版社 2011 年版,第 115 页。
⑤ [英]哈特:《法律的概念》,徐家馨、李冠宜译,法律出版社 2011 年版,第 117—118 页。

确的法律规则。对于疑难案件,即案件的某个具体方面没有涵摄在法律规则的具体要素的中心区域,而是在其边缘地带,或者法律规则本身就有缺陷,应该如何判断法律适用的对和错?这取决于法律关于法官应对疑难案件的处理方法的规定。

对于疑难案件的法律适用,世界各国主要通过法官的自由裁量权来解决法律规则的不确定性问题,不同的是,不同国家的法官行使自由裁量权的方式和限度不同。一般而言,各国法官可以根据个案的具体情况在平衡各种利益后,在现有法律体系下选择所要适用的具体法律规则。此外,在实行判例法的国家,例如美国,法官在遇到没有适当的法律规则可以适用的时候,还可以在已有的法律规则之外创造新的法律规则,当然新规则的创制不能偏离立法的一般目的和价值,以及法律的基本原则,这可以看作法官自由裁量权的边界。在中国,法官没有创制新的法律规则的权力,法官在遇到没有适当的法律规则可以适用的时候,可以直接根据法律原则或习惯来裁判案件,只要这个法律原则以法律条文的形式被写进了法律之中,或者法律条文明确写明可以根据习惯调整某种特定社会关系。例如,我国《民法典》第10条就规定:"处理民事纠纷,应当依照法律;法律没有规定的,可以适用习惯,但是不得违背公序良俗。"这是我国民法一贯秉持的原则。当然法官所适用的法律原则和习惯必须与案件有合理的关联,这就是中国法官自由裁量权的边界。

以法官的自由裁量权来应对疑难案件的法律适用,疑难案件适用法律对与错的判断标准自然应该是法官自由裁量权的边界。这个边界很宽广,似乎显得有些模糊,但绝不是没有。从各国的司法实践来看,只要法官对自己所做的裁判尽到了合理解释义务,即没有偏离立法目的、法律价值或基本的法律原则,其做出的裁判就是对的;如果法官对其裁判所适用的法律没有尽到合理解释义务,其所做出的裁判就是错误的,不过,这样的情况似乎很少见。

自由裁量权宽广的边界会带来一个问题,这就是因为法官对法律认识上的差异而出现不同的法官对同一案件所做的裁判结论不同的现象,下面举一案例加以说明。

被告人许某在广州市天河区黄埔大道西平云路163号的广州市商业银行自动柜员机(ATM)上发现银行取款机出现异常,分多次取款174 000元,并携款潜逃。银行也确实在其取款期间进行系统升级并出现异常,具体异常情况是:1 000元以下(不含1 000元)取款交易正常;1 000元以上的取款交易,每取1 000元按

1 元形成交易报文向银行主机报送,即持卡人输入取款 1 000 元的指令,自动柜员机出钞 1 000 元,但持卡人账户实际扣款 1 元。[①] 该案经历了一审、二审、重审一审、重审二审、最高人民法院核准的审判过程。一审的裁判是以盗窃罪判处许某无期徒刑,剥夺政治权利终身,并处没收个人全部财产;重审的裁判是以盗窃罪判处许某有期徒刑 5 年,并处罚金 2 万元。[②] 两次裁判结果之间的差距之巨大是不言而喻的。不仅如此,在一审判决做出后,社会和法学界对该案给予了极大关注,各种各样的裁判方案被提出,争论十分激烈。有学者在该案尘埃落定之后对该案的各种观点做了统计和分析。就案件的定性而言,有无罪论和有罪论两类代表性的主张。其中,无罪论又包括了八种具体主张:不当得利说、无效交易说、银行过错说、没有实施合法行为的可能性说、许某行为难以模仿说、刑法谦抑说、刑罚目的说、刑罚法定说等。有罪论也有四种具体主张:成立侵占罪、成立信用卡诈骗罪、成立诈骗罪、成立盗窃罪。就案件的量刑而言,争议主要涉及我国《刑法》第 63 条第 2 款特殊减刑条件是否适用的问题。[③]

之所以产生如此大的争议,根本原因在于许某案的诸多事实要素并不能完全涵摄在各种方案所选择适用的法律规则中,也就是说,许某的行为不是各种方案所选择适用的法律规则的典型情况,而是处于法律规则的边缘地带,法律规则的适用出现了不确定性。以一审法院的判决为例,一审法院判处许某无期徒刑的依据是当时《刑法》第 264 条所规定的假定条件之一"盗窃金融机构,数额特别巨大的"。然而,案件事实有诸多方面是否符合该假定条件存在疑问:① 取款行为没有规避他人管控,和通常理解的秘密窃取公私财物的行为不能完全契合;② 没有采取破坏柜员机或进入金融机构营业场所内部盗窃等通常手段;③ 银行有过错。正因为如此,该案在一审判决后引起了社会的广泛质疑。

那么,一审法院的裁判算不算错案呢?重审法院面对如此多的裁判方案,法官是否应该像美国学者德沃金所主张的那样,即使在法律条文模糊或冲突甚至法律条文空缺的情况下也要寻找到唯一的正解?事实上,按照德沃金提出的寻找唯一正解的方法去寻找裁判结论,对于法官而言实在是勉为其难,而从各国的

---

① 参见钟育周:《许霆盗窃案犯罪构成及特殊情况之分析》,《人民司法》2008 年第 18 期。

② 参见一审裁判书(2007)穗中法刑二初字第 196 号;二审裁定书(2008)粤高法刑一终字第 5 号;重审一审裁判书(2008)穗中法刑二重字第 2 号;重审二审裁定书(2008)粤高法刑一终字第 170 号;(2008)最高人民法院刑核字第 18 号。

③ 赵秉志、张心向:《刑事裁判不确定性现象解读——对"许霆案"的重新解读》,《法学》2008 年第 8 期。

司法实践来看,只要在自由裁量权的法律界限内,法官在诸多选项中所做的任何选择都不能算错。

在按照审判监督程序提起再审后被改判的案件中,《司法责任制意见》第 28 条第(1)项将"因为对法律、法规、规章、司法解释具体条文的理解和认识不一致,在专业认知范围内能够予以合理说明的"案件排除在错案的范围之外,这是对法官自由裁量权的尊重,而《违法审判责任追究办法》第 22 条将这种情形表述为"因对法律、法规理解和认识上的偏差而导致裁判错误的"是不科学的。不仅通过审判监督程序的改判有可能存在法官在认识上不一致的情况,而且在上诉审的改判中也可能存在法官在认识上不一致的情况,同样应当将这种情况排除在错案的范围之外。

那么,在适用法律错误的判断标准方面,诉讼法是否规定了或者是否能够规定和《司法责任制意见》第 28 条所体现出的不同标准呢?事实上,从诉讼法中是找不到和《司法责任制意见》第 28 条不同的适用法律错误的判断标准的,诉讼法也不可能规定和《司法责任制意见》第 28 条不同的适用法律错误的判断标准,因为法律的适用强调的是统一性,否则,就会出现混乱。这也就是说,在适用法律错误方面,纠错标准和追责标准是统一的,不可能存在两个标准。如果认可这一点,那么,就不得不承认诉讼法将二审和再审维持原判和改判的适用条件与原裁判的对和错直接关联的做法,实际上是扩大了适用法律错误的案件范围,从这一点来说,诉讼法的规定是不科学的。

四、错案判断标准的确定性分析

综上所述,在追责的语境下,裁判错误,无论是认定事实错误还是适用法律错误,其判断标准都是法律,即错误裁判都是违法裁判,其中包括违反法定证据规则的事实认定和违反法律的适用,而根据相对客观真实标准所确定的认定事实错误不属于追责范畴中的裁判错误。

这里要特别回应一下有关错案判断标准不确定的观点。根据前文的分析,判断错案的标准是法律,而法律的一个重要特点是确定性。法律的确定性是指法律规则所确立的法律关系的主体和客体、法权和义务、行为与后果等要素都必须是具体、明确和肯定的,只有这样,法律才具有可操作性和可预见性,法律也才能发挥指引作用、评价作用、预测作用和教育作用。

当然,不可否认,在有些情况下一些不确定性因素会影响具体案件的事实认定和法律适用,不过,即使在这种情况下,法律通常对如何处理不确定性也作出了明确的制度安排。

例如,现代法律通常安排了在客观事实不确定时法律适用的具体方法。这里需要特别说明的是,此处说的是客观事实不确定而不是法律事实不确定,因为按照法定证明标准所认定的事实,即法律事实是不存在不确定性的,包括"证据不充分、事实不清楚",这在法律上也是一种确定的法律事实的表现形式。如果法律事实不能确定,就会如有学者所言:"没有事实的确定性,就丧失了判断是非的标准,没有了判断的标准,争议也就毫无意义,诉讼也就没有了存在的意义。"①对于刑事案件,犯罪事实没有充分证据证明而处于不确定状态时,法律的处理方法是疑罪从无原则;对于民事案件因证据不充分出现事实处于不确定状态的时候,法律上的处理方法是谁主张谁举证,由举证不力的一方承担不利后果。这些处理客观事实不确定的法律方法都是清晰、明确的。

还有民事诉讼中宣告死亡的特别程序,这是在公民是否死亡的客观事实不确定时推定死亡的制度。宣告死亡是指在公民下落不明超过法定期限,人民法院根据利害关系人的申请依法宣告该公民死亡的法律制度。根据我国《民事诉讼法》第 191—193 条的规定,公民下落不明满四年、因意外事故下落不明满两年,或者因意外事故下落不明经有关机关证明该公民不可能生存,利害关系人申请宣告其死亡的,可向下落不明人住所地基层人民法院提出。人民法院受理宣告死亡案件后要发出寻找下落不明人的公告,宣告死亡的公告期间为一年,因意外事故下落不明经有关机关证明该公民不可能生存的,宣告死亡的公告期间为三个月。公告期间届满,人民法院根据被宣告死亡的事实是否得到确认,作出宣告死亡的判决或者驳回申请的判决。如果被宣告死亡的公民重新出现,经本人或者利害关系人申请,人民法院应当作出新判决,撤销原判决。可见,宣告死亡和自然死亡是不同的,自然死亡是明确无误的真实死亡,而宣告死亡是法律上推定的死亡,可能与客观事实不符。但是,宣告死亡的条件和程序是法律上明确规定的,应当通过法定程序宣告死亡,在宣告死亡没有被撤销前,死亡在法律上是确定的。

此外,在遇到疑难案件的时候,法官的裁判也不是为所欲为的,法律原则、立法目的、公序良俗等都是法官自由裁量权的边界,尽管这个边界在有些时候会比较宽泛,但绝对不是没有。在法官享有造法权力的美国,其联邦最高法院大法官

---

① 毛立华:《论证据与事实》,中国人民公安大学出版社 2008 年版,第 258 页。

卡多佐也承认,"在无数的诉讼中,法律都是非常清楚的,法官也没有什么裁量。他们的确有权在空白之处立法,但那里常常没有空白。如果我们只是盯着那些荒芜地带,而不愿看一看那些早已播种且硕果累累的土地,那么,我们就会有一个错误的全景图";"存在着这样一些司法原则,他们限制了法官的自由。"①

总体来看,法律是具有确定性的,过分夸大法律适用中的不确定性因素对裁判造成的影响并不可取。正如有学者所言,"对于判决来说,只要它在法律允许的区域内就是公正的,反之则为不公正。如果连这点确定性都不存在,判决的'合法性''合理性'将无法评价。法律的发展过程是确定性程度不断提高的过程,人们有伦理上的义务不断提高法律的确定性,而不是放任自流。"②

既然在法律上认定事实的判断标准和适用法律的判断标准都是确定的,那么,认定事实错误的判断标准和适用法律错误的判断标准也相应地具有确定性。当然,"法律的确定性与错案追究制不存在必然的联系",③法律的确定性只是为错案追责提供了便利条件,至于能否对错案追究法官责任,这是另外的一个问题,这个问题正是本书所要重点讨论的问题。

---

① 〔美〕本杰明·卡多佐:《司法过程的性质》,苏力译,商务印书馆1997年版,第77—78页。
② 周永坤:《错案追究制与法治国家建设——一个法社会学的思考》,《法学》1997年第9期。
③ 周永坤:《错案追究制与法治国家建设——一个法社会学的思考》,《法学》1997年第9期。

第二章 我国法官裁判责任追究：规则层面的考察

在我国，关于法官裁判责任的规则存在于多种效力等级的规范性法律文件中，由此形成了性质不同的法官裁判责任。

第一节 法律责任及其类型

法律责任是"指因非法行为等原因而导致的必须承担的法定不利后果。"① 讨论法官的裁判责任问题首先要弄清楚法律责任的不同类型。

一、基于法律性质不同的分类及其类型补充

关于法律责任的通说将法律责任分为民事责任、刑事责任、行政责任和违宪责任四类，但通说不能涵盖司法责任的所有法定形式，具有局限性。通说的局限性首先体现在遗漏了宪法相关法责任。宪法相关法是与宪法相配套、对宪法所规定的相关制度进行细化和补充的法律统称，国家机构的产生、组织、职权等方面的法律是其中的重要组成部分。国家机关的权力要通过其组成人员来具体实施，因此，调整国家机关组成人员职权关系的法律也属于宪法相关法的范畴，这些法律主要是《中华人民共和国全国人民代表大会和地方各级人民代表大会代表法》《中华人民共和国公务员法》（以下简称《公务员法》）、《法官法》《检察官法》等。

这里需要说明的是，尽管《公务员法》按通说属于行政法范畴，但是，笔者认为将其归于宪法相关法更为合适。宪法相关法与行政法有重叠的地方，例如《中

---

① 中国大百科全书总编辑委员会《法学》编辑委员会：《中国大百科全书·法学》，中国大百科全书出版社 2006 年版，第 84 页。

华人民共和国国务院组织法》(以下简称《国务院组织法》),它既属于行政法,也属于宪法相关法。如果公务员仅指国家行政机关行使行政职权的公职人员,那么《公务员法》是既可以归于宪法相关法,也可以归于行政法。然而,我国《公务员法》第 2 条规定:"本法所称公务员,是指依法履行公职、纳入国家行政编制、由国家财政负担工资福利的工作人员。"根据这个规定,法官和检察官都属于公务员。但是,法官和检察官行使的职权性质与行政权存在本质区别,法官与法院的关系、检察官与检察院的关系和行政公务员与行政机关的关系也存在质的差别。法官和检察官都由同级人大任免,而行政公务员除领导成员是通过人大任免的以外,其他都是由行政机关自行录用和管理的。此外,法官和检察官的责任追究也并不受行政机关的管辖。因此,对法官和检察官的管理方式与对行政公务员的管理方式不同。基于以上原因,再将《公务员法》归入行政法的范畴就不合适了,而应将其归入宪法相关法的范畴。

在法律体系当中,宪法相关法调整的法律关系和调整法律关系的方式不同于民法、行政法、刑法,因此,宪法相关法责任的性质、内容也不同于民事责任、刑事责任和行政责任,其具有以下特点。

一是承担责任的主体不同。宪法相关法的责任主体主要是国家机关组成人员,而民事责任的承担主体主要是公民等个人以及法律地位相当于个人的私人团体,行政责任的承担主体是行政公务员和行政相对人,刑事责任的承担主体是实施了犯罪行为受到刑罚处罚的个人和单位。

二是承担责任的形式不同。宪法相关法的责任形式主要是撤职、警告、记过、记大过、降级、撤职、开除等处分,此外,还有《中华人民共和国国家赔偿法》(以下简称《国家赔偿法》)所规定的赔偿责任。民事责任的主要形式是:停止侵害;排除妨碍;消除危险;返还财产;恢复原状;修理、重作、更换;继续履行;赔偿损失;支付违约金;消除影响、恢复名誉;赔礼道歉等。行政公务员和行政相对人承担行政责任的形式不同,前者承担责任的形式和宪法相关法的责任形式相同,后者承担行政责任的方式是:警告、通报批评;罚款、没收违法所得、没收非法财物;暂扣许可证、降低资质等级、吊销许可证件;限制开展生产经营活动、责令停产停业、责令关闭、限制从业;行政拘留等。刑事责任的主刑形式是:管制、拘役、有期徒刑、无期徒刑、死刑;附加刑的形式是:罚金、剥夺政治权利、没收财产。

通说的局限性还体现在遗漏了宪法责任的另一种形式——宪定责任。宪法责任有两种类型:一是违宪责任,即国家机关及其主要领导成员违反宪法的原则、精神和具体内容而承担的宪法责任。最常见的违宪责任是立法机关违反宪法的立法、国家行政机关违反宪法的行政措施被违宪审查机关宣布无效。在中国,违宪的责任形式主要有:全国人民代表大会常务委员会作出的不适当的决定被全国人民代表大会改变或者撤销;国务院制定的同宪法、法律相抵触的行政法规、决定和命令被全国人大常委会撤销;省、自治区、直辖市国家权力机关制定的同宪法、法律和行政法规相抵触的地方性法规和决议被全国人大常委会撤销等。另一种宪法责任是国家机关及其组成人员在没有违反宪法具体规定的情况下,由宪法规定的基于宪定条件而承担的责任,这种责任可以称为宪定责任。最常见的宪定责任是行政首脑或法官因为宪法规定的条件被代议机关弹劾或罢免,这种责任形式显然和违宪责任不同。

鉴于宪法相关法责任和宪定责任的特殊性,笔者将这两种责任形式补充到现有的责任类型中,将法律责任分为宪法责任、宪法相关法责任、行政责任、民事责任和刑事责任五种类型,将宪法责任再区分为违宪责任和宪定责任。

二、基于追责方式不同的分类

从责任追究对法官产生的实际后果来看,对法官追究法律责任的具体方式还可以分为四种类型,即身份处分、惩戒处分、刑罚和金钱赔偿。身份处分是在国家机关公职人员不适合担任相关职务或工作时将其移除职位或使其丧失工作资格,在我国主要是罢免、撤职、开除等方式,在有些国家,例如美国、日本等还采用弹劾方式。惩戒处分是对国家机关公职人员的具体违法违纪行为予以责难、课以制裁,包括训诫、警告、记过、降职、降级等处分方式。刑罚是对罪犯的强制处分,在我国,主刑包括管制、拘役、有期徒刑、无期徒刑、死刑等,附加刑包括罚金、没收财产、剥夺政治权利等,国家机关公职人员因职务犯罪要受刑罚处罚。金钱赔偿是国家公职人员为其违法行为造成的损害向受害人给付金钱补偿,在实现国家赔偿制度的国家,通常由国家赔偿受害人后,再向公职人员追偿。

关于处分(政务处分)的具体方式,我国法律是一并列举,而不将处分区分为身份处分和惩戒处分后再分别列举。例如,现行《公务员法》第 62 条规定:"处分分为:警告、记过、记大过、降级、撤职、开除。"《中华人民共和国监察法》(以下简称《监察法》)第 45 条也是一样,其第 2 项规定:监察机关"对违法的公职人员依照法定程序作出警告、记过、记大过、降级、撤职、开除等政务处分决定"。我国法学界在研究处分的时候,也很少对处分做身份处分和惩戒处分的区分。有日本学者对身份处分和惩戒处分进行了区分,并指出,"身份处分和惩戒处分,其制度目的是不同的"。① 身份处分和惩戒处分都因非法行为而产生,但非法行为未必带来职务适格性问题。

对处分做身份处分和惩戒处分的区分是很有必要的,尤其是对法官而言。因为身份处分和惩戒处分不仅具有内容上的差异,而且在不少国家对法官进行身份处分和惩戒处分的法定主体和处分程序是不同的。例如在日本,对法官的身份处分是由国会依照弹劾程序进行,而惩戒处分由监督法官的法院向高等法院申请,由高等法院依据诉讼程序进行。② 在美国联邦层级,对法官的身份处分也是由国会依据弹劾程序进行,而惩戒处分由巡回法院司法委员会根据惩戒程序进行。③

第二节　我国法官的法律责任与裁判的具体关联

在我国,规定法官责任的规范性法律文件主要是《宪法》《地方人民代表大会和地方人民政府组织法》(以下简称《地方组织法》)、《监察法》《法官法》《国家赔偿法》和《刑法》。《宪法》所规定的法官应承担的责任属于宪法责任;《监察法》《法官法》和《国家赔偿法》都属于宪法相关法的范畴,这些法律所规定的法官应当承担的责任属于宪法相关法责任;《刑法》所规定的法官应该承担的责任属于刑事责任。

一、法官的宪法相关法责任与裁判的关联性

根据《地方组织法》《监察法》《法官法》《国家赔偿法》这四部法律的规定,法官责任包括五方面内容:人大监督制度中的法官责任;监察制度中的法官责任;惩戒制度中的法官责任;考核制度中的法官责任;国家赔偿制度中的法官责任。为什么考核制度中也包含了法官责任的内容? 理由是,2019 年修订前的《法官

---

① ［日］盐野宏:《行政组织法》,杨建顺译,北京大学出版社 2008 年版,第 229 页。

② 《世界各国宪法》编辑委员会:《世界各国宪法·亚洲卷》,中国检察出版社 2012 年版,第 498 页;《裁判官分限法》(昭和二十二年法律第百二十七号),https://elaws.e-gov.go.jp/document? lawid=322AC0000000127_20150801_000000000000000&keyword=裁判官分限法,最后访问时间:2021 年 7 月 12 日。

③ 《世界各国宪法》编辑委员会:《世界各国宪法·美洲卷》,中国检察出版社 2012 年版,第 615—616 页;28 U.S. Code § 332;最高人民法院政治部编:《域外法院组织和法官管理法律译编》(上册),人民法院出版社 2017 年版,第 51—54 页。

法》第 24 条规定："年度考核结果分为优秀、称职、不称职三个等次。考核结果作为对法官奖惩、培训、免职、辞退以及调整等级和工资的依据。"修订后的《法官法》第 42 条规定："年度考核结果分为优秀、称职、基本称职和不称职四个等次。考核结果作为调整法官等级、工资以及法官奖惩、免职、降职、辞退的依据。"可见，无论是《法官法》修订之前或之后，考核结果都会对法官产生影响，其中考核不称职引起的法官被免职、辞退、降级、降低工资等都是法官承担的不利后果，这事实上是对法官追责的一种情况。

（一）人大监督制度中的法官责任和裁判的关联性

根据《宪法》第 63 和 101 条的规定，全国人民代表大会和地方各级人民代表大会有权罢免法院院长。根据《地方组织法》第 44 条第 12 项规定，地方各级人大常委会在本级人民代表大会闭会期间，有权决定撤销人民法院副院长、庭长、副庭长、审判委员会委员、审判员的职务。《宪法》和相关法律没有明确规定罢免法院院长和撤销法官职务的具体事由，因此，人大监督制度中的法官责任是否与裁判相关联不是很清晰。

（二）国家监察制度中的法官责任和裁判的关联性

我国监察体制改革开始于 2016 年年底，全国人民代表大会常务委员会在当年 12 月作出《关于在北京市、山西省、浙江省开展国家监察体制改革试点工作的决定》，2017 年 11 月又作出《关于在全国各地推开国家监察体制改革试点工作的决定》。2018 年 3 月，在第十三届全国人民代表大会第一次会议上，全国人民代表大会修改《宪法》，在第三章"国家机构"中增加"监察委员会"一节，对监察委员会的性质、职权、组成、监察权行使原则等进行了明确规定。紧随其后，全国人民代表大会通过《监察法》，并选举产生了国家监察委员会，自此，国家监察制度在我国全面建立。《监察法》第 3 条规定各级监察委员会依法对所有行使公权力的公职人员进行监察，法官当然包括在公职人员之中。

根据《监察法》第 11 条第 2 和 3 项的规定，监察委员会的职责包括依法律规定"对涉嫌贪污贿赂、滥用职权、玩忽职守、权力寻租、利益输送、徇私舞弊以及浪费国家资财等职务违法和职务犯罪进行调查"；"对违法的公职人员依法作出政务处分决定；对履行职责不力、失职失责的领导人员进行问责；对涉嫌职务犯罪的，将调查结果移送人民检察院依法审查、提起公诉；向监察对象所在单位提出监察建议"。根据《监察法》第 45 条第 2 项规定，监察机关根据监督、调查结果"对违法的公职人员依照法定程序作出警告、记过、记大过、降级、撤职、开除等政务处分决定"。由于《监察法》针对的是所有类型的公职人员，追责事由比较概括，其中并没有直接针对法官是否就错案承担责任进行具体规定，在概括性的事由例如"玩忽职守""失职失责"中是否包含错案则需要后续制定的规范性文件来具体化。2018 年 4 月，中共中央纪委和国家监察委员会发布《公职人员政务处分暂行规定》，其中第 3 条规定："监察机关实施政务处分的依据，主要包括《监察法》《公务员法》《法官法》《检察官法》……。"《法官法》的列入似乎意味着监察制度中的法官责任应与裁判具有一定的关联性，这种关联性和《法官法》所规定的法官惩戒制度中的法官责任和裁判的关联性一致。

　　不过，后续的具体改革方案并未将与裁判相关的法官责任追究的相关职权分配给监察机关。与行政系统内的监察机关成建制转隶为国家监察机关不同的是，法院系统的监察机构被保留，且最高人民法院 2018 年 12 月发布的《关于进一步全面落实司法责任制的实施意见》第 16 条提出，"严格落实违法审判责任追究制度。各级人民法院对法官涉嫌违反审判职责行为要认真调查，法官惩戒委员会根据调查情况审查认定法官是否违反审判职责、是否存在故意或者重大过失，并提出审查意见，相关法院根据法官惩戒委员会的意见作出惩戒决定。法官违反审判职责行为涉嫌犯罪的，应当移交纪检监察机关、检察机关依法处理。法官违反审判职责以外的其他违纪违法行为，由有关部门调查，依照法律及有关规定处理。"2019 年修订的《法官法》第 48 条规定："最高人民法院和省、自治区、直辖市设立法官惩戒委员会，负责从专业角度审查认定法官是否存在本法第四十六条第四项、第五项规定的违反审判职责的行为，提出构成故意违反职责、存在重大过失、存在一般过失或者没有违反职责等审查意见。法官惩戒委员会提出审查意见后，人民法院依照有关规定作出是否予以惩戒的决定，并给予相应处理。"这意味着国家监察机关对法官的监督和法院自身对法官的监督并存，其中对于与裁判相关的宪法相关法责任的追究主体是法院。而对于法官违反审判职责行为涉嫌犯罪的，国家监察委员会在《监察法》实施后不久发布了《国家监察委员会管辖规定（试行）》（国监发〔2018〕1 号），在职务犯罪的调查权方面，该条例第四章详细列举了监察机关的职务犯罪案件管辖范围，包括 6 大类 88 个职务犯罪案件。这 88 个职务犯罪案件不包括：徇私枉法罪；民事行政枉法裁判罪；执行判决裁定失职罪；执行判决裁定滥用职权罪；私放在押人员罪；失职致使在押人员脱逃罪；徇私舞弊减刑、假释、暂予监外执行罪；非法拘禁罪；非法搜查罪；刑讯逼供罪；暴力取证罪；虐待被监管人罪。这 12 个职务犯罪案件由检察机关管辖。因此,对法官涉嫌犯罪的违法裁判的调查权属于检察机关,而非监察机关,这意味着监察机关不享有对法官裁判责任的调查权和追责权。

(三) 惩戒制度中的法官责任和裁判的关联性

2019 年修订前的《法官法》第 11 章详细规定了法官惩戒制度,其中第 32 条列举了应当受到惩戒的行为,其中第(3)项是"徇私枉法",第(8)项是"玩忽职守,造成错案或者给当事人造成严重损失",这两项都和裁判有关联。对于上述第(3)项,最高人民法院于 2003 年颁布的《关于严格执行〈中华人民共和国法官法〉有关惩戒制度的若干规定》将其具体化为:① 在审判和执行工作中,故意违背事实和法律,枉法作出裁判或者决定;② 为谋私利或者徇私情偏袒一方当事人,故意违反法律规定,迫使另一方当事人违背真实意思,放弃自己的权利;③ 徇私舞弊,对不符合减刑、假释、暂予监外执行条件的罪犯,予以减刑、假释或者暂予监外执行。对于上述第(8)项,该司法解释将其具体化为两类行为:严重失职,造成错误裁判或者错误执行;严重不负责任,不履行法定职责,给当事人或者其他人的利益造成严重损失。这个司法解释表明,单纯造成裁判错误这个事实并不是对法官追责的充分条件,将裁判错误和法官责任联系起来的条件是:对裁判错误追责必须满足违法条件和过错条件,即法官在案件审理和裁判的过程中要存在"徇私枉法"或"玩忽职守"的违法行为和主观过错。这个司法解释在 2009 年最高人民法院颁布《人民法院工作人员处分条例》(以下简称《处分条例》)时被废止,但是其精神被保留在了《处分条例》中,其中第 43 条规定的应当追责的事由是"故意违背事实和法律枉法裁判的";第 83 条规定的应当追责的事由是"因过失导致错误裁判、错误采取财产保全措施、强制措施、执行措施,或者应当采取财产保全措施、强制措施、执行措施而未采取,造成不良后果的"。从上述规定可以看到,主观过错是因裁判错误对法官追责的必要条件。

修订后的《法官法》在第 46 条规定的法官应当受到处分的行为中与裁判错误相关联的两项是第(1)项"贪污受贿、徇私舞弊、枉法裁判的"和第(5)项"因重大过失导致裁判结果错误并造成严重后果的";将"玩忽职守"修改为"因重大过失",表述更加准确。虽然文字有所改变,但是就裁判错误对法官追责仍然坚持了主观过错是必要条件这个原则。

(四) 考核制度中的法官责任和裁判的关联性

2019 年修订前的《法官法》第 23 条规定:"对法官的考核内容包括审判工作实绩、思想品德、审判业务和法学理论水平、工作态度和审判作风。重点考核审判工作实绩。"修订后的《法官法》第 41 条将考核内容修改为"审判工作实绩、职业道德、专业水平、工作能力、审判作风",重点考核审判工作实绩的内容未变。《法官法》没有对审判工作实绩的考核标准作出具体规定,因此,考核指标中是否可以将案件裁判结果纳入考核体系无法判断。从实际情况看,不同地方法院所设置的考核指标差异比较大,因此考核指标和裁判结果的关联性存在差别,从收集到的一些地方法官管理规则可以看到,将考核指标和裁判结果关联起来的地方法院还是不少的。

（五）国家赔偿制度中的法官责任和裁判的关联性

国家赔偿责任是指国家机关和工作人员违法行使职权侵犯公民、法人和其他组织的合法权益造成损害应当承担的赔偿责任。我国《国家赔偿法》对行政赔偿和刑事赔偿作出了具体规定,该法第 17 和 18 条规定了行使侦查、检察、审判职权的机关以及看守所、监狱管理机关及其工作人员在行使职权时侵犯人身权和财产权受害人应取得赔偿的具体情形,其中"依照审判监督程序再审改判无罪,原判刑罚已经执行的"这种情形是专门针对错误裁判的。《国家赔偿法》第 31 条第 1款规定,赔偿义务机关赔偿后,有权向工作人员追偿部分或者全部赔偿费用,条件是工作人员存在以下情况:"（1）刑讯逼供或者以殴打、虐待等行为或者唆使、放纵他人以殴打、虐待等行为造成公民身体伤害或者死亡的;（2）违法使用武器、警械造成公民身体伤害或者死亡的;（3）在处理案件中有贪污受贿、徇私舞弊、枉法裁判行为的。"对于法官而言,主要适用第三种情况。因此,从追偿的条件来看,违法行为和主观过错都是法官为错误裁判承担赔偿责任的必要条件。

二、刑事责任与法官裁判的关联性

法官在职时的身份具有多重性,其既是法官,也是国家公职人员,还是公民或自然人。从犯罪构成的主体条件来看,有的犯罪的主体是无限制的,可以是任何自然人,例如盗窃罪;有的犯罪的主体是国家公职人员,例如受贿罪;还有的犯罪主体只能是司法工作人员,例如徇私枉法罪。法官在职期间可能实施上述三类以不同主体为构成要件的犯罪行为,但作为司法工作人员,与法官的审判职能直接相关的犯罪是刑法第 399、401 和 397 条规定的犯罪。

《刑法》第 399 条第 1 款规定的追责条件是:"司法工作人员徇私枉法、徇情枉法,对明知是无罪的人而使他受追诉、对明知是有罪的人而故意包庇不使他受追诉,或者在刑事审判活动中故意违背事实和法律作枉法裁判的";第 399 条第

2 款规定的追责条件是:"在民事、行政审判活动中故意违背事实和法律作枉法裁判,情节严重的";第 401 条规定的追责条件是:"徇私舞弊,对不符合减刑、假释、暂予监外执行条件的罪犯,予以减刑、假释或者暂予监外执行的"。从上述规定可以看到,裁判错误是追究法官责任的条件,但不是充分条件,只有加上法官主观上有过错、客观上实施了违法行为这两个构成要件,罪行才成立。除了上述两个罪名外,从司法实践来看,《刑法》第 397 条规定的玩忽职守罪也适用于对法官裁判错误的追责,而玩忽职守罪的主观构成要件是过失。

三、对裁判是否可以追究法官的宪法责任

首先来看对裁判是否可以追究违宪责任,这要看法院行使审判权是否违反宪法。法院行使审判权有可能违反宪法,这应该是没有疑问的。例如,我国《宪法》第 126 条规定:"人民法院依照法律规定独立行使审判权",这里的法律指的是狭义的法律,即全国人民代表大会及其常务委员会制定的规范性文件。根据这个规定,法院在行使审判权说理时虽不排除援引宪法,但若将宪法作为裁判案件的直接依据,就可能构成违宪的错误裁判。例如"齐玉苓受教育权被侵害案",最高人民法院当年针对该案作出《关于以侵犯姓名权的手段侵犯宪法保护的公民受教育的基本权利是否应承担民事责任的批复》(〔2001〕法释 25 号),随后,山东省高级人民法院依照《宪法》第 46 条和最高人民法院的《批复》以及《民事诉讼法》第 153 第 1 款第 3 项的规定作出判决。① 如果这个案件按照准确适用法律的标准看,很可能是错误裁判。

法院行使审判权因违反宪法是应当承担违宪责任的,根据《宪法》赋予全国人大常委会"解释宪法,监督宪法的实施"职权,全国人大常委会可以要求最高人民法院撤销上述《批复》。虽然全国人大常委会并没有行使这个职权,但 2008 年最高人民法院自己撤销了这个《批复》,算是自我纠错。

《宪法》没有规定法官应当如何履职,因此对法官不存在追究违宪责任的问题,但是《宪法》规定了法院院长的宪定责任。根据《宪法》第 63 和 101 条的规定,人民代表大会可以罢免同级法院院长。罢免是人大对法院院长追责的宪定责任形式,这是一种政治性责任,《宪法》没有明确规定人大罢免法院院长的适用条件,其中可以包含错案因素,因为根据最高人民法院《关于完善人民法院司法责任制的若

---

① 参见《齐玉苓诉陈晓琪等以侵犯姓名权的手段侵犯宪法保护的公民受教育的基本权利纠纷案》,《最高人民法院公报》2001 年第 5 期,第 158—161 页。

干意见》第 21 条第 1 款："院长除依照法律规定履行相关审判职责外,还应当从宏观上指导法院各项审判工作,组织研究相关重大问题和制定相关管理制度,综合负责审判管理工作,主持审判委员会讨论审判工作中的重大事项,依法主持法官考评委员会对法官进行评鉴,以及履行其他必要的审判管理和监督职责。"

对于法院院长以外的其他法官,我国《宪法》就法官免职的内容进行了规定,根据第 67、104 条的规定,全国人大常委会根据最高人民法院院长的提请,任免最高人民法院副院长、审判员、审判委员会委员和军事法院院长;地方各级人民代表大会常务委员会根据院长提请任免副院长、审判委员会委员、庭长、副庭长和审判员。然而,免职并不能作为一种宪定责任来看待。免职是在出现法定情形时人大常委会启动的例行程序,这个程序本身不具有追究责任的含义。《法官法》第 20 条规定应当依法提请免除法官职务的情形是："(1)丧失中华人民共和国国籍的;(2)调出所任职人民法院的;(3)职务变动不需要保留法官职务的,或者本人申请免除法官职务经批准的;(4)经考核不能胜任法官职务的;(5)因健康原因长期不能履行职务的;(6)退休的;(7)辞职或者依法应当予以辞退的;(8)因违纪违法不宜继续任职的"。在这 8 种情形中,除了第(4)项是法官因履职行为承担的不利后果外,其他 7 种情况都不属于因履职行为承担的不利后果。如果要将对考核不能胜任职务的法官予以免职作为对法官的追责方式来看待,这种责任也不属于宪定责任,而是宪法相关法责任,因为法官免职的条件和程序是《法官法》规定的。

第三节　最高人民法院规范性司法文件中的法官责任与裁判的关联性

由于《法官法》关于法官责任制度的规定比较原则,最高人民法院为实施《法官法》制定了不少规范性司法文件,其中对错误裁判如何追责也进行了较为具体的规定。

一、法官惩戒规则中的法官责任和裁判的关联性

最高人民法院早在 1991 年颁布的《人民法院工作人员纪律处分的若干规定(试行)》中就对错误裁判的责任进行了明确规定,其中第 15 条规定："在审判活

动中主观臆断造成错判的,给予降级或记大过处分,对其他责任人给予记过以下处分";第 16 条规定:"在审判活动中因失职造成错判的,给予记大过以上撤职以下处分"。这是最高人民法院有关错案责任的最早规定。1998 年最高人民法院为实施《法官法》所规定的法官惩戒制度,又制定了《人民法院审判人员违法审判责任追究办法(试行)》(以下简称《违法审判责任追究办法》)和《人民法院审判纪律处分办法(试行)》,2002 年制定了《人民法院执行工作纪律处分办法(试行)》,2003 年制定《最高人民法院关于严格执行〈中华人民共和国法官法〉有关惩戒制度的若干规定》,2009 年制定《处分条例》。

现行有效的规范性司法文件是《违法审判责任追究办法》和《处分条例》。《违法审判责任追究办法》第二章"适用范围"规定了违法审判的 17 种情形,有 5 条涉及错误裁判。其中,第 8、9 条和第 12 条第 2 款针对的是法官违反法定要求收集和核实证据的行为,[①]属于审判错误中程序错误的一种情况,裁判错误是这种违法行为的后果,不是责任针对裁判结果进行的责任追究。第 14 和 21 条是直接针对错案的。第 14 条规定:"故意违背事实和法律,作出错误裁判的。因过失导致裁判错误,造成严重后果的。"第 21 条规定:"故意违反法律规定,对不符合减刑、假释条件的罪犯裁定减刑、假释的。"从条文内容来看,裁判结果是被追究责任的直接事由。《处分条例》将违纪行为分为违反政治纪律的行为、违反办案纪律的行为、违反廉政纪律的行为、违反组织人事纪律的行为、违反财经纪律的行为、失职行为、违反管理秩序和社会道德的行为七大类,共 85 条,其中违反办案纪律的行为是 26 条,失职行为是 9 条。《处分条例》详细规定了每一个违纪行为具体适用处分的幅度,其中第 43 和 83 条是直接针对错案的。第 43 条规定:"故意违背事实和法律枉法裁判的,给予降级或者撤职处分;情节严重的,给予开除处分。"第 83 条规定:"因过失导致错误裁判、错误采取财产保全措施、强制措施、执行措施,或者应当采取财产保全措施、强制措施、执行措施而未采取,造成不良后果的,给予警告、记过或者记大过处分;造成严重后果的,给予降级、撤职或者开除处分。"

从上述规定可以看到,最高人民法院遵循了《法官法》中法官惩戒制度对错误裁判追责的基本精神,只对故意和过失违法造成的裁判错误追究法官责任,违

---

① 第 8 条规定:"当事人及其诉讼代理人因客观原因不能自行收集影响案件主要事实认定的证据,请求人民法院调查收集,有关审判人员故意不予收集,导致裁判错误的。"第 9 条规定:"依职权应当对影响案件主要事实认定的证据进行鉴定、勘验、查询、核对,或者应当采取证据保全措施而故意不进行,导致裁判错误的。"第 12 条第 2 款规定:"遗漏主要证据、重要情节,导致裁判错误,造成严重后果的。"

法行为和过错是对裁判错误追责的必要条件。

二、法官考核标准和法官裁判的关联性

最高人民法院未对法官的考核标准作出具体规定,但最高人民法院所提出的案件质量评估体系成为地方法院设计考核标准的重要参照。案件质量评估本身不包含裁判责任追究的内容,但是如果评估结果与对法院、审判业务部门和法官的绩效考核联系起来,就与裁判责任追究有关联了。案件质量评估恰恰是与法院、部门和法官的绩效考核联系在一起的。最高人民法院的《关于开展案件质量评估工作的指导意见(试行)》(以下简称《案件质量评估意见》)第 27 条明确指出,"评估结果是人民法院审判工作情况的综合反映,是进行审判工作管理、决策和评价考核各级人民法院的重要依据之一。"最高人民法院于 2010 年发布的《关于加强基层人民法院审判质量管理工作的指导意见》第 7 条规定:"统筹协调,互相配合。建立部门和法官审判执行业绩档案,将审判质量情况作为部门评先评优以及法官个人晋升职级的重要依据。发现案件确有错误的,应当报院长提请审判委员会讨论决定依法再审纠正。发现干警违纪违法线索的,及时移送纪检监察部门查处。"最高人民法院于 2011 发布的《关于加强人民法院审判管理工作的若干意见》第 13 条再次强调:"切实加强审判绩效管理,做到审判管理与岗位目标考核、队伍建设的有机结合。……要建立审判管理与考核奖惩的对接机制,将审判绩效考核结果作为法官评先评优、晋职晋级的主要依据,充分发挥以管人促管案、管案与管人相结合的综合效应。"

《案件质量评估意见》推荐的质量评估体系包含了案件裁判结果的评估内容。该意见将质量评估体系划分为审判公正、审判效率、审判效果 3 个二级指标,二级指标由 33 个三级指标组成。其中 11 个反映审判公正的指标是:立案变更率;一审陪审率;一审上诉改判率;一审上诉发回重审率;生效案件改判率;生效案件发回重审率;二审开庭率;执行中止终结率;违法审判率、违法执行率;裁判文书质量。11 个反映审判效率的指标是:法定期限内立案率;法院年人均结案数;法官年人均结案数;结案率;结案均衡度;一审简易程序适用率;当庭裁判率;平均审理时间与审限比;平均执行时间与执行期限比;平均未审结持续时间与审限比;平均未执结持续时间与执行期限比。11 个反映审判效果的指标是:上诉率;申诉率;调解率;撤诉率;信访投诉率;重复信访率;实际执行率;执行标的到位率;裁判主动履行率;一审裁判息诉率;公众满意度。在这个指标体

系中，一审上诉改判率、一审上诉发回重审率、生效案件改判率、生效案件发回重审率等指标都与裁判结果有关，如果这些指标的评估结果与法院、审判业务部门、法官的绩效考核和奖惩结果直接挂钩，使法官为裁判结果承担不利后果，则事实上追究了法官的裁判责任。

不过，在案件质量评估的试点过程中，最高人民法院发现不少问题，其中就包括"试行中的指标体系未对二审案件改判、发回的原因进行区分，只要上级法院改判或发回重审一律作为对下级法院案件质量的负向考量，不够科学"。[①] 最高人民法院在新指标体系中对公正指标进行了修改，将原指标体系中的"上诉改判率""上诉发回重审率""生效案件改判率""生效案件发回重审率"进行修改，合并成"一审判决案件改判发回重审率（错误）"和"生效案件发回重审率"，通过对改判和发回重审原因的区分，对不属于一审或原审法院错案的改判或发回重审，不计算为下级法院负向评价指数。[②] 2013 年在最高人民法院发布的《关于建立健全防范刑事冤假错案工作机制的意见》第 22 条明确："建立科学的办案绩效考核指标体系，不得以上诉率、改判率、发回重审率等单项考核指标评价办案质量和效果。"《最高人民法院关于全面深化人民法院改革的意见——人民法院第四个五年改革纲要（2014—2018）》第 21 条进一步指出："废止违反司法规律的考评指标和措施，取消任何形式的排名排序做法"。

从最高人民法院修订后的案件质量评估体系以及所废止的考核指标来看，最高人民法院不支持不加区分地用案件被改判和被发回重审的情况来评估审判公正的水平，不支持不加区分地将案件被改判和发回重审与案件裁判结果相关的指标作为考核标准，也就是说，最高人民法院不支持不进行任何限制地根据案件的裁判结果对法官追究责任。

第四节　地方法院规范性司法文件中的法官裁判责任

通过梳理收集到的 70 多件地方关于法官责任的规范性文件，可以看出，地方法院规范性司法文件中有关法官裁判责任的具体规定。

---

① 张军：《人民法院案件质量评估体系：理解与适用》，人民法院出版社 2011 年版，"代前言"第 2 页。
② 张军：《人民法院案件质量评估体系：理解与适用》，人民法院出版社 2011 年版，"代前言"第 3 页。

一、地方法院规范性司法文件关于法官裁判责任的追究范围

地方法院规范性司法文件所规定的法官裁判责任分别在法官惩戒制度和法官考核制度中得以实施。

（一）法官惩戒制度中裁判责任的追究范围

通过对收集到的地方法院关于法官责任的规范性司法文件进行梳理，笔者认为，大多数法院的规范性文件所认定的法官应该承担的裁判责任的范围和最高人民法院《违法责任追究办法》的相关规定是一脉相承的。

首先，多数地方法院所界定的错案都是违法行为导致的裁判错误和执行错误案件。例如，《河南省高级人民法院错案责任终身追究办法（试行）》第3条规定："本办法所称的错案一般是指人民法院工作人员在办案过程中故意违反与审判执行工作有关的法律法规致使裁判、执行结果错误，或者因重大过失违反与审判执行工作有关的法律法规致使裁判、执行结果错误，造成严重后果的案件。"①

其次，尽管各地法院规范性文件所列举的法官应该承担责任的各种具体情形是多种多样的，但多是在最高人民法院的《违法审判责任追究办法》第二章"追究范围"所规定内容的基础上进行更为具体和详细的列举，且都不缺少法官行为的违法性这个要素。

再次，地方法院规范性文件也和《违法审判责任追究办法》一样规定了法官对错误裁判不承担责任的免责条件。除了包含《违法审判责任追究办法》第22条列举的内容外，地方法院规范性文件有的还列出了需要免责的其他情形，例如《河南省高级人民法院错案责任终身追究办法（试行）》第8条规定的不承担责任的事项有："因法律法规规定不明确的"；②《安塞区人民法院关于违法办案和错案责任查究的规定（试行）》规定的免责情形有："虽被改判或发回重审，但原处理结果未超过法律规定的自由裁量幅度的"或"因当事人负有举证责任而没有举证或证据发生变化，从而导致被改判发回重审的"；③《巢湖市居巢区人民法院错案责任追究制度》规定的免责情形有："在适用法律规定的幅度、范围内改判或变更的案件"；④

---

①　[法宝引证码]CLI.13.594772。

②　[法宝引证码]CLI.13.594772。

③　安塞区人民法院网，http://sxasfy.chinacourt.org/public/detail.php?id=47，最后访问时间：2016年6月18日。

④　中国巢湖网，http://www.chaohu.gov.cn/template/report_detail.aspx?News_Id=169，最后访问时间：2016年6月18日。

河南省沁阳市法院《错案责任终身追究办法（试行）》规定的免责情形有："在二审或审判监督程序中，当事人提供新证据致使案件事实发生变化的"和"其他经审判委员会依法确认不构成错案的情形"；①等等。

不过，若从出现裁判错误后的责任分担与法官对具体案件的裁判结果所承担的不利后果来看，地方法院所追究的裁判责任范围大大超过了其规范性文件所界定的裁判责任追究范围。

最高人民法院的《违法审判责任追究办法》第三章"违法责任"部分对于独任审判员、合议庭成员、审判委员会委员、法院院长、庭长在出现裁判错误后所应该承担的责任进行了详细规定。其中第 23 条规定："独任审判员违法审判的，由独任审判员承担责任。"第 24 条规定："合议庭成员评议案件时，故意违反法律规定或者歪曲事实、曲解法律，导致评议结论错误的，由导致错误结论的人员承担责任。"第 25 条规定："审判委员会委员讨论案件时，故意违反法律规定或者歪曲事实、曲解法律，导致决定错误的，由导致错误决定的人员承担责任。审判委员会主持人违反民主集中制原则导致审判委员会决定错误的，由主持人承担责任。"第 26 条规定："院长、庭长故意违反法律规定或者严重不负责任，对独任审判员或者合议庭的错误不按照法定程序纠正，导致违法裁判的，院长、庭长、独任审判员或者合议庭有关人员均应当承担相应责任。"从上述规定可以看到，对独任审判员、合议庭成员、审判委员会委员、法院院长、庭长追究责任都必须满足的一个条件就是他们都有故意违反法律或严重不负责任的行为。

然而，一些地方法院规范性文件有关"违法责任"的规定常常忽略了行为违法这个条件，而是将违法行为和主观过错这样的追责条件变成了"错误意见"，从而扩大裁判责任的追究范围。

以《本溪市中级人民法院错案责任追究办法（试行）》（以下简称《本溪办法》）②为例，其第三章"错案责任"部分对案件承办人、合议庭成员、部门负责人在出现错案时应当承担的责任进行了详细规定，其中第 12 条规定："由合议庭作出裁决案件，造成错案的，合议庭成员意见相同的，案件承办人承担主要责任，其他成员承担次要责任；持正确意见而未被采纳的合议庭成员不承担责任。"第 13 条规定："经部门负责人审核（签发）的案件，案件承办人在事实认定、证据审查及

---

① 《错案责任终身追究办法（试行）》，河南沁阳市法院网，http://qysfy.hncourt.gov.cn/public/detail.php?id=531，发布于 2014 年 3 月 31 日，最后访问时间：2021 年 10 月 15 日。

② 2009 年 9 月 18 日本溪市中级人民法院审判委员会第 38 次会议讨论通过，现行有效。[法宝引证码]CLI.13.345422。

适用法律方面均无过错，由于部门负责人在审核(签发)案件中存在重大过失，造成错案的，由案件审核(签发)人承担全部责任，承办人不承担责任。"第 14 条规定："案件承办人的意见与合议庭、部门负责人相同造成错案的，案件承办人承担主要责任，合议庭成员、部门负责人承担次要责任。"第 15 条规定："经审判委员会讨论决定，造成错案的，区分不同情况承担责任。合议庭在事实认定、证据审查及适用法律方面错误，审判委员会同意合议庭意见造成错案的，案件承办人承担主要责任，庭长及其他合议庭成员承担次要责任；持正确意见而未被采纳的不承担责任。合议庭以两种意见提交审委会讨论，而审委会同意其中一种意见造成错案的，案件承办人持错误意见的，案件承办人承担主要责任，合议庭其他成员及庭长承担次要责任；持错误意见为合议庭其他成员的，持错误意见合议庭成员承担主要责任，庭长承担次要责任。合议庭在事实认定、证据审查及适用法律方面正确，审判委员会改变合议庭意见造成错案的，审判委员会委员集体承担全部责任，其主管院长、庭长(系审委会委员)承担主要责任，其他委员承担次要责任，与审判委员会决定意见不同的委员不承担责任。"

将上述规定与《违法审判责任追究办法》有关违法责任的规定进行比较可以发现，"故意违反法律规定"和"严重不负责任"这样的表述没有了，但条文中有两个词语多次出现，即"正确意见"和"错误意见"。不难推理，判断意见是正确还是错误的标准，从实体上看，应该是认定事实是否正确和适用法律是否正确；而从形式上看，则应该是裁判结果是否经二审和审判监督程序改变。如果原裁判结果经二审和审判监督程序改变，原裁判就是存在错误的案件，和原裁判一致的意见就是错误意见。至于错误意见是如何产生的，这里不予考虑。由此，对《本溪办法》上述条文的表述完全可以理解为：合议庭成员、审判委员会委员提出的错误意见无论属于《违法审判责任追究办法》第 14 条规定的"故意违背事实和法律，作出错误裁判的"和"因过失导致裁判错误，造成严重后果的"情况，还是属于《违法审判责任追究办法》第 22 条规定的"因对法律、法规理解和认识上的偏差而导致裁判错误的"和"因对案件事实和证据认识上的偏差而导致裁判错误的"情况，都是应该承担裁判责任的，行为的违法性已经不是责任追究的必要条件了。有相当多地方法院规范性文件关于责任分配的规定和《本溪办法》的规定类似。

再来看法官对具体案件的裁判结果所承担的不利后果。从地方法院规范性文件关于具体责任的规定中会发现，相当多的法院让法官为所有的改判和发回重审的案件承担不利后果，而不考虑法官在审判活动中的行为是否存在违法性，也不考虑被发回重审的案件的裁判结果是否最终被改变。例如,《恩施州中级人民法院关于实行办案差错责任追究的通知》规定:"被改判案件一件扣罚现金100元,被发回重审案件一件扣罚现金50元,被再审改判案件一件扣罚现金200元";"二审改判、发回重审及再审改判案件达本人当年所办案件5‰以上的,取消其两年内评先受奖和晋级晋职资格。"[①]《安塞区人民法院关于违法办案和错案责任查究的规定(试行)》第34条规定:"上诉改判或发回重审的案件,每起案件罚50元。不按时报告本院审监庭的,罚扣有关业务庭室负责人30元。"[②]

综合以上分析,大多数地方法院规范性文件所确定的应当追究裁判责任的具体情形与最高人民法院《违法审判责任追究办法》所认定的应该追究责任的违法审判的情形是一致的,但是不少地方法院规范性文件在具体责任分配和对责任人进行处罚时,实际上是对所有被二审和再审改判、被二审和再审发回重审的案件都追究了责任,而无论这些案件是否因法官的违法行为引起,也无论被发回重审的案件最终是否被改判。这一点从某些学者对某县级法院所做的调研结果中可以得到印证。该县级法院在2012—2016年被审判委员会认定为错案并对法官追责的案件是36件,其中由于程序严重违法导致的错案有14件;由于主要事实认定错误导致的错案有12件;由于适用法律错误导致的错案有7件;由于案件定性错误导致的错案有1件;因违反自愿原则调解导致的错案有1件;因认定与判项不一致导致审判结果错误,并与审委会的决议不一致的错案有1件。因事实认定错误和使用法律错误导致的错案加起来是19件,占错案总数的52.8%。[③]

(二)法院绩效考核制度实施中裁判责任的追究范围

除了地方法院在落实法官责任制度时让法官对案件的裁判结果承担不利后果之外,一些地方法院的案件质量管理和绩效考核制度也让法官为其承办的案件的裁判结果承担不利后果,也就是说,在案件质量管理和绩效考核制度中也存在对错案追究法官责任的现象。

地方法院的《案件质量评估办法》《绩效考核办法》《目标管理与奖惩办法》等规范性文件中有关二审、再审和改判发回重审情况的考核,能够客观反映审判质

[①] 恩施法院网,http://eszy.chinacourt.org/public/detail.php?id=659,最后访问时间:2016年6月19日。

[②] 安塞区人民法院网,http://sxasfy.chinacourt.org/public/detail.php?id=47,最后访问时间:2016年6月19日。

[③] 江钦辉:《错案责任追究制度的目标偏移与矫正——以西北地区某基层法院错案责任追究的实践为考察对象》,《河北法学》2019年第7期。

量管理中法院、部门和法官对裁判结果所承担的各种后果,据此可以了解各地法院在考核中错案追责的实际情况。

审判质量管理和绩效考核中就二审、再审改判和发回重审的案件对法官追究责任的方法概括起来有两种。

一种是对二审和再审改判、二审和再审发回重审案件计件进行直接的处罚。这里以河南省济源中级人民发布的《关于济源两级法院办理一审案件质量的奖惩办法(试行)》[①](以下简称《济源办法》)为例,从中可以看到法官对二审和再审改判、二审和再审发回重审的案件所承担的不利后果的各种形式。

《济源办法》所认定的错案范围除了违反法定程序的以外都不以法官行为违法为必要条件,《济源办法》第6条特别指出:"经上级法院发还、改判的案件,一般认定为错案"。对错案追究的责任,《济源办法》第1和2条明确规定:对案件承办法官每案处以50元罚款;超过一件的,每件增加100元罚款。对于出现多起错案的,《济源办法》第3—5条还规定除了受到经济处罚外,还要受到以下的处罚:当年有2件发还重审案件、2件被全部改判案件或4件被部分改判案件的,除罚款外同时取消案件承办法官年度评先资格;对当年有3件发还重审案件、3件被全部改判案件或5件被部分改判案件的,除了上述处罚外,还同时责令案件承办法官向主管院领导写出书面检查,并予以通报批评;有4件及以上发还重审案件或被全部改判案件或7件及以上被部分改判的案件,由本院主管院领导和纪检监察部门对责任人诫勉谈话,并视主观过错程度和所造成的负面影响按有关规定给予相应的纪律处分。除了处罚外,《济源办法》还对无发还、改判案件的法官给予奖励,具体办法是:"对承办一审案件的法官,结案率达到本院规定的目标,且当年度所承办案件上诉后无发还、改判的,给予通报表扬,并按所承办一审案件上诉处理情况,即二审是判决、裁定结案的,每件奖励100元;连续两年以上无发还、改判案件,并且结案率达到本院规定目标的法官,除按本条前款规定表扬、奖励外,主管领导还可提请组织给予记功奖励,在同等条件下优先给其晋级晋职;对所办一审案件调解、撤诉率达到50%的法官,给予500元奖励,在此基础上,每增加一个百分点奖励30元。"

从《济源办法》的具体规定中可以看到,法官对于二审和再审改判、二审和再审发回重审的案件根据案件数量承担的不利后果是:经济处罚、写书面检

---

① 《关于济源两级法院办理一审案件质量的奖惩办法(试行)》,济源中级人民法院网,http://jyzy.hncourt.gov.cn/public/detail.php?id=950,最后访问时间:2021年10月15日。

查、通报批评、训诫、不能评先,甚至是纪律处分。若与无改判和发回重审案件的法官相比,出现了被改判和发回重审的案件的法官,其晋级晋职的机会也受到了很大影响。

另一种方式是将二审和再审改判、二审和再审发回重审情况的审判质量评估分数作为法官奖惩、晋职晋级和提拔使用的依据。考评多采用记分制,通常的做法是在一个标准分下根据各种考核指标加减分数。

例如遵义市中级人民法院 2009 年发布的《遵义市中级人民法院绩效考核办法》第 3 条规定:"法官考评以分值计算,基础分值为质量好 50 分,效益好、效果好各 20 分,形象好 10 分,每项设一定的加减分指标,无加减分即为基础分,最后计算实际得分。"第 9 条规定:"案件上、抗诉后被发回重审或改判,负有责任的法官 1 件扣 2 分"。"二审案件发回重审不当,负有责任的法官 1 件扣 2 分"。"因事实不清、证据不足或适用法律错误被再审改判的案件,负有责任的法官 1 件扣 2 分;错案导致国家赔偿的,责任人 1 件扣 5 分。"第 7 条规定:"绩效考评分低于 80 分的,当年年度考核确定为不称职的,待岗学习 3 个月后视情节重新安排工作。连续两年考评分低于 80 分并被确定为不称职的,按照《公务员法》第 83 条规定予以辞退。"①

河南省的一些法院不仅制定了案件质量管理和绩效考核方面的计分规则,而且各法院的计分方式和标准还不一样。2011 年 3 月《偃师市人民法院法官绩效考评办法》规定:考评实行百分制,满分为 100 分,其中审判(执行)质量和效率占 50 分。全年无全改发还改判案件 15 分,被发还或全改一起案件扣 4 分,部分改判一起案件扣 2 分,直至扣完为止。无再审案件 5 分,发生一起再审案件扣 5 分。考评结果分优秀、称职、基本称职、不称职四个等次。第 29 条规定:"根据每年的考评结果,绩效办建立法官业绩档案,把考评结果作为法官奖惩、晋升和提拔的重要参考依据。"根据该规定,被追责的错案范围是所有再审案件、被改判和发回重审的案件,这也就是说,对错案的追责没有条件限制。②

任丘市法院也采用百分制,只是计分方法不同。该市法院将绩效考核规范分为部门绩效考核规范和岗位绩效考核规范,工作质量都占 25 分。在部门考核规范中,审判部分的公正指标与案件裁判相关的指标是:发回改判率的总分为 2 分,2% 得分 1.5 分,每增加 0.1 个百分点扣减 0.2 分;每减少 0.1 个百分点增加

---

① 《遵义市中级人民法院绩效考核办法》,http://www.zunyicourt.gov.cn/Info.aspx?iid=401&mid=32,最后访问时间:2016 年 6 月 19 日。

② 参见《关于印发修订后的〈偃师市人民法院法官绩效考评办法〉的通知》,http://yssfy.hncourt.gov.cn/public/detail.php?id=128,最后访问时间:2021 年 10 月 15 日。

0.1 分。在岗位绩效考核办法中,在审判岗位的公正指标中与案件裁判相关的指标是:案件实体方面总分为 2 分,存在错误的,每件扣 1 分;发回重审率总分为 1 分,2‰得分 0.5 分,每增加 0.1 个百分点扣减 0.2 分;每减少 0.1 个百分点增加 0.1 分。任丘市法院还制定了案件质量评查工作规范,其中三类诉讼案件的质量评查标准中的实体处理的满分是 45 分,其中与裁判结果相关的扣分项:① 定性错误或者适用法律错误的,扣 10 分;导致裁判结果错误的,扣 20 分。② 认定事实错误的,扣 20 分。此外,刑事裁判中.量刑畸轻畸重的,扣 20 分;漏判罪名的,扣 10 分;主刑、附加刑或者附带民事部分判决不当的,扣 10 分。[①]

而《平顶山市石龙区人民法院 2010 年度法官绩效考核办法》(平龙法〔2010〕57 号)规定,法官绩效考评采用千分制记分方法,其中审判(执行)质量和效率指标是 450 分,法官在裁判结果方面的考核标准是:无改判、发回案件 100 分;被改判 1 件扣 10 分;被发回 1 件扣 10 分。[②] 该办法同样明确规定考评结果作为法官奖惩、晋职晋级和提拔使用的重要参考依据。

在上述关于对二审和再审改判、二审和再审发回重审案件情况所进行考核和奖惩的做法中都没有免责内容的规定,这意味着在考察这些指标时是不考虑法官在被改判和发回重审的案件审理中是否有过错的,因此,在审判质量管理中对改判和发回重审情况的考核,法官为所有经二审和再审程序改判的案件和发回重审的案件(包括重审维持原判的案件)承担了不利后果,错案的范围就是经二审和再审程序改判的案件与经二审和再审程序发回重审的案件(包括重审维持原判的案件)。

二、地方法院裁判责任追究中的责任主体范围

(一) 司法惩戒中的担责主体

由于在审判体制的实际运作中存在法院院长、审判业务庭庭长、审判委员会委员不仅对具体个案的裁判提供意见甚至起决定性作用的情况,最高人民法院出台的《违法审判责任追究办法》第三章"违法责任"中除了规定合议庭成员应该承担的责任外,还规定了审判委员会委员、院长、庭长对其干预的案件应该承担的责任。因此,地方法院在落实法官责任制度时也将责任主体从承办法官扩大

---

① 戴景月:《基层人民法院管理体系》,人民法院出版社 2010 年版,第 272—273、280—281、290—294 页。

② 《平顶山市石龙区人民法院 2010 年度法官绩效考核办法》,http://slqfy.chinacourt.org/public/detail.php?id=239,最后访问时间:2016 年 6 月 19 日。

到了审判委员会委员、庭长、院长。

《永州市中级人民法院错案责任追究办法》第 7 条规定:"错案经由审判组织讨论形成的,按以下方式确定错责:(一)错误结果由合议庭评议形成的,由合议庭全体成员承担主要以上错案责任,其中审判长、主审人的责任应略高于合议庭其他成员。但不同意错误意见的不承担错责;(二)错误结果由庭长或主管院长参与研究形成的,如果庭长、主管院长同意错误意见的,庭长、主管院长承担次要错案责任,合议庭成员按本条第一款第一项承担错案责任;如果庭长、主管院长发表错误意见,合议庭经复议改变原决定同意该错误意见的,庭长、主管院长承担主要责任,合议庭成员承担次要责任,但不同意错误意见的不承担责任;(三)错误结果由审判委员会讨论决定的,由导致错误决定的人员承担相应责任;(四)隐瞒主要事实或重要证据,导致错误结果的,由汇报人承担全部责任。"第 8 条规定:"错案未经审判组织讨论形成的,按以下方式确定错责:(一)错误行为由行为人承担全部责任;(二)错误行为经过审批的,由审批人承担次要责任,行为人承担主要责任;(三)错误行为由审批人强令实施的,由审批人承担主要以上责任,行为人承担次要责任。"①

根据参与裁判的程度和意见的对错来分配错案责任是不少地方法院进行责任追究的方法。

(二)审判质量管理中的担责主体

在审判质量管理中,除了法院要评查法官的审判质量外,上级法院也要评查下级法院的审判质量,法院内部要评查各审判业务部门的审判质量,而在审判质量的评查指标中,生效案件被改判发回重审率、一审判决案件被改判发回重审率都是评查的重要指标。对下级法院和审判业务庭的审判质量的评查结果一般会排名和公示,也会作为法院和业务庭评优的依据,这使得地方各级法院及其院长要为本院的整体错案情况承担不利后果,各审判业务庭及其庭长要为本业务庭的整体错案情况承担不利后果。

例如,黑龙江省高级法院颁布的《全省法院审判质效评估规则(试行)》第 4 条规定:"审判质效评估实行三级分层评估模式:省法院负责对全省各中级法院、本院审判执行部门和法官的审判质效进行评估;中级法院负责对所辖基层法院、本院审判执行部门和法官的审判质效进行评估;基层法院负责对本院审判执

---

① 《永州市中级人民法院错案责任追究办法》,http://yzzy.chinacourt.gov.cn/article/detail/2011/05/id/3052657.shtml,最后访问时间:2021 年 10 月 15 日。

行部门(含人民法庭)和法官的审判质效进行评估。"第 18 条规定:"审判质效评估排在全省中级法院后二位的中级法院及其院长,一般不得参加省法院、最高法院以及其他上级机关的综合性评比表彰;排在本市(地)末位的基层法院及其院长,一般不得参加中级法院、省法院、最高法院以及其他上级机关的综合性评比表彰。"第 19 条规定:"审判质效评估排在本院后二位的审判执行部门及其主要负责人,一般不得参加本院、上级法院以及其他上级机关的综合性评比表彰。"

笔者也曾在 S 市调研了解到,该市法院系统曾经对审判质量评估结果进行定期排名公布。S 市每年对全市 20 家基层法院、2 家中级法院和 1 家高级法院的审判质量进行评估,并发布当年的《法院审判质量效率评估数据》(以下简称《评估数据》)。S 市 2009、2010、2011、2012 年上半年的《评估数据》由三部分构成,即评估数据、调研数据和附表。评估数据的项目是固定的,共 18 项;调研数据的项目是变化的,2009 年是 15 项,2010 和 2011 年都是 13 项,2012 年上半年是 17 项。在 18 项评估数据中涉及案件裁判结果的项目是:二审改判发回重审瑕疵率、裁定再审率、申诉改判发回率。在调研数据中,每年的数据中都有立案变更率和二审改判发回率这两个涉及案件结果的项目。各项数据都是根据各法院的情况由好到差的顺序排列,这其实就是对法院审判质量事实上的排名。虽然数据只在法院内部公布,但是这个数据对法院内部考核产生了重要影响。

有关某基层法院的调研也显示,业务庭的全年考核综合得分与正副庭长的岗位职务责任金挂钩,院领导的岗位职务责任金与所主管的业务庭的全年综合考核得分也挂钩。这表明业务庭法官经办的案件如果出现了裁判结果的错误,将直接影响所在业务庭正、副庭长以及主管院长的经济利益。[①]

从以上情况可以看到,我国法院裁判责任追究就责任主体而言,已超出了承办法官这个责任主体的范围,对其他法官(包括审判委员会委员、庭长、院长)、审判业务部门、法院都要追究错案责任。

三、地方法院追究法官裁判责任的处罚方式

修改前的《法官法》第 33 和 34 条规定的法官责任的追究方式主要有以下几种:警告、记过、记大过、降级、撤职、开除、追究刑事责任、撤职处分,受到以上处分的法官或相关责任人员同时降低工资和等级。新修订的《法官法》仅在第

---

① 参见江钦辉:《错案责任追究制度的目标偏移与矫正——以西北地区某基层法院错案责任追究的实践为考察对象》,《河北法学》2019 年第 7 期。

46 条规定了追究法官责任的两种类型,即处分和刑事责任,而没有就处分的具体方式作出规定。根据新修订的《法官法》第 48 条的规定,对于 46 条第(四)(五)项规定的违反审判职责的行为,追责主体是法院,因此有关规定应当是最高人民法院制定的《违法审判责任追究办法》《处分条例》和《人民法院监察工作条例》,其中《处分条例》第 6 条所规定的处分种类和修改前的《法官法》第 34 条的规定相同,即警告、记过、记大过、降级、撤职、开除。第 46 条规定的其他应当受处分的行为,按照《监察法》的规定,追责主体是监察机关,追责方式应是《监察法》第 45 条规定的政务处分形式,即警告、记过、记大过、降级、撤职、开除等。此外,根据《国家赔偿法》规定,对刑事案件改判无罪的错案,对枉法裁判的法官追究赔偿责任。

不过,从地方法院对错案追责的实际情况来看,一些地方法院追究法官裁判责任的方式有的并不在《处分条例》规定的责任方式中,主要有以下几种。

(一) 经济处罚

不少法院用经济处罚的方式对错案追究法官责任。《安塞区人民法院关于违法办案和错案责任查究的规定(试行)》第 32 条对错案追究责任的方式有:警告、严重警告、记过、记大过处分,并给予连续 3—6 个月的一定数额的经济处罚。① 《彭州市人民法院错案责任追究办法(试行)》第 15 条对错案的责任追究方式是:按照本院《法院目标管理考核实施办法》《法官(执行人员)考核办法》的规定,分别扣减所在庭目标分、个人季度办案补助以及法官(执行人员)考核分。② 《竹山县人民法院错误责任追究制度暂行办法》第 18 条规定:一年内出现一件错案者,扣发一个季度的目标奖;造成严重后果和恶劣影响的,扣发半年目标奖;一年内出现两件错案者,扣发年度目标奖;一年内出现三件错案者,扣发年度目标奖,离岗另行安排。③

有的法院不仅有一般性规定,而且还专门制定了经济处罚的具体标准。例如《竹山县人民法院关于对发还、改判、再审和执行错误的案件责任追究的办法》规定:案件经审判委员会讨论决定,改变合议庭适用法律的意见,而造成案件被

---

① 《安塞区人民法院关于违法办案和错案责任查究的规定(试行)》,http://sxasfy.chinacourt.org/public/detail.php?id=47,最后访问时间:2016 年 6 月 19 日。

② 《彭州市人民法院错案责任追究办法(试行)》,2004 年 3 月 8 日发布,现行有效,[法宝引证码]CLI.13.538957。

③ 《竹山县人民法院错案责任追究制度暂行办法》,http://zsxfy.hbfy.gov.cn/DocManage/ViewDoc?docId=f8dc3008-1b25-4247-a494-007494042db2,最后访问时间:2021 年 10 月 15 日。

二审改判的,由发表错误意见的审判委员会委员每人每件承担经济责任50元。但案件承办人或合议庭不客观、公正地报告案件事实的除外;案件被二审发还重审,独任审判的,由独任法官每件承担经济责任100元;合议庭审理的,由发表错误意见的合议庭成员每人承担经济责任100元;案件适用法律错误被二审改判,独任审判的,由独任法官承担经济责任50元;合议庭审理的,由形成错误裁判的合议庭成员每人每件承担经济责任50元。①《依安县人民法院更审、改判、再审案件责任追究实施细则》对经济处罚的具体标准规定得更加详细:案件被上级法院发回重审或本院决定再审的,一件罚案件承办人20元,罚合议庭其他成员各10元;两件罚案件承办人40元,并做出书面检查,罚合议庭其他成员各20元,罚部门负责人20元;检查不深刻的或三件以上的罚案件承办人60元,罚合议庭其他成员30元,罚部门负责人50元。案件的裁判(调解)被上级法院撤销或本院撤销的,一件罚案件承办人40元,并做出书面检查,罚合议庭其他成员各20元,罚部门负责人10元;检查不深刻或出现两件的,罚案件承办人80元;罚合议庭其他成员各40元;三件以上的罚案件承办人100元,罚合议庭其他成员各60元。案件被上级法院或本院部分改判的,一件罚案件承办人30元,并做出书面检查,罚合议庭其他成员各15元;检查不深刻或出现两件的,罚案件承办人60元,罚合议庭其他成员各30元,罚部门负责人20元;三件以上的罚案件承办人100元,罚合议庭其他成员各60元。部门负责人承办的案件被上级法院或本院全部改判的,一件罚案件承办人40元,罚合议庭其他成员各20元;两件罚案件承办人80元,罚合议庭其他成员各40元;三件以上的罚案件承办人100元,罚合议庭其他成员各60元。部门负责人干涉合议庭或承办人案件的审理,导致当事人上诉、申诉,案件的裁判(调解)被上级法院或本院改判或撤销的,罚款200元。审判委员会成员干涉合议庭或承办人对案件的审理,导致当事人上诉、申诉,案件的裁判(调解)被上级法院或本院改判或撤销的,罚款200元。②

(二)取消晋职晋级资格

《竹山县人民法院错误责任追究制度暂行办法》③第15条规定:"根据错案

---

① 《竹山县人民法院关于对发还、改判、再审和执行错误的案件责任追究的办法》,http://zsxfy.hbfy.gov.cn/DocManage/ViewDoc?docId=33d6143f-e55c-41e8-8d40-fae02463f84a,最后访问时间:2021年10月15日。

② 《依安县人民法院更审、改判、再审案件责任追究实施细则》,http://qqherya.hljcourt.gov.cn/public/detail.php?id=117,最后访问时间:2021年10月15日。

③ 《竹山县人民法院错案责任追究制度暂行办法》,http://www.zsxfy.hbfy.cn/DocManage/ViewDoc?docId=f8dc3008-1b25-4247-a494-007494042db2,最后访问时间:2021年10月15日。

的原因、性质、后果、责任的态度等,给予下列处理:(1)按岗位责任制处理的分为:批评、书面检查、扣发目标奖、通报批评;(2)按人事管理制度处理的分为:取消评先、评优资格,不能晋升职级,依法免去职务或辞退;(3)按纪律规定处分的分为:警告、记过、记大过、降级、降职、撤职、开除公职。"其中取消晋职晋级就是其中的处罚方式。

广州市从化区人民法院于 2014 年 1 月 1 日起执行的《审判职务晋升工作暂行办法(试行)》第三章"审判员晋升条件及考核内容"第 14 条"考核项目计量标准"第 1 项是工作实绩,包括办案数量及办案质量,取最近 1 年的办案数据。办案质量计量法是:计算近 1 年结案件质量,以结案案件改判、重审、再审、司法赔偿案件数与结案案件的比例作为办案质量评价指标,低于本院同期评价指标的为 25 分,每低于院同期指标 0.1% 的加 2 分,最高为 20 分。超过院同期指标但不足 120% 的为 15 分,120% 以上的为 10 分。[①] 取消晋职晋级的处罚使得被改判的案件和发回重审的案件成为影响晋升的重要因素。

(三)撤销审判长和独任审判员的职务或身份

有的法院将案件被改判和发回重审的情况直接作为选任和撤销法官担任审判长及独任审判员的重要条件,这也是法官为裁判结果承担不利后果的一种方式。例如《藁城市人民法院审判长、独任审判员选任办法(试行)》第 19 条规定:"建立审判长和独任审判员考核档案,记录其完成工作任务的数量、质量和效果。主要指标包括:审结案件数量、直接开庭率、当庭宣判率、一次开庭结案率、案件改判发还率、息诉服判率、平均审限、案件超审限率、法律文书质量等。"第 22 条规定:审判长和独任审判员在任职期间应当免去职务的情形之一就是"年内非因案源原因未完成岗位任务指标的,或所主持的合议庭案件当庭宣判率、结案率、改判发还率、案件超审限等指标未达到考核指标要求的"。[②]

(四)取消评优评先资格

《竹山县人民法院关于对发还、改判、再审和执行错误的案件责任追究的办法》第 9 条规定:"年承办案件被发还或确定为执行错误案件 2 件以上,受到追究的改判案件 4 件以上者,年终公务员考核不得评定为优秀等次,不得入围

---

① 《审判职务晋升工作暂行办法(试行)》,http://www.conghuacourt.gov.cn/ui/viewNews/e6630b34998c4f3f9939d357e1d571a5.html?naviId=16e2ed1eba974327a2588db0861227be,最后访问时间:2016 年 6 月 19 日。

② 《濮阳县人民法院错案责任追究制度》,http://gcsfy.chinacourt.org/article/detail/2005/05/id/546701.shtml,最后访问时间:2016 年 6 月 19 日。

评先表模。"①《濮阳县人民法院错案责任追究制度》也规定了取消评先选优资格的处罚方式。北京市大兴区法院在评选先进集体时,对没有完成考核指标的部门实行"一票否决"。该院 2009 年在审判质量方面"一票否决"的范围是:"对于审判人员一年出现两个大错或三个中错或五个差错案件、上诉改判率、发回重审率、再审改判率高于本院规定指标一倍的"。② 还有,《2011 年北海市基层人民法院审判质量效率绩效考评办法》③规定了 21 项评估指标,其中涉及裁判结果的是:生效案件被改判发回重审率、一审判决(错误)案件被改判发回重审率、立案变更率、信访投诉率、一审服判息诉率、撤诉率。考核以全区法院平均值为基本分,差于全区法院平均值的,低于平均值部分扣分;优于全区法院平均值的,超出平均值部分加分。对审判质量效率绩效管理工作实行季度和年度考评通报、年度表彰,以考评结果为依据,实行以分定等,以等定奖。设一等奖 1 名,二等 1 名,三等奖 1—2 名。一等奖法院同时评为"全市法院审判质量效率绩效管理先进单位"。工作成绩突出的个人评为"全市法院审判质量效率绩效管理先进个人"。对获奖法院和先进个人进行表彰,并给予相应的物质奖励。

（五）取消一定时间的审判权

《依安县人民法院更审、改判、再审案件责任追究实施细则》就采用这种方式处罚法官。例如,承办的案件全年上诉及申诉率超过 10％的,案件的裁判(调解)被上级法院撤销或本院撤销 3 件以上的,部门负责人承办的案件被上级法院或本院全部改判 2 件以上的,案件承办人会被取消案件的审判权 1 年;案件被上级法院或本院部分改判 3 件以上的,案件承办人会被取消审判权 2 年。此外,部门负责人还会被降职 1 年。④

从地方法院有关惩戒制度和考核制度的司法文件中还可以看到,除了上述几种方式外,诚勉谈话、通报批评、写检查等也是地方法院普遍采用的追责方式。

将地方法院实际追究法官错案责任的形式和我国《法官法》所规定的法官责

① 《竹山县人民法院关于对发还、改判、再审和执行错误的案件责任追究的办法》,http://zsxfy. hbfy. gov. cn/DocManage/ViewDoc? docId＝33d6143f-e55c-41e8-8d40-fae02463f84a,最后访问时间: 2021 年 10 月 15 日。

② 尹凤云、刘玲:"大兴法院从严治院 干警办案质量不高一票否决",https://www.chinacourt.org/article/detail/2009/04/id/352850.shtml,最后访问时间: 2021 年 10 月 15 日。

③ 《2011 年北海市基层人民法院审判质量效率绩效考评办法》,http://bhzy. chinacourt. goo. cn/article/detail/2011/11/id/4900503.shtml,最后访问时间: 2021 年 10 月 15 日。

④ 《依安县人民法院更审、改判、再审案件责任追究实施细则》,http://qqherya. hljcourt. gov. cn/public/detail.php?id=117,最后访问时间: 2021 年 10 月 15 日。

任形式进行比较可以发现,惩戒制度中的法定形式较少使用,法外形式采用得较多。有调查显示,在某基层法院,追究法官错案责任的方式主要是经济责任,即扣除办案经费,法官未因所经办的案件被审判委员会认定为"错案"而被追究纪律责任或者影响职务晋升。①

四、地方法院追究法官裁判责任的时效

一些地方法院对法官裁判责任实施终身追责。最早对法官裁判责任实行终身追责的地方法院是云南省高级人民法院,该院于 2008 年 8 月出台《关于法院审判人员违法审判责任追究办法(试行)实施细则》,其中第 17 条明确规定:"违法审判情节恶劣、后果严重的,对有关责任人实行终身责任追究"。② 2012 年,河南省高级人民法院发布《错案责任终身追究办法(试行)》,其中第 16—18 条详细规定了对已经调离原法院到其他法院的人员、离开法院系统的人员、退休人员追究错案责任的方法。③ 2014 年,党的十八届四中全会通过的《关于全面推进依法治国若干重大问题的决定》提出,要"推进以审判为中心的诉讼制度改革,实行办案质量终身负责制和错案责任倒查问责制"。2015 年,最高人民法院制定的《司法责任制意见》第 25 条第 1 款也提出这样的意见:"法官应当对其履行审判职责的行为承担责任,在职责范围内对办案质量终身负责"。这一系列的中央文件必然会鼓励更多的地方法院对作出错误裁决的法官终身追责。

终身追责显然和责任追究时效的相关制度存在一定的矛盾。法律责任的追究通常要受到法定时效限制,即超出了法定的追责时效期限则不再对责任人追究法律责任。不仅如此,追责时效的长短还与违法行为的危害程度成正比,即违法行为的危害性越大,追责时效越长;危害性越小,追责时效越短。我国《民法典》第 188 条规定了向人民法院请求保护民事权利的诉讼时效期间,这也是民事责任的追诉时效。该条规定:"向人民法院请求保护民事权利的诉讼时效期间为三年,法律另有规定的,依照其规定。诉讼时效期间自权利人知道或者应当知道权利受到损害以及义务人之日起计算。法律另有规定的,依照其规定。但是自权利受到损害之日起超过二十年的,人民法院不予保护;有特殊情况的,人民法院可以根据权利人的申请决定延长。"《中华人民共和国行政处罚法》(以下简称《行

① 参见江钦辉:《错案责任追究制度的目标偏移与矫正——以西北地区某基层法院错案责任追究的实践为考察对象》,《河北法学》2019 年第 7 期。

② 《云南:法官判错案将被终身追究》,《民主与法制》2008 年第 20 期。

③ 《河南省高级人民法院错案责任终身追究办法(试行)》,[法宝引证码]CLI.13.594772。

政处罚法〉〉第 29 条对行政责任的追责时效进行了明确规定："违法行为在二年内未被发现的,不再给予行政处罚。法律另有规定的除外。"我国《刑法》第 87 条对刑事责任的追诉时效进行了具体规定："(一)法定最高刑为不满 5 年有期徒刑的,追诉时效的期限为 5 年;(二)法定最高刑为 5 年以上不满 10 年有期徒刑的,追诉时效的期限为 10 年;(三)法定最高刑为 10 年以上有期徒刑的,追诉时效的期限为 15 年;(四)法定最高刑为无期徒刑、死刑的,追诉时效的期限为 20 年。如果 20 年后认为必须追诉的,须报请最高人民检察院核准后,仍然可以追诉。"具体到对错案的追责,我国《刑法》第 399 条对"枉法裁判罪"规定的最高刑期是 10 年以上,因此,对枉法裁判者追究刑事责任的追诉时效是 15 年。与刑事责任的追诉时效相比较,对违法裁判其他责任的追责时效应当低于这个标准。

对于这个矛盾,最高人民法院的相关人员也注意到了,他在谈及法官终身负责和时效制度的关系问题时解释道："对错案责任主体需要追究刑事责任时,也应当遵守刑法中关于追诉时效的规定。当然,目前的行政处分等没有时效方面的规定。另外,终身负责虽不一定终身追责,但依然不能免除其道义、声誉、良心方面终身的责任。"①按照这个解释,终身负责在制度上的实际意义似乎就不大了。

此外,地方法院是否有能力对错案终身追责也是一个问题。对于已经调离到其他法院的法官和退休的法官,原法院已经没有管辖权,对于已经调离法院系统的人员,所有的法院都没有管辖权,地方法院有关错案终身追责的规则几乎无落实的可能。对此,河南省高级人民法院纪检组组长在接受访谈时也表示："有担心,法官如果调离本系统、本行政区,虽然省高院可以向对方单位提出处分建议,但是会不会处分,还不能确定。"②

---

① 马渊杰:《完善错案责任追究法律制度》,《人民法院报》2017 年 5 月 8 日,第 2 版。
② "河南试行错案责任终身追究制 界定追责仍有难度",http://www.chinanews.com/fz/2012/04-24/3840504_2.shtml,最后访问时间:2021 年 10 月 15 日。

第三章　我国法官裁判责任追究：实施层面的考察

通过考察法官裁判责任追究的总体情况和典型案件，我们可以了解对法官裁判责任追究的实施情况。

第一节　法官裁判责任追究的总体情况

裁判责任追究属于法官责任追究的一部分，因此，在考察法官被追究裁判责任的总体情况之前，有必要对我国法官责任追究的基本情况和特点进行介绍。

通过考察最高人民法院在2013—2018年所做的工作报告，我们可以了解各级法院从2008—2017年对司法工作人员追究法律责任的总体情况。2013年工作报告是对2008—2012年的司法工作总结，这5年各级法院"共查处利用审判执行权违纪违法干警1 548人"。2018年工作报告是对2013—2017年的司法工作总结，这5年"最高人民法院查处本院违纪违法干警53人，各级法院查出利用审判执行权违纪违法干警3 338人，其中移送司法机关处理531人"。将这两个5年的数据进行比较会发现，前一个5年平均每年查处违法违纪干警310人，后一个5年平均每年查处违法违纪干警678人，是前一个5年的两倍多。

根据最高人民法院工作报告所记录的前一年的具体查处情况，2013年的情况是："各级法院共查处利用审判执行权违纪违法干警381人，其中追究刑事责任101人"。2014年的情况是："各级法院共立案查处各类违纪违法干警2 108人，结案处理1 937人，同比分别上升154.3%和172.8%"；"查处利用审判执行权违纪违法干警863人，其中移送司法机关处理138人，给予党纪政纪处分781人，同比分别上升126.5%、36.6%和120.6%。"2015年的情况是："各级法院查处利用审判执行权违纪违法干警721人，其中移送司法机关处理120人"。2016

年的情况是:"最高人民法院查出本院违纪违法干警 13 人,各级法院查出利用审判执行权违法违纪干警 656 人,其中已送司法机关处理 86 人。"2018 年的情况是:"最高人民法院查出本院违纪违法干警 9 人,各级法院查出利用审判执行权违法违纪干警 1 064 人,其中追究刑事责任 76 人。"

最高人民法院每年的工作报告所记录的处理的干警,其中包括多少法官,以及多少法官是因为裁判错误被处理不得而知,但是每年追责的干警数量波动很大。这也从一个侧面反映了对法官追责的具体情况与廉政建设的松紧程度呈正相关性,即廉政建设抓得越紧,被追责的干警数量就越多。

下面具体介绍法官裁判责任追究的情况。

一、刑事责任的追究情况

根据我国《刑法》的规定,法官因裁判而承担刑事责任的犯罪行为主要是《刑法》第 399 条第 1 款所规定的刑事枉法裁判,第 399 条第 2 款所规定的民事行政枉法裁判和第 401 条所规定的徇私舞弊减刑、假释和暂予监外执行。实践中也有按照《刑法》第 397 条"滥用职权罪"和"玩忽职守罪"追究法官裁判错误的刑事责任的。北大法宝数据库收集到的司法裁判文书是比较齐全的,笔者曾于 2020 年 7 月在该数据库中以"枉法裁判"为标题进行搜索,在渎职罪中得到与上述条文相关的案件 676 件,[①]通过对案件逐一阅读,排除非法官案件和对法官枉法裁判自诉而不予受理的案件,并将针对同一个被告人的枉法裁判经过两审和再审的案件合并,最后得到刑事枉法裁判罪案件 15 件,民事行政枉法裁判罪案件 56 件,玩忽职守罪案件 10 件,滥用职权罪案件 2 件。因在这些案件中没有莫某某案,再以"玩忽职守 司法工作人员"进行搜索,排除重复案件和被告人不是法官的案件,找到曾被媒体报道的莫某某案和刘某某案。媒体曾经报道的"王某某涉嫌民事枉法裁判案"的相关裁判文书没有找到,只找到了王某某案因为二审指定管辖的特殊意义而入选 2018 年十大刑事案件之八的介绍。[②] 最后搜索到的案件总数是 85 件。

在这 85 件案件中,从案件的裁判时间来看案件的分布情况是:在 2010 年前(包括 2010 年)仅有 10 件案件,最早的案件是 1997 年裁判的,有 5 个年份没有相关案件;2010 年之后的案件有 74 件,其中 2017 年最多,有 16 件,2015 和

---

① 北大法宝数据库,http://www.pkulaw.cn/,最后访问时间：2020 年 7 月 10 日。
② 《2018 年十大刑事案件之八：王成忠案》,[法宝引证码]CLI.C.67642867。

2018 年各 11 件，2016 年 9 件，2014 和 2019 年各 6 件，其他年份是 4 件或 5 件。将上述数据和最高人民法院工作报告中移送司法机关处理的干警数据比较，法官因枉法裁判被追究刑事责任的案件不算多。从案件所涉诉讼案件类型来看，民事行政枉法裁判案件比刑事枉法裁判案件多。从案件的年份来看，案件分布很不均匀，2011 年以前相关案件很少，但 2011 年以来相关案件数量增幅很大，这应该与近年来我国不断加强廉政建设有关。

85 件案件的定罪情况是：6 件认定被告无罪；7 件发回重审没有最后结果；其他 71 件案件认定被告罪行成立。刑事处罚的情况是：在 71 件被定罪的案件中，有 28 件判处被告免予刑事处罚，43 件追究了被告刑事责任，其中最重的是有期徒刑 5 年，最轻的是拘役 6 个月、缓刑 6 个月。

从案情来看，在被定罪的案件中，绝大多数案件存在被告人受贿、伪造变造证据或违反法定程序等违法违纪情节，有的案件是枉法裁判罪和受贿罪数罪并罚。有少量案件的被告人，从裁判书上看不到他们有徇私的具体情节和枉法裁判的故意，被追责的理由主要是未尽到证据调查义务。例如"王某某民事行政枉法裁判案"，法院认为，王某某明知未去西白兔派出所和昌晋苑焦化有限公司调查核实，未按规定对伪造的以"西白兔派出所"和"昌晋苑焦化有限公司"名义出具的两份证明材料进行质证，反而对此予以采信，并在其承办的案件判决中表明"进行了核实"，作为维持原判的理由，致使韩某等人骗取保险公司 216 425.55 元，其行为构成枉法裁判罪。① 又如"王某某玩忽职守罪案"，给王某某定罪的理由是她一直未发现公诉机关提供的定罪证据中存在矛盾及来源不合法的证据，并将其作为定案根据，同时对于某及其辩护人的辩护意见没有进行调查核实。②

二、国家赔偿责任的追偿情况

《国家赔偿法》第 31 条被称为"冬眠条款"。有学者指出，"近 20 年的法律实践中，国家赔偿往往会终止于国家财政的支出，极少对相关责任人进行追责，即使追责也显得轻描淡写。而法律规定的追偿，或承担一部分赔偿，更是不了了之。"③将国家赔偿的情况与追偿的情况进行比较，错案之赔偿责任不到位的问

---

① 详见 (2016) 晋 04 刑终 321 号。
② 详见 (2012) 潞刑二终字第 15 号。
③ 王涵：《让"冬眠"法条复苏——法学专家建议国家赔偿后应继续追偿》，《民主与法制时报》2014 年 12 月 4 日，第 5 版。

题确实十分严重。

查阅近些年《最高人民法院工作报告》关于国家赔偿的情况可以看到，2008—2012 年共审结国家赔偿案件 8 684 件，决定赔偿金额 2.18 亿元；2013 年各级法院审结国家赔偿案件 2 045 件，决定赔偿金额 8 735.2 万元；2015 年各级法院审结国家赔偿案件 5 439 件，决定赔偿金额 2.4 亿元。根据最高人民法院对 19 个省、自治区、直辖市最新调研统计，2015—2017 年，各级人民法院赔偿委员会共审理各类司法赔偿案件 826 件，其中决定赔偿的案件 1 146 件，决定不赔偿案件 4 598 件，以其他方式结案 2 517 件。决定赔偿的 1 146 件案件中，刑事赔偿案件 964 件，赔偿金额 3.31 亿元；非刑事司法赔偿案件 182 件，赔偿金额 5 290.31 万元。①

国家赔偿的追偿情况又是怎样的呢？有数据显示，2011—2013 年各级人民法院赔偿委员会生效赔偿决定中，决定赔偿的案件共 792 件，决定赔偿金额 1.23 亿元。在国家赔偿后的追偿追责中，已经追偿追责的 14 件，占决定赔偿案件的 1.78％。② 比较国家司法赔偿情况和追偿情况可以看到，国家赔偿费用的支出数额巨大，且持续增长，但国家赔偿后追偿追责的比率却极低，其中还不一定有对法官进行的责任追偿。笔者通过各种途径搜寻了有关国家赔偿后对法官进行追偿的具体案件，仅找到一例，还不属于《国家赔偿法》所规定的赔偿范围。该案例发生在 1997 年，是湖北省武穴市法院在一起货款纠纷案中，将案外人错当作案件当事人扣划抵其押金 20 余万元，在原告下落不明、被告无履行能力的情况下，法院实行国家赔偿 20 余万元，国家赔偿后，法院对造成错案的直接责任人和告申庭领导人分别给予降职、行政记大过处分，并责成相关责任人赔偿损失 5 000 元和 3 000 元。③

此外，关于那些重大冤案，也没有看到相关责任人在国家赔偿后被追偿的报道。例如，2014 年 12 月 30 日内蒙古高级法院就呼某案作出国家赔偿，决定支付李某某、尚某某国家赔偿金共计 2 059 621.40 元。④ 但是，2016 年 1 月 31 日，内蒙古自治区公布的呼某错案追责的结果没有涉及国家赔偿的追偿问题，具体

---

① 李颖丽、贾丽英：《论国家赔偿追偿追责在司法实践中的适用》，《法律适用》2019 年第 5 期。

② 胡仕浩、张玉娟、梁清：《关于人民法院赔偿委员会生效赔偿决定执行情况的调研报告与思考》，《国家赔偿办案指南》2014 年第 3 辑。

③ 刘霄、彭刚：《接受监督不护短 从严整改动真格——武穴市法院纠正一起重大错案赔偿 20 余万元》，《楚天主人》1997 年第 11 期。

④ "内蒙古高院对呼格案作出国家赔偿决定，赔偿 205 万余元"，https://www.sohu.com/a/639613_100539，最后访问时间：2016 年 6 月 19 日。

的追责情况是：被追责的 27 人中，公安系统有 12 人，检察院系统 7 人，法院系统 8 人，其中 11 人被"党内严重警告"，10 人"行政记大过"，时任呼和浩特市公安局新城区公安分局副局长冯某某因涉嫌职务犯罪，依法另案处理。[①] 没有关于国家赔偿责任追偿的内容。

三、地方法院追究法官裁判责任的基本情况

从有关调研可以看到，地方法院根据法官惩戒制度追究法官裁判责任的数量并不多，对裁判责任的追究主要体现在绩效考核中。有调查显示，某些基层法院自 1999 年正式实施最高人民法院两个《办法》以来，在三年多时间里，被追究违法审判责任的只有 1 件；被追究错案责任的，2000 年有 8 件，2001 年为 5 件，截至 2002 年 7 月 2 件，三年多来共追究 15 件，且呈递减趋势。另一基层法院四年中给予记过处分的错案只有 3 件，承担错案责任的案件不到 20 件。[②] 还有调查显示，某基层法院在 2012—2016 年认定为错案并对法官追责的案件有 36 件，其中，由于程序严重违法导致的错案有 14 件；由于主要事实认定错误导致的错案有 12 件；由于适用法律错误导致的错案有 7 件；由于案件定性错误导致的错案有 1 件；因违反自愿原则调解导致的错案有 1 件；因认定与判项不一致使审判结果错误并与审委会的决议不一致导致的错案有 1 件。[③] 在这 36 件被确认的错案中，认定事实错误、适用法律错误和案件定性错误都属于实体标准上的错案，一共是 20 件。此外，地方法院在考核制度中普遍存在对错案追究法官裁判责任的情况。例如，有关西南地区的地方法院错案责任追究的实践运行情况的调研就显示"错案责任多是与绩效考核挂钩"。[④] 另一有关基层法院的调研也显示，对于出现错案的法官，基层法院只是追究错案法官的"经济责任"，而没有追究其"纪律责任"。[⑤]

---

① 参见"呼格案追责结果公布：27 人被处分（名单）"，https://www.sohu.com/a/57446449_115553，最后访问时间：2021 年 10 月 15 日。
② 参见贺日开、贺岩：《错案追究制实际运行状况探析》，《政法论坛》2004 年第 1 期。
③ 参见江钦辉：《错案责任追究制度的目标偏移与矫正——以西北地区某基层法院错案责任追究的实践为考察对象》，《河北法学》2019 年第 7 期。
④ 参见王伦刚、刘思达：《从实体问责到程序之治——中国法院错案追究制运行的实证考察》，《法学家》2016 年第 2 期。
⑤ 江钦辉：《错案责任追究制度的目标偏移与矫正——以西北地区某基层法院错案责任追究的实践为考察对象》，《河北法学》2019 年第 7 期。

第二节　典型冤案的追责情况

冤案是使无辜的人被定罪并追究了刑事责任的案件。从法律上看,冤案是按照相对客观真实标准所判断的错案,当然在这些案件中,不少是真凶出现或"死者复活"的情况,按照客观真实标准也是错案。有关冤案的倒查追责情况可以从一个侧面反映我国法官裁判责任追究的实际状况。

2018年《最高人民法院工作报告》总结的2013—2017年错案纠正的情况是:再审改判刑事案件6747件,其中依法纠正重大冤错案件39件,共78人。根据2019年《最高人民法院工作报告》显示,2018年各级法院按照审判监督程序再审改判刑事案件1821件,其中依法纠正重大冤错案件10件。根据2020年《最高人民法院工作报告》显示,2019年各级法院按照审判监督程序再审改判刑事案件1774件。

一、"赵某某故意杀人案"的纠正与追责

1998年2月15日,商丘市柘城县老王集乡赵楼村赵某甲到公安机关报案,称其叔父赵某乙已失踪4个多月,怀疑被同村赵某某杀害,公安机关当年进行了相关调查。1999年5月8日,赵楼村发现一具高度腐烂的无名尸体,公安机关遂把赵某某作为重大嫌疑人,并于5月9日刑拘。1999年5月10日—6月18日,赵某某进行了9次有罪供述。2002年10月22日,商丘市人民检察院以被告人赵某某犯故意杀人罪向商丘市中级人民法院提起公诉。2002年12月5日,商丘市中级人民法院一审判决赵某某死刑,缓期两年执行,剥夺政治权利终身。河南省高级人民法院核准了赵某某的死缓判决。2010年5月6日,商丘市中级人民法院报告河南省高级人民法院,本案被害人赵某乙又回到村中,请求河南省高级人民法院审查处理。在得知"亡者归来"后,河南省高级人民法院于5月8日启动再审程序,核实相关证据,作出再审决定。5月9日上午,河南省高级人民法院向赵某某送达了再审判决书,宣告被告人赵某某无罪,赵某某被无罪释放。①

该案再审改判后,责任追究机制启动。河南省高级人民法院纪检组、监察室,商丘市中级人民法院纪检监察室和商丘市纪委有关人员,共同进驻商丘市中

---

① 参见"新华视点:一错再错 河南'赵作海'错案追踪",http://news.sohu.com/20100510/n272036096. shtml,最后访问时间:2021年10月15日。

级人民法院展开调查，当年该案的审判长张某某、审判员胡某某、代理审判员魏某某停职接受调查，当年河南省高级人民法院复核的主审法官胡某甲停职检查。[①]最后的处理结果未知。

二、"佘某某故意杀人案"的纠正与追责

1994年1月20日晚，佘某某之妻张某某从家中失踪。同年4月11日，京山县雁门口镇吕冲村水库发现一具无名女尸，经法医鉴定系他杀。无名女尸经张某某的亲属辨认为张某某。1994年4月22日，京山县公安局以佘某某涉嫌故意杀人将其刑事拘留，4月28日经京山县人民检察院批准对其执行逮捕，湖北省原荆州地区中级人民法院判处其死刑，剥夺政治权利终身。佘某某不服一审判决，提起上诉。后因行政区划变更，佘某某一案移送京山县公安局，经京山县人民法院和荆门市中级人民法院审理。1998年9月22日，佘某某被判处15年有期徒刑。2005年3月28日，佘妻张某某从山东回到京山。荆门市中级人民法院于2005年3月30日作出裁定，撤销原裁判，发回京山县人民法院重新审理。京山县人民法院重新组成合议庭，对佘某某案件进行了公开开庭审理，最终宣告佘某某无罪。佘某某随后获得国家赔偿和相应的政府补助。[②]

该案再审改判后，当时审办佘某某案件的公安局、检察院、法院等部门的涉案人员一律被停职，荆门市政法委牵头，当地公、检、法部门抽调出专门人员组成了工作组，对相关责任人进行审查。[③] 然而，"追责过程中，参与办理该案的一个警察自杀了，此后追责积极性也没了。"湖北省高级人民法院相关负责人向《新京报》记者表示，不清楚佘某某案的相关责任人是否被追责，这一情况由湖北省政法委具体处理。[④]

三、"萧山五青年抢劫杀人案"的纠正与追责

1995年3月20日和8月12日，在萧山市（现为杭州市萧山区）发生两起抢

---

① "赵作海案展开责任追究 复核主审法官被停职检查"，http://news.sohu.com/20100520/n272227226.shtml，最后访问时间：2021年10月15日。
② "丈夫因杀妻罪2次被错判死刑续：法院将重审该案"，http://news.sohu.com/20050331/n224955829.shtml，最后访问时间：2021年10月15日。
③ "当年涉案公检法审办人员全部被停职"，http://news.sina.com.cn/c/2005-04-13/12075638739s.shtml，最后访问时间：2021年10月15日。
④ "近年冤案追责情况盘点：10起案件3起已处理"，http://news.sohu.com/20141218/n407055768.shtml，最后访问时间：2021年10月15日。

劫并杀害出租车司机事件,警方认定是萧山籍陈某某等五青年所为。两起刑案合并审理。在缺乏作案工具、指纹证据,主要依赖口供的情况下,1997 年 12 月本案终审,4 人被判死缓,1 人被判无期徒刑。[①] 2012 年,浙江警方在一次全省公安集中行动中,通过指纹比对,发现了一条涉及当年萧山抢劫杀人案的线索。2012 年 12 月,犯罪嫌疑人项某被抓获,通过审讯和指纹比对,确认为 1995 年 3 月 20 日萧山抢劫出租车案的犯罪嫌疑人。2013 年 6 月 25 日,本案再审,五青年被宣告无罪。

该案再审改判后,浙江省高级人民法院及浙江省政法委相关工作人员表示,已启动针对此案的追责程序,并已对相关责任人进行组织内部追责,但对于追责具体情况,两方均表示不便提供。[②]

四、"张氏叔侄强奸案"的纠正与追责

张某甲、张某乙系叔侄关系,2003 年 5 月 18 号晚上 9 点左右,两人驾驶皖 J - 11260 解放牌货车去上海。17 岁的王某经别人介绍搭他们的顺风车去杭州。5 月 19 日,杭州市公安局西湖区分局接到报案,在杭州市西湖区一水沟里发现一具女尸,而这名女尸正是 5 月 18 号搭乘他们便车的女子王某。公安机关初步认定是当晚开车搭载被害人的张某甲和张某乙所为。后在公安侦查审讯中,张氏叔侄交代,当晚在货车驾驶座上对王某实施强奸致其死亡,并在路边抛尸。2004 年 4 月 21 日,杭州市中级人民法院以强奸罪判处张某甲死刑,张某乙无期徒刑。2004 年 10 月 19 日,浙江省高级人民法院终审改判张某甲死缓、张某乙有期徒刑 15 年。在监狱中,张某乙发现自己案件的若干疑点,经过他本人及家属的申诉,2012 年 2 月 27 日,浙江省高级人民法院对该案立案复查。2013 年 3 月 26 日的公开宣判认为,有新的证据证明,本案不能排除系他人作案的可能。最终,张氏叔侄被认定为无罪。[③]

该案再审改判后,浙江省政法委成立由省级有关部门组成的联合调查组,对张某甲、张某乙错案原办理过程中公检法各部门存在的问题进行了全面调查,并

---

① "浙江萧山五青年抢劫杀人案再审开庭",https://news.163.com/13/0626/06/929C9R2K00014AED.html,最后访问时间：2021 年 10 月 15 日。

② "近年冤案追责情况盘点：10 起案件 3 起已处理",http://news.sohu.com/20141218/n407055768.shtml,最后访问时间：2021 年 10 月 15 日。

③ "张氏叔侄强奸杀人案始末：狱霸逼认罪　真凶漏网再杀人",http://www.xxcb.cn/e/wap/show.php?classid=8410&id=8913789,最后访问时间：2021 年 10 月 15 日。

表示将根据调查情况,严肃依法、依纪追究相关人员的责任。从新闻媒体看到的追责情况是,已在组织内部进行问责,但对于具体追责了哪些人以及采用了哪些追责措施等至今没有公开。① 2014年,时任浙江省高级人民法院院长的齐奇在接受媒体采访时说:"对造成错案人的问责是必要的,但也要区分程度、情节。故意冤枉人和仅仅是判断错误、破案心切,还不一样。在这两个案件中,没有发现是故意制造冤案,都是在组织内部,按照党纪政纪来问责。"②

五、"呼某流氓案""故意杀人案"的纠正与追责

1996年4月9日,内蒙古呼和浩特市毛纺厂女厕发生一起强奸杀人案,随后,前往公安机关报案的卷烟厂职工呼某被认定为凶手,61天后,法院判决呼某死刑并立即执行,当时他刚满18周岁。2005年,内蒙古系列强奸杀人案凶手赵某某落网,其交代的17起案件中包括"4·9毛纺厂厕所女尸案"。2005年11月20日,内蒙古高级人民法院宣布再审呼某案,12月15日,改判呼某无罪。③

该案再审改判后,启动追责程序,给予时任内蒙古自治区高级人民法院刑一庭庭长梁某某党内严重警告处分;给予时任内蒙古自治区高级人民法院刑一庭庭长助理杨某某党内严重警告、行政记大过处分;给予时任内蒙古自治区高级人民法院刑一庭书记员闫某某党内严重警告、行政记大过处分;给予时任内蒙古自治区高级人民法院刑一庭助理审判员白某某行政记过处分;给予时任内蒙古自治区高级人民法院刑一庭助理审判员李某行政记过处分;给予时任呼和浩特市中级人民法院院长张某某党内警告处分;给予时任呼和浩特市中级人民法院刑事审判庭助理审判员宫某行政记过处分;给予时任呼和浩特市中级人民法院刑事审判庭助理审判员呼某某行政记过处分。④

六、"邹某某、袁某某盗窃案"的纠正与追责

邹某某是泌阳县老河邮电所职工,袁某某是老河乡农机站职工。1995年11

---

① "近年冤案追责情况盘点:10起案件3起已处理",http://news.sohu.com/20141218/n407055768.shtml,最后访问时间:2021年10月15日。
② "安徽张氏叔侄冤案以在组织内部问责",http://www.ah.xinhuanet.com/2014-04/10/c_1110183707.htm,最后访问时间:2021年10月15日。
③ "呼格吉勒图案重审判无罪 18年后终沉冤昭雪",http://comment.news.sohu.com/20141216/n406994688.shtml,最后访问时间:2021年10月15日。
④ "内蒙古公布呼格吉勒图案追责结果",http://www.gov.cn/xinwen/2016-02/01/content_5037895.htm,最后访问时间:2021年10月15日。

月 21 日晚,泌阳县老河邮电所 8 200 元现金被盗。12 月 14 日,县公安局以涉嫌盗窃刑拘二人。12 月 28 日,县检察院批捕二人。1996 年 12 月 12 日,县法院以邹某某分得 3 500 元和袁某某分得 4 700 元"赃款"为据,判处邹某某有期徒刑 6 年,袁某某有期徒刑 5 年零 6 个月。13 年来,两人不断地提出申诉,最高人民法院函转河南省高级人民法院查处。2002 年 3 月 28 日,河南省高级人民法院作出再审判决,指令驻马店市中级人民法院另行组成合议庭对本案再审。2002 年 12 月,真犯被漯河市郾城和焦作修武警方抓获,并于 2005 年被漯河市中级人民法院判决。2008 年 8 月,驻马店市中级人民法院对这起长达 13 年的冤案进行了重新审理,裁定撤销原判决和二审裁定,发回泌阳县法院重新审理。2008 年 12 月 30 日,泌阳县人民法院重新开庭审理此案,当庭判决邹某某和袁某某无罪。[1]

　　该案被纠正后,驻马店市中级人民法院对此起错案的追责作出以下处理决定:① 泌阳县人民法院原审理此案的主审人汪某某、分管副院长包某某现均已死亡;原合议庭成员张某某持不同意见,不应受到追究;合议庭另一成员袁某甲同意主审人汪某某的意见,给予行政记过处分。② 给予驻马店市中级人民法院二审审理此案的主审人蔡某某行政记大过处分;给予庭长、审判长远某某行政记过处分;给予合议庭成员王某行政警告处分。[2]

第三节　个体法官因裁判结果被追责的情况

　　个体法官因为案件裁判结果被追责的情况可以从另一个侧面反映我国法官裁判责任追究的实际状况。近年来出现了一些法官因为裁判结果而承担不利后果的个案,引起了社会的广泛关注。

一、"莫某某玩忽职守案"及其结果

　　莫某某原是四会市人民法院审判员,因"李某某诉张某某等借款纠纷案"

---

　　[1]　"河南泌阳县一起 13 年的冤案昭雪",http://news.cctv.com/law/20081231/100047.shtml,最后访问时间:2021 年 10 月 15 日。
　　[2]　"河南泌阳错案国家赔偿款到位　4 名法官被追究责任",http://www.chinanews.com/gn/news/2009/01 - 12/1523341.shtml,最后访问时间:2021 年 10 月 15 日。

的裁判被检察机关指控涉嫌玩忽职守罪。"李某某诉张某某等借款纠纷案"的具体案情在本书第一章中已做介绍,此处不再赘述。检察院抗诉的理由如下:① 被告人莫某某违反法律规定,草率裁判,在客观方面实施了玩忽职守行为。原判认为被告人莫某某是按照民事诉讼"谁主张、谁举证"的原则履行职务的,但这只是针对一般民事案件的规定,当民事案件涉及刑事犯罪时,应当遵循例外的法律规定,即刑事诉讼法和1998年最高法院《关于在审理经济纠纷案件中涉及经济犯罪嫌疑若干问题的规定》,应当裁定驳回起诉,将有关材料移送公安机关或检察机关处理。② 被告人莫某某应当预见自己的行为可能发生危害社会的结果,但因为疏忽大意而没有预见,主观上是疏忽大意的过失,不属于意外事件。被告人莫某某在法院工作时间长达16年,其工作经验应当预见当事人在被抢劫、被迫写下借条但法庭却草率下判、不能给其主持正义后,只能以死抗争的结果。③ 被告人莫某某的行为致使公共财产、国家和人民利益遭受重大损失。张某甲夫妇的自杀造成了恶劣的社会影响,23万元的赔偿本身不能弥补上述影响。因此,被告人莫某某的渎职行为与上述严重后果存在必然联系。

广东省高级人民法院认为,被告人莫某某作为司法工作人员,在民事诉讼中依照法定程序履行独任法官的职责,按照民事诉讼证据规则认定案件事实并作出判决,没有出现不负责任或不正确履行职责的玩忽职守行为,客观上出现的当事人自杀结果与其职务行为之间没有刑法上的必然因果关系,其行为不构成玩忽职守罪。广东省高级人民法院作出终审裁定,维持一审对莫某某无罪的判决。[①] 虽然莫某某最终被判无罪,但仍然被调离了法官职位。

二、"王某某玩忽职守案"及其结果

王某某原系周口市川汇区人民法院刑庭庭长。因"于某某诈骗罪案"的裁判被检察机关指控涉嫌玩忽职守罪。2002年6月18日,周口市川汇区人民检察院指控于某某犯诈骗罪,向周口市川汇区人民法院提起公诉,王某某主审该案。经开庭审理,王某某认为于某某构成诈骗罪,应判处有期徒刑10年,并处罚金10 000元,合议庭其他成员认为事实不清、证据不足,应判决于某某无罪。王某某向川汇区法院审委会汇报该案,经讨论决定拟判决于某某无罪,周口市川汇区人

[①] (2004)粤高法刑二终字第24号。

民检察院得知后提出撤诉,经合议庭评议准许检察院撤诉。2002 年 9 月 13 日,川汇区人民检察院重新起诉于某某诈骗一案,王某某又作为主审人组成合议庭对于某某诈骗案进行公开审理。审理前,经王某某汇报,川汇区人民法院部分审委会委员参加了旁听,审理后,合议庭统一意见,以诈骗罪未遂判处于某某有期徒刑 3 年,并处罚金 2 000 元。由于川汇区法院审委会讨论形成了不同意见,故决定就 3 个问题向周口市中级法院请示:① 罪与非罪;② 定诈骗罪还是职务侵占罪;③ 既遂还是未遂。周口市中级法院书面答复于某某的行为构成诈骗罪,据此,合议庭重新评议,一致以诈骗罪判处于某某有期徒刑 10 年,并处罚金 20 000 元。王某某向川汇区法院审委会汇报了向周口市中级法院请示的书面结果,并汇报周口市中级法院电话口头答复系犯罪既遂,审委会讨论后同意合议庭意见。2003 年 1 月 9 日,川汇区人民法院作出刑事判决,认定于某某犯诈骗罪,判处有期徒刑 10 年,并处罚金 20 000 元,于某某提出上诉。周口市中级人民法院二审维持原判。2007 年 6 月 27 日,周口市中级人民法院再审该案,认为于某某犯诈骗罪的事实不清、证据不足,判决于某某无罪,同年 6 月 29 日于某某被释放,实际被羁押 2 085 天。2007 年 11 月 29 日,周口市中级人民法院第二次再审,认为于某某的行为不符合诈骗罪的构成要件,第一次再审判决适用法律不当,判决于某某无罪。2010 年 9 月 7 日,经河南省高级人民法院赔偿委员会决定,由周口市中级人民法院赔偿于某某 207 061.35 元。

　　2011 年 6 月 12 日,王某某因涉嫌玩忽职守罪向周口市人民检察院投案。2011 年 12 月 20 日,舞阳县人民法院认定王某某犯玩忽职守罪,判处有期徒刑一年零九个月。法院的裁判依据是王某某在审理于某某诈骗一案过程中,一直未发现公诉机关提供的定罪证据中存在矛盾及来源不合法的证据,并将其作为定案根据,同时对于某某及其辩护人的辩护意见没有进行调查核实,在向川汇区法院审委会和周口市中级法院汇报的审理报告中均认定案件事实清楚,证据充分。王某某不服,提出上诉。王某某辩护人提出了"于案属于疑难复杂案件,被改判无罪是由于再审时调取了新的证据,王某某因法律理解和认识上的偏差以及新证据出现导致的裁判结果错误不承担责任"的辩护意见,但法院未采纳。二审法院认为,上诉人(原审被告人)王某某身为国家机关工作人员,在审判工作中未依法认真履行职责,错误认定案件事实,导致案件被告人于某某被错误追究法律责任,致使国家和人民利益遭受重大损失,其行为已构成玩忽职守罪。王某某自动投案并如实供述自己的罪行,构成自首,可依法对其从轻处罚。二审法院改判王某某有期徒刑一年零六个月。① 王某某提出申诉,漯河中级人民法院于2018年驳回其申诉。②

三、"刘某某玩忽职守案"及其结果

刘某某原是驻马店市中级人民法院副院长,2010年被检察机关以涉嫌玩忽职守罪提起公诉,他被诉是因为一位被减刑的犯人白某某,出狱5年后被河南省高级人民法院以故意伤害罪、组织领导黑社会性质组织罪、寻衅滋事罪、敲诈勒索罪、聚众斗殴罪、破坏生产经营罪、强迫交易罪数罪并罚,判处无期徒刑,剥夺政治权利终身,并处罚金人民币20万元。③ 检方起诉时认为,时任刑庭法官刘某某违反了河南省政法系统一份内部文件——豫高法〔2004〕214中"一般在执行一年半以上方可减刑"的规定,属于玩忽职守。刘某某坚持认为自己是正常行使法官的自由裁量权,当年的审理完全符合《刑诉法》和最高人民法院关于减刑案件审理的相关司法解释。一审和二审法院均认为法官无罪,然而判决认为他虽不构成犯罪,但"有所疏忽"且存在"滥用职权"。④ 二审裁判生效后,河南省人民检察院向河南省高级人民法院提出抗诉。

河南省高级人民法院审理后认为,刘某某担任审判长、王某担任承办人审理"白某某减刑案"时,依照我国法律及相关司法解释的规定,对白某某减刑材料进行了审查,王某赴驻马店市监狱对白某某、樊某某、张某某等相关人员进行了调查核实,并且根据监狱报送的材料依法认定白某某确有悔改并有立功表现,未认定其有重大立功表现,已尽审查义务。虽然二被告人曾供述在减刑起算时间的审查上存在疏忽,但鉴于法律和司法解释并未明确规定减刑起始时间从何时计算,司法实践中也有不同认识,如果从白某某所判刑期的起始日2002年1月24日算起,至驻马店市监狱提请减刑之日2004年11月15日止,其执行刑期已超过一年半,减刑起始时间符合司法解释的规定。基于司法解释的局限性和执法实践的现状,被告人供述的"由于疏忽,而错误地为白某某减刑"仅是个人认识,不能据此认定对白某某作出的减刑裁定错误,该行为不属于刑法意义上的玩忽职守行为,故河南省人民检察院关于刘某某、王某在对白某某减刑案审理时未尽

---

① (2012)漯刑二终字第15号。
② (2018)豫11刑申21号。
③ (2012)豫法刑抗字第2号。
④ (2012)豫法刑抗字第2号;"刘德山法官被关押15个月后被判无罪:他出来后说些什么",https://new.qq.com/omn/20191214/20191214A09HX800.html?pc,最后访问时间:2021年10月15日。

到审查义务,构成玩忽职守犯罪的抗诉理由不充分。河南省高院裁定驳回抗诉,维持原判。[①]

四、"王某某枉法裁判案"及其结果

王某某原是辽源市中级人民法院的法官,因"郭某甲诉郭某乙合同纠纷案"的二审裁判被检察机关指控涉嫌民事行政枉法裁判罪。在"郭某甲诉郭某乙合同纠纷案"中,2008 年 4 月 29 日,吉林省海外实业有限公司与李某某的妻子金某某签订《林地买卖说明》,林地转让价款为 50 万元。此后,李某某在建安林业站办理林权证相关手续,并登记在郭某甲名下。2015 年,李某某以郭某甲名义(出让方)与郭某乙(受让方)签订了《林地林权转让协议书》。2016 年 1 月 27 日,李某某出面将林权证登记在郭某乙名下。郭某甲依据价款为 600 万元的《林地林权转让协议书》提起诉讼。一审判决被告郭某乙于本判决发生法律效力之日起立即给付原告郭某甲林权林地转让款 542 万元。郭某乙不服,提起上诉,二审维持原判。辽源中院院长李某某将该案提交给该院审委会讨论,并决定再审该案。

法院再审认为,民事诉讼原告应是与本案有直接利害关系的公民、法人和其他组织。本案中,郭某甲不是案涉林权和林地的实际权利人,与郭某乙互不相识,无经济往来,没有民事争议,与本案没有直接利害关系,作为本案原告提起民事诉讼,主体不适格。再审驳回一审原告郭某甲的起诉,撤销了一、二审判决。该案再审改判后,一审和二审的法官皆被控涉嫌民事行政枉法裁判罪。[②] 一审法院认为,被告人王某某身为司法机关工作人员,在民事审判活动中徇私情,故意对应当采信的证据不予采信,违反法定程序作出枉法裁判,侵犯了国家司法机关的正常秩序,其行为构成民事枉法裁判罪,判决王某某 3 年有期徒刑。

一审判决引起诸多争议,主要争议点有:再审尚未有结论就追究法官错案的刑事责任是否合适;法官依职务调查取证是否义务;错判是否枉法等。[③] 王某某不服一审判决提起上诉。2020 年 9 月,王某某和林权案一审法官张某某的家属为他们办理了取保候审手续。此时,王某某被羁押已近 3 年,一审刑期已满,张某某也被羁押近 3 年,距离一审刑期满还有 1 个多月。两起案件二审仍

---

① (2012)豫法刑抗字第 2 号。

② (2017)吉 04 民再 29 号。

③ 参见"一个民案,绊倒两名法官",http://static.nfapp.southcn.com/content/201805/24/c1195020.html,最后访问时间:2021 年 10 月 15 日。

待宣判。①

五、"洛阳种子案"主审法官李某某被撤职事件

在"洛阳种子案"②中,河南汝阳县种子公司与伊川县种子公司签订合同,约定由伊川县种子公司为其代理玉米种子。2003 年年初,汝阳县种子公司以伊川县种子公司没有履约而将其诉至洛阳市中级人民法院,请求赔偿。原告和被告在赔偿损失的计算方法上存在严重争议:原告请求法院适用《中华人民共和国种子法》(以下简称《种子法》)关于种子经营价格应按照市场定价的规定,赔偿其可得利益 70 余万元;被告则请求法院适用《河南省农作物种子管理条例》(以下简称《种子条例》)及河南省物价局、农业厅根据该条例制定的《河南省主要农作物种子价格管理办法的通知》(以下称《通知》)中关于种子经营价格应执行政府指导价之规定,向原告支付赔偿款 2 万余元。因为涉及法律适用的问题,合议庭将此案的审理意见提交洛阳市中级人民法院审委会讨论。审委会没有对初审意见提出异议,经济庭副庭长赵某某签发了判决书。洛阳市中级人民法院对此案作出的一审判决基本支持原告汝阳公司的诉讼请求,判令被告伊川公司赔偿原告汝阳公司经济损失近 60 万元。判决书对法律适用问题进行了说明:"《种子法》实施后,玉米种子的价格已由市场调节,《种子条例》作为法律位阶较低的地方性法规,其与《种子法》相冲突的条款自然无效,而河南省物价局、农业厅联合下发的《通知》又是依据该条例制定的一般性规范性文件,其与《种子法》相冲突的条款亦为无效条款。"

河南省人大常委会认为洛阳市中级人民法院在其民事判决书中宣告地方性法规有关内容无效的行为"实质是对省人大常委会通过的地方性法规的违法审查,违背了我国的人民代表大会制度,侵犯了权力机关的职权,是严重违法行为",要求洛阳市人大常委会"依法行使监督权,纠正洛阳市中级人民法院的违法行为,对直接负责人员和主管领导依法作出处理,通报洛阳市有关单位,并将处理结果报告省人大常委会"。同时,河南省人大常委会办公厅向河南省高级人民法院发出通报,请省高级人民法院对洛阳市中级人民法院的严重违法行为作出认真、严肃的处理,并将处理结果报告河南省人大常委会。根据河南省、洛阳市人大常委提出的处理

---

① "吉林'王成忠案':两位被判枉法裁判罪的法官今日取保候审 二审待宣判",https://m.sohu.com/a/416118172_120031714/,最后访问时间:2021 年 10 月 15 日。

② 参见"种子司引发的法律风波",http://www.legalweekly.cn/article_show.jsp?f_article_id=6095,最后访问时间:2020 年 11 月 18 日。

要求,洛阳市中级人民法院党组拟出一份书面决定,撤销赵某某的副庭长职务和李某某的审判长职务,免去李某某的助理审判员资格。李某某遂抱病休假,并向最高人民法院反映情况。最高人民法院于 2004 年 3 月 30 日作出《关于河南省汝阳县种子公司与河南省伊川县种子公司玉米种子代繁合同纠纷一案请示的答复》,明确《种子条例》与《种子法》存在冲突,法院应当适用上位法,但该答复没有肯定法官宣告下位法"自然无效"的做法。随后,河南省人大常委会通过《河南省实施〈中华人民共和国种子法〉实施办法》,《种子条例》被废止,李某某恢复工作。

六、"徐某某诉彭某人身损害赔偿纠纷案"主审法官王某转岗事件

64 岁的退休职工徐某某在南京水西门广场公交站跑向一辆乘客较少的公交车时,与 26 岁的小伙子彭某发生相撞。急于转车的彭某随即将摔倒在地的徐某某扶起,并与后来赶到的徐某某家人一起将她送往医院治疗,其间还代付了 200 元医药费。之后,徐某某向南京市鼓楼区人民法院提起诉讼,以彭某将其撞倒在地致其受伤为由,索赔 13.6 万余元。审理中,对事故责任及原、被告是否发生碰撞的问题,双方也存在意见分歧。原告认为其是与第一个下车的被告碰撞倒地受伤的;被告认为其没有和原告发生碰撞,其搀扶原告是做好事。南京市鼓楼区法院以城中派出所对原告的询问笔录、对被告讯问笔录的电子文档及其誊写材料等相关证据为依据,根据日常生活经验进行分析,认定原告系与被告相撞后受伤。但法院认为,本次事故的双方徐某某和彭某均无过错,按照公平的原则,当事人彭某对受害人徐某某的损失应当给予适当补偿。法院因此判决彭某给付徐某某损失的 40%,共 45 876.6 元。[①] 判决结束后,彭某不服判决,提起上诉。该案经媒体报道后引起轩然大波,判决书中有关日常生活经验的说理被认为偏离主流价值观而备受批评。该案在南京市中级法院二审期间,彭某与徐某某达成庭前和解协议。[②]

据后来报道,由于多重因素该案被误读成为社会"道德滑坡"的"标志性事件"。迫于舆论压力,南京市政法委不得已公布了该案的实情:彭某在调解过程中承认与徐某某碰撞,并同意承担部分赔偿责任。[③] 该案的主审法官王某被调离法

---

① (2007)鼓民一初字第 212 号。

② 公丕祥:"南京彭宇案双方当事人在二审阶段达成了和解协议",http://www.gov.cn/2008lh/zb/0315b/content_921318.htm,最后访问时间:2021 年 10 月 15 日。

③ 徐机玲:"南京官方披露:彭宇承认与徐老太碰撞",http://news.ifeng.com/c/7fbHFKEhUW6,最后访问时间:2021 年 10 月 15 日。

官职位,被安排在鼓楼区挹江门街道办,后又被安排到挹江门司法所工作。①

第四节　媒体报道的追究法官
裁判责任的其他案例

一、"时某甲、时某乙诈骗案"及其追责情况

被告人时某甲经营河沙生意,为骗取高速公路通行费,通过李某某取得了伪造的武警部队车辆号牌、行驶证、驾驶证、士兵证及作废的武警部队派车单等物品,并使用上述假牌证及两辆"斯太尔"牌货车,经由郑尧高速部分路段运送河沙。该案在一审时,时某乙为弟弟时某甲顶罪,河南省平顶山市中级人民法院查明的事实是:时某乙为逃避过路费,拿着两套假的军车牌照营运,8个月内共计通行2 362次,逃费金额为人民币368.2万余元。法院以诈骗罪判处时某乙无期徒刑。

"天价过路费案"被媒体披露后引起强烈社会反响,平顶山市中级人民法院于2011年1月14日决定启动再审程序。再审查明的事实是:被告人时某甲在2008年5月4日—2009年1月1日,悬挂"WJ19-30055""WJ19-30056"号牌的两辆货车在郑尧高速公路通行共计2 363次,骗取高速公路通行费(按核准装载量计算)计人民币492 374.95元。被告人时某乙在明知拉沙车辆所用武警部队车辆号牌、证件等均系伪造的情况下,从2008年10月底开始全面参与沙场经营活动,骗取高速公路通行费(按核准装载量计算)计人民币117 660.63元。法院以诈骗罪判处被告人时某甲有期徒刑7年,并处罚金5万元;判处时某乙有期徒刑2年6个月,并处罚金1万元;以伪证罪判处时某某、王某某有期徒刑1年,缓刑1年。②

再审期间,河南省高级人民法院党组就以"平顶山中院在审理时某乙诈骗一案时,存在审查不细、把关不严等问题,判决结果损害了人民法院和人民法官的形象,损害了法律的尊严和司法的公信力"为由,决定对相关审判人员予以责任

---

① 王永端:"南京彭宇案原告老太搬家,彭宇辞职 辩护律师离职",http://news.sohu.com/20110928/n320841985.shtml,最后访问时间:2021年10月15日。

② 参见"河南农民两套假军车牌偷逃368万过路费被判无期",https://news.sohu.com/a/20110112/n278810186.shtml;"河南'天价过路费案'宣判 主犯时军锋获刑7年",https://henan.qq.com/a/20111216/000018.htm,最后访问时间:2021年10月15日。

追究,具体如下:"(1)平顶山中院刑一庭主审法官娄某某对案件证据审查不细,把关不严,免去其助理审判员职务,调离审判岗位,接受培训,等候处理。(2)平顶山中院刑一庭庭长侯某某领导不力,负有主要责任,失职,责令平顶山中院依照法律程序提请免去侯某某刑一庭庭长职务,接受培训,等候处理。(3)平顶山中院副院长任某某作为主管院长,主持审委会把关不严,没有尽到应尽职责,经商平顶山市委同意,对其停职检查。(4)平顶山中院院长郭某某作为院长,要对全院负责,干部教育培训管理不到位,对其诫勉谈话。(5)责成平顶山中院向省高院、平顶山市委写出检查,对平顶山中院在全省通报批评。"①

二、"杨某某交通肇事案"及其追责情况

在这个案件中,被告交通肇事造成三死两伤和被害人车辆损失 42 850 元。在受害人家属没有得到赔偿的情况下,主审法官水某以三门峡市湖滨区法院出具的公函认定杨某某积极赔偿被害人家属部分经济损失 90 余万元,应从轻处罚,判处被告有期徒刑两年。由于判决与事实不符,面对质疑,主审法官称是因为"眼睛花",判错了,从而引起舆论关注。该案经原审法院再审改判。在案件得到再审的情况下,三门峡市政法纪工委、三门峡中级人民法院分别启动了责任追究程序,依据有关规定对相关责任人分别作出以下处理:陕县人民法院审判员水某涉嫌违法犯罪,根据河南省高级人民法院《错案责任终身追究办法(试行)》的规定,已移交司法机关查处;陕县人民法院刑庭庭长吕某某不认真履行管理监督职责,审核把关不严,根据《中国共产党纪律处分条例》有关规定,陕县纪委给予其党内严重警告处分;陕县人民法院副院长霍某某作为主管刑事审判工作的领导,审核把关不严,对问题的发生负有领导责任,根据《中国共产党纪律处分条例》有关规定,陕县纪委给予其党内警告处分;湖滨区人民法院后川法庭庭长翟某某给陕县人民法院出具的复函存在明显瑕疵,湖滨区人民法院党组给予其诫勉谈话。②

三、"修某某诉王某某伤狗赔偿案"及其追责情况

原告修某某到沈阳市爱心宠物医院看病时,被告王某某驾驶的出租车将狗

---

① "河南高院通报时建锋一案进展情况",http://news.sohu.com/20110116/n278898636.shtml,最后访问时间:2021 年 10 月 15 日。

② "河南法官'眼花案'改判主审法官被查处",http://www.chinanews.com/fz/2012/04 - 23/3840131.shtml,最后访问时间:2021 年 10 月 15 日。

撞伤,经有关部门鉴定,该狗无法治愈,为终身残疾。致残前该狗价值2.3万元。事后,修某某以要求财产损害赔偿诉至沈阳市皇姑区人民法院。法院一审判决王某某赔偿修某某财产损失6 900元,评估费207元。宣判后,王某某不服,以修某某所饲养的犬系非观赏犬,且散放在一级马路上,违犯了《沈阳市犬类管理实施细则》关于"不准携带非观赏犬进入公共场所"等规定为由,上诉至沈阳市中级人民法院。沈阳市中级人民法院认为,修某某以沈阳树脂有限公司的名义办理养犬许可证,不具有饲养非观赏犬的资格;违反市政府有关规定,将该犬散放在绕城公路以内的一级马路上,后果应自负。二审改判后,法院对办案法官王某甲给予行政记过处分;对审判长洪某行政记过处分,并免去审判长职务;对审判员黄某某给予通报批评。①

第五节　我国法官裁判责任追究的特点

　　从上述个案追责的具体情况来看,我国法官裁判责任追究呈现出以下特点。

　　一是就法定形式的责任追究而言,被追责的错案数量少,较多冤案尚未启动追责程序。通过公开途径能够找到的追责案例是非常有限的,能够找到的案例在上文都已进行了相应介绍。有记者盘点过10起冤案的追责情况也能印证上述情况。其中,只有3起冤案已经进行追责,安徽于某某案②已启动追责程序,其他案件均未明确启动追责程序。③ 虽然有的冤案纠正后法院表示要追责,但事实上并未追责。例如"陈某杀人放火案"④被纠正后,一位工作人员告诉记者,他们不会推卸责任,但至于何时开启追责还没有具体的时间表。"我们案子办错

---

　　① 参见"'的哥'最终打赢'狗官司' 一审法官受处分",http://news.sina.com.cn/s/282726.html,最后访问时间:2021年10月15日。

　　② 参见"于英生杀妻冤案始末回顾",http://ah.anhuinews.com/system/2015/01/19/006659736.shtml,最后访问时间:2020年9月30日。

　　③ 参见"盘点10起冤案追责情况 赵作海案等3起已处理",http://news.sina.com.cn/c/2014-12-18/023931297418.shtml,最后访问时间:2021年10月15日。

　　④ 1992年,陈某因涉嫌故意杀人与纵火,在海口被捕。1994年,在全部物证丢失仅凭口供的情况下,陈某被海口市中级人民法院判处死刑,缓期2年执行,剥夺政治权利终身。宣判后,海口市人民检察院以原判对陈某量刑过轻,应判处其死刑,立即执行等为由,向海南省高级人民法院提出抗诉,海南省人民检察院支持抗诉。1999年4月15日,海南省高级人民法院二审裁定,驳回抗诉,维持原判。陈某及其家人不断申诉。2015年2月10日,最高人民检察院以海南高级人民法院对陈某案的裁定"认定事实错误,导致使用法律错误"为由,向最高人民法院提出抗诉。2016年2月1日,浙江省高级人民法院依法对陈某故意杀人、放火再审案公开宣判,撤销原审判决,宣告陈某无罪。参见"'国内已知被关最久冤狱犯'陈满23年后宣告无罪",http://news.sohu.com/20160201/n436508692.shtml,最后访问时间:2021年10月15日。

了,相关人员承担法律责任,我们从不推卸,在'两会'上,董院长也表态了,如何追责?法院对一审和二审判错的情况也进行了梳理……不是法院一家的责任。应该由上面几家的领导来牵头对公检法几个环节进行处理。"①

二是对法官追究裁判责任通常都有特定的外在原因。从被追责的具体个案来看,引起裁判责任追究的外在原因主要有以下几种。

首先,为了回应社会舆论的压力。对重大冤案的追责多是如此。此外,"李某某诉张某某等借款纠纷案"的主审法官莫某某被启动刑事追责程序并最终离职,是因为该案被告张某某夫妇在法院门外喝农药自杀身亡引起社会关注,莫某某被认为枉法裁判。"徐某某诉彭某人身损害赔偿纠纷案"的法官被调离,是因为主审法官在一审判决中对原、被告相撞事实认定的推理分析被社会舆论强烈批评偏离主流价值观。"时某甲、时某乙诈骗案"的法官被免职和调离审判岗位以及负有一定审判管理职能的法官被处分,是因为该案一审法院计算出的天价过路费和被告替罪等对司法公信力造成了负面影响。

其次,为了回应人大的追责压力。对"洛阳种子案"主审法官李某某进行处理的要求就是河南省人大常委会和洛阳市人大常委会提出的,对此情况,前文已有详细介绍。

再次,为了树立正面社会效应。例如对"杨某某交通肇事案"法官水某的追责,不仅要回应社会舆论的压力,而且更重要的是要宣传河南省高级人民法院的错案责任追究制。该案的被纠正恰好是在河南省高级人民法院刚刚出台《错案责任终身追究办法》之时,该案被作为典型案件首次问责。为达到宣传效果,河南省高级人民法院院长、纪检组组长接受了央视的采访,并制作了专题报道,详细介绍了《错案责任终身追究办法》和该案的追责情况,宣传河南省高级人民法院制定《错案责任终身追究办法》对防范错案的意义,表明河南省高级人民法院对错案追责的态度和决心。② 这样的宣传性报道在其他地方也可以找到不少,例如 2007 年云南省巧家县人民法院就曾报道,该院自 2005 年以来共确定 24 件错案,追究责任人 73 人(次),其中一案是经审判委员会讨论确定,上诉后被中级法院重大改判,在追究责任过程中,追缴包括院长和两名副院长在内的 6 名持错

---

① "陈满蒙受 23 年不白之冤,海南高院表示追责还无时间表",http://china.cnr.cn/yaowen/20161107/t20161107_523247557.shtml,最后访问时间:2021 年 10 月 15 日。

② "河南高院院长:法官眼花错误不可原谅将追责到底",https://news.sohu.com/20120425/n341535694.shtml,最后访问时间:2021 年 10 月 15 日。

误观点审判委员会委员责任金各 200 元。① 这样的报道主要功能就是宣传。

三是在一些个案中,追责的事实依据和规则依据不清,存在仅依据裁判结果追究法官责任的情况。从所列举的具体裁判责任追究的情况来看,除了对法官追究刑事责任的案件外,其他案件都只公布了对法官的具体处分结果,而没有公布处分所依据的事实和具体的规则。例如,河南省高级人民法院虽然公布了"时某甲、时某乙诈骗案"的主审法官被追责的理由,但是"审查不细、把关不严"这个理由比较含糊,也不是最高人民法院《违法审判责任追究办法》和河南省《错案责任终身追究办法》中所规定的追责理由。在"邹某某、袁某某盗窃案"中,合议庭另一成员袁某甲仅仅因为同意主审人汪某某的意见而被给予行政记过处分,②这显然是只根据裁判结果被改变而追究了法官责任。而"徐某某诉彭某人身损害赔偿纠纷案"的主审法官被调离,是否经过了正常的处分程序更是不得而知,而如果主审法官是因为推理理由不符合主流价值观而被调离,这显然不是《违法审判责任追究办法》所规定的追责理由,法官事实上仅因裁判结果而承担了不利后果。

四是党纪责任和法纪责任没有厘清,追责程序不规范。党纪和法纪的追究混在一起,这在"呼某流氓案、故意杀人案"的追责中体现得很充分,一些被处分的法官都是同时接受党纪处分和法纪处分。③ 而在"时某甲、时某乙诈骗案"的追责过程中,作出处理决定的是河南省高级人民法院党组,且处理决定是在再审案件尚未审结的时候。④

五是追究了审判管理责任。在"呼某流氓案、故意杀人案"的追责中,时任呼和浩特市中级人民法院院长和内蒙古自治区高级人民法院刑一庭庭长都被追究了责任,但追究的是党纪责任。在"时某甲、时某乙诈骗案"的追责中,平顶山中级人民法院刑一庭庭长、副院长、院长都因管理不到位而被追究了责任,甚至平顶山中级人民法院还向河南省高级人民法院、平顶山市委写出检查,且在全省被通报批评。⑤

---

① 张正勇:"巧家县法院加大错案追究力度 确保案件质量",http://www.gy.yn.gov.cn/Article/Print.asp?ArticleID=12127,最后访问时间:2016 年 6 月 19 日。

② "河南泌阳错案国家赔偿款到位 4 名法官被追究责任",https://www.chinanews.com/gn/news/2009/01 - 12/1523341.shtml,最后访问时间:2021 年 10 月 15 日。

③ 参见"内蒙古公布呼格吉勒图案追责结果",http://www.gov.cn/xinwen/2016 - 02/01/content_5037895.htm,最后访问时间:2021 年 10 月 15 日。

④ 参见"河南高院通报时建锋一案进展情况",http://news.sohu.com/20110116/n278898636.shtml,最后访问时间:2021 年 10 月 15 日。

⑤ 参见"河南高院通报时建锋一案进展情况",http://news.sohu.com/20110116/n278898636.shtml,最后访问时间:2021 年 10 月 15 日。

第四章　法官裁判责任追究：
域外实践

有学者认为,"在法律现代化过程中,随着法官素质与社会威望的提高,错案追究制度逐渐消失"。[①] 事实是否如此? 欧洲法官咨询委员会曾对 28 个国家追究法官刑事责任和民事责任的情况和 27 个国家对法官进行纪律处分的情况进行了调查,选取的国家主要是欧洲国家,此外,还有横跨欧亚的土耳其和亚洲的日本。[②] 虽然信息不是很完整,但从调查情况中可以看到,对错误裁判的追责并没有完全消失,各国对于裁判错误是否追究法官裁判责任、在多大范围追究法官裁判责任,有不同的制度安排。这个调研显然过于简单,对法官裁判责任追究的域外情况尚需进行更加具体的研究。

我国有关法官裁判责任方面的研究对域外情况的介绍比较零散,对域外情况的认识也存在不全面、不准确的问题。本章将对德、法、俄、日、英、美 6 个国家对法官裁判责任追究和豁免的具体实践进行全面和详细的介绍,前 4 个国家法律制度具有大陆法系的特点,英美两国法律制度是普通法系的代表。笔者通过对这 6 个国家相关制度的考察,试图分析具有不同法律传统的国家在法官裁判责任制度方面存在的差别,并探寻现代法治国家在法官裁判责任制度方面的共同特点。

第一节　德、法、俄、日法官裁判
责任的追究与豁免

一、德国的制度

德国对故意违法裁判主要追究法官的宪法责任、宪法相关法责任和刑事责

---

① 周永坤:《错案追究制与法治国家建设——一个法社会学的思考》,《法学》1997 年第 9 期。

② 怀效锋:《司法惩戒与保障》,法律出版社 2006 年版,第 421—432 页。

任,免除了法官裁判错误未构成犯罪时的民事赔偿责任。

(一) 宪法责任

《德国联邦共和国基本法》第 98 条第 2 款规定:"联邦法官在履行公务时,或者履行公务之外违反基本原则或州宪法秩序的,联邦宪法法院可根据联邦议院的请求,以 2/3 多数命令将该法官调任其他职务或令其退休。属故意违法的,可予以免职。"[①]然而,基本原则和宪法秩序的含义是如此宽泛,且截至目前也没有出现一起法官被免职的实例,因此,无法确定免除法官职务的具体事由,也无法确定对裁判错误是否可以追究宪法责任。

(二) 宪法相关法责任

在德国,法官属于公务员序列,除法律另有规定外,对法官的管理适用《德国公务员法》和《德国联邦公务员惩戒法》。《德国联邦公务员惩戒法》第 2 条规定了对公务员予以惩戒在业务上的适用范围,主要是公务员在履职期间实施的渎职行为,[②]渎职行为主要是《联邦公务员法》第 77 条第 1 款所规定的未履行义务,即"公务员有责地违反其所承担的义务的,属于渎职。在职务之外,根据具体的情况,只有严重影响了对其职务应有的信任或者严重影响了公务员制度的,违反义务的行为始可被认为是渎职。"对于退休公务员的惩戒范围,除了第 1 款的规定外,还有第 2 款所规定的未履行义务:"(1) 实施违反《基本法》意义上的自由民主的基本秩序的行为;(2) 参与旨在影响联邦德国的存在或安全的行为的;(3) 违反保密义务、告发义务、在公务员关系结束后的禁止事项,或者违反禁止接受报酬、礼物和其他利益的规定的;(4) 违反第 46 条第 1—2 款、第 57 条的规定,有责地不接受进入公务员关系的新的任命。"[③]关于业务上的适用范围,《德国联邦公务员惩戒法》对法官未进行特别规定。根据德国学者的介绍,法官在以下情况下会被追究裁判责任:"一位法官未能适用一部众所周知的一般性法令,或者适用一部已经正式废除的法令,或者对联邦宪法法院有拘束力的决定置之不理,那么可以对其进行制裁。"[④]

(三) 刑事责任

《德国刑法》第 339 条规定:"法官、公务员或仲裁员在领导或裁判案件时,

① 《世界各国宪法》编辑委员会:《世界各国宪法·欧洲卷》,中国检察出版社 2012 年版,第 191 页。
② 《德国公务员法 德国联邦公务员惩戒法》,徐久生译,中国方正出版社 2014 年版,第 101 页。
③ 《德国公务员法 德国联邦公务员惩戒法》,徐久生译,中国方正出版社 2014 年版,第 58—59 页。
④ 怀效锋:《法院与法官》,法律出版社 2006 年版,第 340 页。

为有利于一方当事人或不利于一方当事人而枉法的,处 1 年以上 5 年以下自由刑。"①德国对故意作出的违法错误裁判追究法官刑事责任,而对于过失造成违法错误裁判的情况,法律没有规定法官的刑事责任。

（四）民事责任

《德国民法典》第 839 条第 1 款规定:"公务员故意或者过失违背其对于第三人应尽的职务义务的,应当赔偿第三人因此而产生的损害。仅因公务员的过失造成损害的,只有在受害人不能以其他方式得到赔偿时,始得向公务员要求赔偿。"②这表明公务员对其职务行为要承担民事责任。但是该条第 2 款规定:"公务员在对诉讼案件作出裁判时违背其职务义务时,仅在违背职务义务涉及犯罪行为时,始对由此产生的损害负赔偿责任。对违背职务义务拒绝或者延迟执行职务的,不适用上述规定。"这一条显然是针对法官的,并对法官违反职务义务的民事责任作出了和其他公务员不同的规定,豁免了法官对职务义务的违反在未达到犯罪程度时的赔偿责任。

有学者认为"德国国家赔偿法"有这样的规定:国家因错误裁判对受害人承担赔偿责任,但国家保留在法官存在故意或重大过失造成的裁判错误的追偿权力。③ 这个观点不准确。德国的确在 1980 年起草了统一的《国家赔偿法》(草案),虽然获得了联邦众议院通过,但联邦参议院没有通过,被宣布为无效,④因此德国没有专门的"国家赔偿法"。

二、法国的制度

法国是在宪法相关法责任,即纪律惩戒方面留有就裁判错误对法官追究责任的空间,此外,对故意违法裁判也追究法官的刑事责任。

（一）宪法相关法责任

根据法国《宪法》第 65 条规定:在最高司法委员会中设置的法官事务组作为法官惩戒委员会行使裁决职权,⑤但宪法没有规定惩戒事由。根据《司法官地位组织法》第 43 条规定:"司法官违反诚信、谨慎、正直等职业要求的所有过错,

---

① 《德国刑法典》,徐久生、庄敬华译,中国方正出版社 2004 年版,第 169 页。

② 《德国民法典(Bürgerliches Gesetzbuch)》,https:// www. gesetze-im-internet. de/bgb/BGB. pdf,最后访问时间:2021 年 7 月 12 日。

③ 陈雅丽:《豁免权研究——基于宪法的视域》,中国法制出版社 2011 年版,第 136 页。

④ 汤鸿沛、张玉娟:《德国、法国与中国国家赔偿制度之比较》,《人民司法》2005 年第 2 期。

⑤ 《世界各国宪法》编辑委员会:《世界各国宪法·欧洲卷》,中国检察出版社 2012 年版,第 276 页。

均构成可惩罚的违纪行为。"①根据该法第 1 条的规定,司法官包括法官、检察官和隶属司法部的司法官。第 43 条规定的违纪行为比较抽象,违纪行为是否包括裁判错误不是很清晰。从实践来看,根据《法国法官最高委员会 2000 年司法惩戒报告》显示,有被调查的预审法官在执法过程中存在引用法律条文混乱的现象而被法官最高委员会认定为职责履行不力。②《法国法官最高委员会 2001 年司法惩戒报告》指出,如果初审法官习惯性地或系统性地表现出判断错误是可以被认定为职业错误的。③《最高司法委员会 2019 年报告》所归纳的法官错误行为包括"专业不足"(insuffisance professionnelle)。④ 从这些报告可以看出,法国对法官裁判错误留有一定的追责空间。

(二) 刑事责任

《法国刑法典》第 434 - 7 - 1 条规定了法官拒绝裁判应承担的刑事责任,⑤第 434 - 9 条规定了包括法官、陪审员在内的各种承担一定解决纠纷职能的人实施了"无权但于任何时候,为本人或他人利益,直接或间接索要或接受奉送、许诺、馈赠、礼物或其他任何好处,以完成或已经完成或者以放弃或已经放弃其职务提供便利的行为"所应承担的刑事责任。⑥ 该规定表明,法国对徇私枉法裁判是追究法官的刑事责任的。

(三) 关于民事责任

《法国民法典》没有像《德国民法典》那样就法官的裁判责任作出规定。《司法官地位组织法》第 11 - 1 条规定:"司法官仅为个人错误负责。司法官犯了个人错误,其责任仅由国家公权力机关以国家追索行为进行。该追索行为由最高司法法院的民事庭进行。"⑦由此可以认为,无论法官是否存在主观上的过错,法

---

① 最高人民法院政治部:《域外法官组织和法官管理法律译编》(下册),人民法院出版社 2017 年版,第 518 页。

② 怀效锋:《司法惩戒与保障》,法律出版社 2006 年版,第 318—319 页。

③ 怀效锋:《司法惩戒与保障》,法律出版社 2006 年版,第 311 页。

④ Rapport annuel d'activité 2019 du Conseil Supérieur de la Magistrature, 7 Juillet, http://www.conseil-superieur-magistrature.fr/publications/rapports-annuels-dactivite/1192,最后访问时间:2021 年 7 月 12 日。

⑤ 《法国刑法典》第 434 - 7 - 1 条:"司法官、司法体制中任职的其他任何人或者任何行政当局,在接到裁判请求后拒绝作出裁判,或者在其上级发出警告或命令之后仍拒绝作出裁判的,处 7 500 欧元罚金,并在 5—20 年内禁止担任公职。"参见《最新法国刑法典》,朱琳译,法律出版社 2016 年版,第 219 页。

⑥ 参见《最新法国刑法典》,朱琳译,法律出版社 2016 年版,第 219—220 页。

⑦ Ordonnance 58 - 1270 du 22 décembre 1958 portant loi organique relative au statut de la magistrature, Article 11, https://www.legifrance.gouv.fr/affichTexte.do? cidTexte = JORFTEXT000000339259,最后访问时间:2021 年 7 月 12 日。

国都不就裁判结果追究法官的民事责任。

从法律规定来看,法国对法官的故意违法裁判显然是要追究法官责任的,对法官过失裁判错误应该说也留有追责空间,但从一些法官的言论来看,不能仅因裁判结果追究法官责任的观念在法国似乎已被接受。例如法国最高法院首席大法官吉·加尼维指出,"对于法官的司法行为,原则上,它们是不受法官行为规范所管辖的。有一条广泛被引用的理由是这样叙述的:司法纪检机关不能对法官的任何司法行为作出评价。法官的司法行为是法官的专有权力,能对此提出疑义的只有不服从判决、要求上诉的被管辖人。""实际上,上述规定是对法官的过失和错判之间的区分,法官的错判只能通过上诉来纠正。"①另有法官在介绍法国司法惩戒制度的时候也明确指出,对司法裁判的内容,"在法国是不能追究法官责任的,无论是追究判决的动机,还是追查错误事实的法律依据。"②

三、俄罗斯的制度

俄罗斯对故意违法裁判追究法官的多种责任。

(一)宪法相关法责任

根据《俄罗斯联邦法官地位法》第 14 条第 9 项规定:"法官实施了玷污法官名誉和尊严或者有损失司法权威行为的,法官授权终止。"③第 16 条第 2 款规定:"如果法院发生法律效力的判决不能确定法官有违法滥判之罪或者枉法作出不公正判决、裁决或者其他司法决定,那么,法官包括任期届满的法官不得因其在履行司法权时表达的意见和法院作出的判决而被追究任何责任。"④从这个规定可以看出,法官要对其违法滥判和枉法裁判承担责任。

(二)国家赔偿之追偿责任

这是宪法相关法责任中的一种形式。根据我国学者的研究,俄罗斯有立法文件规定,由于非法判刑、非法追究刑事责任、非法采取羁押或者具结不离境强制措施、非法处以拘留或者改造等形式的行政处分给予公民造成的损害,不是调查机关、预审机关、检察机关和法院公职人员的过错,都由国家按照立法文件的规定给予赔偿。此外,俄罗斯国家赔偿立法中还对有关国家追偿权进行了专门规定,即国家机关公职人员在履行职责过程中的侵权行为给公民或法人造成的

---

① 怀效锋:《法官行为与职业伦理》,法律出版社 2006 年版,第 309 页。
② 怀效锋:《法官行为与职业伦理》,法律出版社 2006 年版,第 129 页。
③ 怀效锋:《法官行为与职业伦理》,法律出版社 2006 年版,第 525 页。
④ 怀效锋:《法官行为与职业伦理》,法律出版社 2006 年版,第 539 页。

损害,如果属于主观上故意或重大过失,国家给予补偿后,得要求致害人员支付一定数量的金钱,但数额不超过该人员月工资的 1/3。①

(三) 刑事责任

《俄罗斯联邦刑事法典》对应当追究法官刑事责任的违法滥判之罪有两条规定。其中第 299 条规定:"(1) 将明知无辜的人绳之以法——判处不超过 7 年的剥夺自由刑。(2) 同一行为,再加指责某人犯下严重或特别严重的罪行,或造成重大损失或其他严重后果——可处以 5—10 年的徒刑。(3) 非法启动刑事案件,如果该行为是为了阻碍企业家活动或处于自私或者其他个人利益的目的而实施,并以此终止企业家活动或造成重大损失——可处以 5—10 年的徒刑。(注意: 此处的重大损失是金额超过 150 万卢布的损失)。"第 305 条规定:"(1) 法官(法官团体)宣告的一项故意不公正的判决、决定或者其他司法行为——应当判处数额为 30 万卢布以下或者被判罪者人 2 年以内工资或其他收入的罚金刑,或者处以为期 4 年以下剥夺自由刑。(2) 实施上述行为,兼具法院非法下达裁处剥夺自由刑的刑事案判决或具有导致其他严重后果的情形——应当判处为期 3 年以上 10 年以下剥夺自由刑。"②

从这两条的规定来看,因裁判对法官追究刑事责任要以法官故意违法裁判为条件。《俄罗斯联邦刑事法典》未对法官过失造成裁判错误的情况规定刑事责任。

四、日本的制度

在日本,法官被称为裁判官。日本在法官因故意或重大过失造成裁判错误的情况下要追究法官责任,责任类型涉及宪法责任、宪法相关法责任和刑事责任。

(一) 宪法责任

《日本宪法》第 64 条规定:"国会为审判受到罢免控诉的法官,设立由两议院之议员组成的弹劾法院。"③《日本法官弹劾法》第 2 条所规定的法官应被弹劾的两种情形是:"(1) 严重违反职务上的义务,或者严重失职的;(2) 无论是否与职务相关,严重丧失法官威信的其他不当行为的。"④从条文上看,日本弹劾法官的

---

① 参见刘建平:《中外国家赔偿制度研究》,武汉出版社 2005 年版,第 219—220、221 页。

② 《俄罗斯联邦刑法》, Официальный интернет-портал правовой информации, 俄国法律信息官方网站, http://pravo.gov.ru/proxy/ ips/?docbody&-nd=102041891, 最后访问时间: 2021 年 7 月 12 日。

③ 《日本国宪法》, e-GO 法令检索, https://elaws.e-gov.go.jp/document?lawid=321CONSTITUTION_19470503_000000000000000&keyword=日本国宪法, 最后访问时间: 2021 年 7 月 12 日。

④ 最高人民法院政治部:《域外法官组织和法官管理法律译编》(下册),人民法院出版社 2017 年版,第 725 页。

理由比较抽象,对追责事由是否包含裁判错误需要从实践中寻找线索。从弹劾的具体情况来看,"截至目前,日本通过法官弹劾程序审理法官罢免事由的案件共9件,其中7件被裁定罢免法官资格。"①这9个案件的主要追诉事由都与案件裁判无关。② 但是,在法官诉追委员会决定暂缓诉追案件中,有一个案件与裁判相关。这个案件的情况是:当事人接受案件调解之日,由于获得代理权限的代理人没有出现,也没有确认调解的结果,书记官在其记录上进行了记载,且提醒注意。法官的裁决却依照该项调解结果进行了裁决,但该法官的裁决没有对代理人未确认一事进行补正。法官诉追委员会根据《日本法官弹劾法》第2条第1款的规定,认为法官疏忽了其行为,但是由于难以证明该行为系法官故意为之,且该法官已经依据《日本法官身份法》之规定接受了禁闭处分,有鉴于此,对其作出了暂缓不诉追决定。③ 这个法官虽然没有被追责,但是从该案中可以看到,如果是故意违法造成错误裁判的则要被追责。

(二)宪法相关法责任

《日本法院法》第49条规定:"法官违反职务上的义务,或者怠慢职务,又或者存在辱其品格的行为,基于其他法律所规定,通过审判对其进行惩戒。"④根据《日本法官身份法》第2条规定,惩戒的方式主要是警告或10 000日元以下的罚款。⑤ 从上述规定来看,对法官的惩戒事由和弹劾事由基本相同,若从宪法责任的实际追究情况来看,对法官的惩戒事由应当包含故意违法造成裁判错误的情形。

(三)国家赔偿之追偿责任

《日本国家赔偿法》第1条规定:"行使国家或公共团体之公权力的公务员,就行使其职权,因故意或过失而违法地给他人造成损害的,国家或公共团体承担赔偿责任。在前款情形中,公务员有故意或重大过失的,国家或公共团体对该公务员有追偿权。"⑥从立法者的意思来看,本条中的公权力包括司法权,公务员包括法官。⑦ 不过,从实践来看,对法官是否适用该条款存在分歧,在下级法院,既

---

　①　于熠、潘萍:《日本司法责任制度研究》,武汉大学出版社2019年版,第40页。

　②　于熠、潘萍:《日本司法责任制度研究》,武汉大学出版社2019年版,第82—83页。

　③　于熠、潘萍:《日本司法责任制度研究》,武汉大学出版社2019年版,第49—50页。

　④　于熠、潘萍:《日本司法责任制度研究》,武汉大学出版社2019年版,第141页。

　⑤　《裁判官分限法》(昭和二十二年法律第百二十七号),e-GO法令检索,https://elaws.e-gov.go.jp/document?lawid=322AC0000000127_20150801_000000000000000&keyword=裁判官分限法,最后访问时间: 2021年7月12日。

　⑥　〔日〕宇贺克也:《国家补偿法》,肖军译,中国政法大学出版社2014年版,第82、84页。

　⑦　〔日〕宇贺克也:《国家补偿法》,肖军译,中国政法大学出版社2014年版,第29、108页。

有对法官适用该条例的案例,也有否定对法官适用该条款的案例。① 日本最高法院对法官适用《国家赔偿法》持肯定态度,其在相关案例中指出,对法官所实施的职务行为,一般适用国家赔偿法,对法官所作的判决,虽有源于其本质的制约,但并不当然排除该法的适用。② 因此,根据最高法院的意见,对于法官因故意或重大过失造成错误裁判的,国家在承担赔偿责任后可以向法官追偿。

(四)刑事责任

在《日本刑法典》中没有专门针对法官违法裁判的罪名,但该法第 193 条针对公务员规定了滥用职权罪:"公务员滥用职权,使他人履行没有义务履行的事项,或者妨害他人行使权利的,处二年以下惩役或者监禁。"③这里的公务员包括法官。在实践中,极少有法官因为该罪名被追诉。

第二节　英、美法官裁判责任的豁免

一、英国的制度

英国的法官分为平民治安法官、兼职法官和其他较高级的专职法官,英国不对裁判结果追究法官的责任。

(一)宪法责任的豁免

英国是实行不成文宪法的国家,宪法由各个历史时期制定的宪法性法律组成。在英国宪制改革之前,英国法律中有关法官责任制度的内容很少,"非正式的方法仍然是对英国法官进行纪律处罚的主要或唯一的手段。"④正式的方法是免职,对平民治安法官,司法大臣可以随时予以免职;兼职法官任期满后可不予续任;其他较高级的专职法官,经国会两院提议而罢免。⑤ 在宪制改革后,根据《宪制改革法》第四编第三章第 108 条规定:"首席法官可出于纪律原因对司法公职人员提出正式建议、警告或训诫。"⑥那么,这些追责方式是否可以适

① ［日］宇贺克也:《国家补偿法》,肖军译,中国政法大学出版社 2014 年版,第 110 页。
② ［日］宇贺克也:《国家补偿法》,肖军译,中国政法大学出版社 2014 年版,第 109 页。
③ 《日本刑法典》,张明楷译,法律出版社 2006 年版,第 72 页。
④ 怀效锋:《司法惩戒与保障》,法律出版社 2006 年版,第 37 页。
⑤ 雷飞龙:《英国政府与政治》,台湾商务印书馆 2010 年版,第 434 页。
⑥ "Constitutional Reform Act 2005", https://www.legislation.gov.uk/ukpga/2005/4/contents.最后访问时间:2021 年 7 月 12 日。

用于裁判错误？

首先，在英国，裁判结果不是免除法官职务的事由。早在 1701 年《王位继承法》的第 3 条中就包含了这样的规定：只要法官表现良好，其职位就可以一直保留。[①] 1760 年后，法官任期也不因国王去世而中断。[②] 法官表现良好就保留职位的原则在后来的法律中也得到确认。例如 1876 年《上诉管辖法》第 6 条有关上诉大臣任命的条文中包含了这样的规定："每位上诉大臣在举止良好时都应担任职务，尽管国王薨逝，也应继续担任职务，但可以在议会两院请求时将其免职。"[③]1981 年《最高法院法》第 11 条第 3 款也规定：法官"应在举止良好时担任该职务，但女王有权在国会两院请求时将其免职"。[④] 不过，"处于各种实践中的目的，英国较高级别法院的法官们实际上就是不可免职的了。"[⑤]由于免职程序不启动，这实际上等于完全豁免了法官因为职务行为的宪法责任。

其次，裁判结果也不是纪律处分的事项。根据《宪制改革法》第 110 条规定，监察专员享有对任何人士行使受监管的纪律惩戒职能的行为进行审查的权力，但该条第（6）项规定："监察专员不得针对任何人士作出的法庭裁决的实体内容进行审查。"[⑥]此外，2014 年英国根据《宪制改革法》的精神、规则以及授权规定制定了《2014 年司法纪律（程序）规则》，并于 8 月 18 日生效，适用于法官、验尸官以及其他根据 2005 年《宪法改革法》第 118 条扩展适用的官员。[⑦] 与其同时生效的还有若干司法行为规则和指南，包括《司法行为规则（治安法官）》《司法行为规则（法官）》《司法行为规则（裁判所）》《司法行为规则（治安法官）补充性指南》《司法行为规则（法官及其他人员）补充性指南》《司法行为规则（裁判所）补充性指南》。其中，《司法行为规则（治安法官）》第 32 条、《司法行为规则（法官）》第 21 条、《司法行为规则（裁判所）》第 34 条所规定的可以驳回投诉的事项中第（b）项

① "Act of Settlement 1701"，http://www.jacobite.ca/documents/1701settlement.htm.最后访问时间：2021 年 7 月 12 日。

② 程汉大、李培锋：《英国司法制度史》，清华大学出版社 2007 年版，第 151 页。

③ "Appellate jurisdiction Act"，http://www.legislation.gov.uk/ukpga/Vict/39-40/59/section/6/enacted.最后访问时间：2021 年 7 月 12 日。

④ "The Supreme Court Act 1981"，http://www.legislation.gov.uk/ukpga/1981/54/section/11/enacted.最后访问时间：2021 年 7 月 12 日。

⑤ ［美］亨利·J.亚伯拉罕：《司法的过程》，泮伟江译，北京大学出版社 2009 年版，第 54 页。

⑥ 最高人民法院政治部：《域外法院组织和法官管理法律译编》（上册），人民法院出版社 2017 年版，第 230 页。

⑦ "The Judicial Discipline (Prescribed Procedures) Regulations"，https://s3-eu-west-2.amazonaws.com/jcio-prod-storage-1xuw6pgd2b1rf/uploads/2015/12/uksi_20141919_en.pdf.最后访问时间：2021 年 7 月 12 日。

都是"与司法决定或司法案件管理有关而与不当行为无关的"。①

（二）民事责任的豁免

对法官职务行为之民事责任的豁免在英国有着悠久的历史传统，司法豁免原则是随着当事人上诉权的产生而产生的。在10—11世纪的英国，当事人不服判决是没有上诉权的，但败诉的当事人可以以错误判断为由质疑对其不利的判决。诉讼当事人可以请求撤销错误判决，也可以寻求对法官处以罚款。随着上诉权的获得，它取代了对法官的罚款，司法豁免原则逐渐发展起来。② 豁免法官司法责任的重要案件可以追溯到1607年由库克勋爵判决的"弗洛伊德诉巴克案"。该案判决指出，王国的法官对国王下属的所有臣民拥有司法管理权，除非是在国王面前，法官对于其作为法官所做的、国王委托给他的、其职责范围内的任何事情都不应在任何其他法官面前因为任何腐败的猜测而被质疑。③ 在"弗洛伊德诉巴克案"后，因职务行为致损的民事责任的司法豁免原则成为一项重要的司法原则。这个原则在1670年"巴谢尔案"中也得到充分体现。在该案中，伦敦刑事法院对"佩恩非法集会案"陪审团的罚款判决被普通法院推翻后，陪审员对伦敦市长和法官的错误判决提起诉讼，这个诉讼被普通法院驳回，理由是：找不到任何合法根据可以对法官的职务行为提起控告。尽管该案被告人犯有错误，但这个错误是他们在履行司法职能时犯的，因此，没有理由对该案被告人提起诉讼。④ 在1975年发生的"西罗斯诉穆尔案"中，原告向法官和警察提起诉讼，要求对人身侵犯和错捕进行赔偿。丹宁勋爵在该案中再次指出，"法官的言论受到一项绝对特权的保护，他发出的命令、作出的判决，不能成为对他进行民事诉讼的理由。无论法官是严重失误，还是极为无知，或受嫉妒、仇恨、恶意和其他种种不良动机的驱使来审理案件，都不应受到起诉。"⑤英国豁免法官因为职务行为的民事责任的传统一直延续至今。

二、美国的制度

美国联邦和各州对法官追究法律责任的形式主要有三种：① 宪法责任。主

---

① https://judicialconduct.judiciary.gov.uk/rules-regulations/.最后访问时间：2021年7月12日。

② Charles Gardner Geyh, James J. Alfini, Steven Lubet & Jeffrey M. Shaman. *Judicial Conduct and Ethics (Fifth Edition)*, Matthew Bender & Company, Inc., 2013, pp.3 - 23.

③ Floyd v. Barker, 12 Co. Rep. 23, 24, 77. Eng. Rep. 1305, 1306 (Star Chamber 1607).

④ 程汉大、李培锋：《英国司法制度史》，清华大学出版社2007年版，第153页。

⑤ ［英］丹宁勋爵：《法律的正当程序》，李克强、杨百揆、刘庸安译，法律出版社1999年版，第70页。

要是弹劾,在各州还有立法机关罢免(legislative address)、选民投票免职(judicial recall)等形式。② 宪法相关法责任。主要是惩戒处分。③ 刑事责任。在联邦,宪法责任和宪法相关法责任的追责事由都不涉及裁判结果,在各州偶有例外。刑事责任主要针对的是恶意违法裁判。此外,联邦最高法院早在 19 世纪后期就通过判例确立了对裁判豁免法官民事责任的原则。

(一) 宪法责任的豁免

根据美国《联邦宪法》第 2 条第 4 款的规定,美国国会有权弹劾联邦法官;第 3 条第 1 款规定:"法官如行为端正,得继续任职"。不过,从美国《联邦宪法》中找不到行为不端的具体内容,其中是否包含裁判错误不能确定。而绝大多数州的《宪法》对包括法官在内的所有的弹劾对象统一规定了具体的弹劾事由,主要涉及犯罪、腐败、受贿、渎职(失职)、违反职业纪律、违背公共道德、不称职、个人不良嗜好(酗酒吸毒)等诸多方面。各州《宪法》所圈定的弹劾适用范围大小不一,各有侧重。例如,亚利桑那、科罗拉多、犹他、华盛顿、怀俄明等州《宪法》规定的是重罪、轻罪、渎职;阿肯色州《宪法》规定的弹劾范围是重罪、轻罪、严重违纪;路易斯安那州《宪法》规定的是重罪、渎职、严重违纪;威斯康星州《宪法》规定的是腐败、犯罪、轻罪;特拉华、堪萨斯等州《宪法》规定的是叛国、受贿、重罪、轻罪;南达科他州《宪法》规定的是醉酒、犯罪、腐败、渎职、轻罪;亚拉巴马州《宪法》规定的是失职、腐败、不称职、达到一定程度的酗酒吸毒和任何道德败坏;罗得岛州《宪法》对法官专门规定的弹劾事由是丧失能力、犯罪、道德败坏、失职、渎职、违反司法职业道德。还有少数州《宪法》规定得比较概括,例如俄亥俄等州《宪法》的规定只是品行不端,且这些州《宪法》所规定的弹劾事由是否包含裁判错误也不确定。

从实际的弹劾情况来看,在"两百多年的时间里……无论案件多么有争议,也无论裁判多么不招人喜欢,没有一个州或联邦的法官因为裁判意见被弹劾免职。"①当然,这并不是说完全没有法官因为裁判意见被议员提出弹劾动议。在联邦司法中心网站上可以找到历史上被提起弹劾案的联邦法官的全部名单,共15 名,其中 8 名法官在经参议院审判后被成功弹劾罢免,3 名法官在弹劾过程中辞职,还有 4 名法官被判无行为不端。从 15 名联邦法官被弹劾的理由来看,没有1 名法官是因为其所作出的裁判而遭弹劾。不过,在这 15 名遭弹劾的法官中,有 3名法官被弹劾的理由全部或部分是因为滥用裁判权,他们是:萨缪尔·蔡斯、詹姆

---

① Bert Brandenburg. "End the impeachment war on judges", http://www.washingtonpost.com/wp-dyn/content/article/2011/01/06/AR2011010604696.html.最后访问时间：2021 年 7 月 12 日。

斯·佩克和查尔斯·斯维尼。但是,他们都没有被判行为不端。在州的层面上,2011年,艾奥瓦州众议院的3名议员分别对最高法院的4名法官以渎职为理由提出弹劾案,指控他们在"瓦纳姆诉布里恩案"(Varnum v. Brien)中支持同性婚姻,最终这4个提案未成功进入众议院议程。① 2011年,密苏里州圣路易斯巡回法院法官约翰·A.罗斯(John A. Ross)因为"布切克诉华盛顿案"(Buchek v. Washington)的裁判遭弹劾,这个弹劾提案也没有纳入众议院议程。② 2011年,新罕布什尔众议院议员提案要求众议院司法委员会对州最高法院法官在离婚和监护权案件的审理情况进行调查,以判断是否存在弹劾理由,提案获得多数通过。③ 这不是真正的弹劾提案,法官最终并没有被提起弹劾。这样的实例还可以找到一些,④但事实上因为裁判结果遭弹劾而被罢免的法官是没有的。

立法机关罢免是由州长根据立法机关多数投票决定的罢免报告免除法官职务的方式。这种罢免法官的方式在1922年有28个州的《宪法》规定,⑤而根据2004年的统计,《宪法》规定这种方式的州是18个。⑥ 从18个州《宪法》的具体规定来看,立法机关罢免报告的程序相对于弹劾程序要简单一些。例如,南卡罗来纳州《宪法》第15条第3款规定,罢免报告并不要求参议院组织审理,但是罢免报告必须详细列明罢免理由,具体的罢免理由必须告知当事法官,允许其在报告投票之前有一次听证,由他自己、他的顾问或两者同时为其抗辩。罢免报告的通过,有些州规定的是议会的多数同意,有些州则需要议会的2/3的多数同意。立法机关的两院必须联合向州长发出报告书。⑦ 罢免报告是否可以针对法官的

---

① State of Iova House Journal, Thursday, April 21, 2011: H.R. 47, H.R.48, H.R.49, H.R.50, the Iova Legislature, https://www.legis.iowa.gov/docs/publications/HJNL/20110421_HJNL.pdf.最后访问时间:2021年7月12日。

② House Resolution No. 3102, Missouri House of Representatives, https://house.mo.gov/Bill.aspx?bill=HR3102&year=2011&code=R; https://house.mo.gov/billtracking/bills111/hlrbillspdf/1163L.02I.pdf.最后访问时间:2021年7月12日。

③ House Resolution 7, https://legiscan.com/NH/text/HR7/id/136795.最后访问时间:2021年7月12日。

④ See 2011 Year in Review: Record Number of Impeachment Attempts against Judges for Their Decision, gavel to gavel (Dec.11, 2011), http://gaveltogavel.us/2011/12/27/2011-year-in-review-record-number-of-impeachment-attempts-against-judges-for-their-decisions/.最后访问时间:2021年7月12日。

⑤ Edvard J. Schoenbaum. A Historical Look at Judicial Discipline. *Chicago Kent Law Review* 1977, Vol.54, No.1.

⑥ See 36 Council of State Gov'ts, the Book of the States 2004, Table 5.8: Removal of Judges, pp.254-260. http://knowledgecenter.csg.org/kc/system/files/table_5.8_1.pdf.最后访问时间:2021年7月12日。

⑦ Edvard J. Schoenbaum. A Historical Look at Judicial Discipline, *Chicago Kent Law Review* 1977, Vol.54, No.1.

具体裁判结果或裁判意见？从近些年来立法者所提出的罢免动议来看，有不少是针对法官所作出的裁判。例如，2001 年，马萨诸塞州立法机关试图通过罢免报告罢免高等法院的法官玛丽亚·洛佩兹（Maria Lopez），原因是该法官对一个承认自己绑架和伤害一名年少男孩的罪犯判处了缓刑和软禁。2005 年，马萨诸塞州最高法院的 4 名法官因为在"古德里奇诉公共卫生部案"（Goodridge v. Dept. of Public Health）中投票支持同性婚姻而被提起罢免动议，2011 年，针对他们的罢免动议再次被提起。2006 年，新泽西州的法官肯尼斯·麦克休（Kenneth McHugh）因为在一个离婚案件中拒绝认可康涅狄格州的裁判而被控违反联邦法律，遭到立法机关的议员提起罢免动议。不过，这些动议都没有成功。[1]

选民投票免职是选民通过特别投票程序罢免法官的一种责任形式。根据 2014 年的统计，《宪法》规定这个制度的州有 8 个：亚利桑那、加利福尼亚、科罗拉多、明尼苏达、内华达、南达科他、俄勒冈、威斯康星。[2] 具体罢免程序是：法定数量的选民联合签名发起罢免的请求，当签名达到法定人数，就组织一个特殊的投票来决定是否罢免法官。法定签名人数各州不同，多数州的规定是达到选民人数的 25％。在多数州，选民的多数投票赞成通过罢免请求，免除法官的职务。由于选民投票罢免的启动是法定人数的签名，因此很难限制人们请求的理由。虽然投票罢免使用得不多，但是时常针对法官在具体案件中的陈述和裁决也有成功的案例。例如，1977 年丹尼县（Dane County）法官阿奇·西蒙森（Archie Simonson）被投票罢免，原因是他在一个 13 岁女孩被强奸的案件中表示，对于女性挑逗性的穿衣，强奸是一个"正常男人的反应"。[3]

（二）宪法相关法责任的豁免

为弥补弹劾制度所存在的程序耗时而不易启动和运作的问题，在 20 世纪 40 年代，有些州开始寻找更为有效的方法来规制司法不端行为。1947 年，《纽约州宪法（修正案）》规定成立一个特殊的法院，专门处理法官司法行为不端和法官丧失工作能力的案件。同年，《新泽西州宪法（修正案）》也规定建立一个新的司

---

① See Charles Gardner Geyh. *Judicial conduct and ethics*, New Providence, NJ：LexisNexis, c2013, pp.14‐10, pp.14‐11；Billy Raftery. *2011 Year In Review: Record Number of Impeachment Attempts Against Judges for Their Decision*, gavel to gavel (Dec.11, 2011), http://gaveltogavel.us/2011/12/27/2011-year-in-review-record-number-of-impeachment-attempts-against-judges-for-their-decisions/. 最后访问时间：2021 年 7 月 12 日。

② See *36 Council of State Gov'ts*, the Book of the States 2004, Table 5.8：Removal of Judges, pp.254‐260. http://knowledgecenter.csg.org/kc/system/files/table_5.8_1.pdf. 最后访问时间：2021 年 7 月 12 日。

③ Edvard J. Schoenbaum. A Historical Look at Judicial Discipline. *Chicago Kent Law Review 1*, 1977.

法惩戒系统,该系统在 1970 年得以实施。1959 年,密歇根州最高法院发布规则建立了司法惩戒程序。[①] 1960 年,加利福尼亚州建立了第一个专门管理司法行为的委员会,1965 年其他州开始效仿。1981 年,美国 50 个州和哥伦比亚特区都建立了专门的司法惩戒组织,这些组织被授权调查、起诉、裁判司法行为不端的案件,并有权在从告诫到罢免的范围内惩戒法官或提出惩戒法官的建议。[②] 从法源上来看,司法惩戒责任制度的具体内容在 28 个州是由《宪法》规定的;16 个州是通过立法机关制定的法律规定的;7 个州由州法院自己制定详细规则。[③] 美国联邦国会则是在 1980 年通过《司法行为和丧失能力法》而建立了效率更高的法官惩戒处分制度。

从联邦的制度设计来看,该制度同样排除了对法官的裁判结果追究责任。根据《司法行为和丧失能力法》规定,对法官的惩戒处分主要适用于除联邦最高法院法官以外的所有联邦法院法官,即巡回法院法官、地区法院法官、破产法院法官和治安法院法官。如果任何人认为上述法官的行为对法院高效和迅速的业务管理产生了不利,或者法官精神和身体丧失能力不能正常履行职责,都可以向上诉法院投诉。上诉法院的首席法官接到投诉后,如果认为投诉有一定理由,则应任命一个特别委员会进行调查。调查委员会在调查完成后向巡回法院司法理事会呈送书面报告,报告调查结果并提出必要和适当的处理建议。

司法理事会可以采取以下措施:在一定时间内不派给案件、私下责备、公开责备、对于丧失履职能力的法官则劝其退休。此外,对于法官行为构成弹劾理由的,司法理事会应向联邦司法会议报告。[④] 可见,司法理事会没有罢免法官的权力,该权力属于国会。那么,巡回法院司法理事会对于法官的什么行为可以采取上述惩戒措施? 该法并没有直接作出规定,只是在第 354 条中规定司法理事会对没有被驳回的投诉可以采取惩戒措施,但该条没有规定什么样的投诉应予驳回。不过,该章第 352 条规定了上诉法院首席法官驳回投诉的四种情况,这四种情况应该同样适用于巡回法院司法理事会。

投诉应予驳回的四种情况是:一是与第 351 条(a)款的规定不符合。(a)款

---

① Edvard J. Schoenbaum. A Historical Look at Judicial Discipline. *Chicago Kent Law Review 1*, 1977.

② See Irene Tesitor & Dwight B. Sinks. *Judicial Conduct Organizations*. American Judicature Society, Chicago, 1980, pp.19 - 27.

③ Cynthia Gray. How Judicial Conduct Commissions Work. *Justice System Journal*, 2007, Vol. 28, No.3, pp.405 - 418.

④ See 28 U.S. Code § § 351 - 364.

中主要规定了可以投诉的理由，即法官的行为对法院高效和迅速的业务管理产生了不利或法官精神和身体丧失能力不能正常履行职责。二是投诉直接与裁判的对错或者程序规则相关的。三是无聊的、没有充分证据的投诉，或者是通过调查无法成立的投诉。四是在经过有限调查后，证明投诉缺乏任何事实基础或投诉被客观证据有力驳斥的。[①]从这些规定来看，司法理事会惩戒法官的理由主要针对的是法官行为而不是法官的裁判结果，只有当法官确有不当行为的时候才可以对其进行惩戒。

（三）民事责任的豁免

在美国，对包括裁判在内的法官司法行为的民事责任豁免原则最初是在1868年"兰德尔诉布里格姆案"中被认可的。在该案中，原告是马萨诸塞州的一名律师，被告是该州高级法院的法官，原告起诉被告错误地撤销其律师资格。联邦最高法院认为，马萨诸塞州高级法院具有一般管辖权，经法律授权可以接纳品格良好和按法定年限学习法律的律师在州法院执业，也可以因为任何的欺诈、渎职和其他严重不当行为解除其执业资格。接纳和解除均为司法行为。所有法官对在其管辖内进行的任何司法行为均不承担民事诉讼的责任，这是一个普遍的原则。对于权限有限的下级法官，在其权限内的司法行为应受保护。若如此，那么，对于上级的和一般权限的法官则不存在这种限制，即使他们的司法行为超出了管辖权，也不承担民事诉讼的责任，除非他们超出管辖权的行为是恶意的或腐败的。这个教义和法律一样古老，它对于维护司法公正是必不可少的。[②]

司法豁免原则在1871年"布拉德利诉费舍尔案"中得到进一步阐述。在该案中，原告布拉德利在哥伦比亚特区最高法院做执业律师，被告是该法院的大法官乔治·费舍尔。在1867年的"约翰·苏拉特谋杀已故总统林肯案"中，原告是约翰·苏拉特的辩护律师之一，被告是审理该案的首席法官。在案件审理过程中，被告以原告以粗鲁、侮辱和威胁的方法对待法官为由，命令将其名字从该法庭执业的律师名单中删除。原告认为该命令中包含的几项陈述是不真实的，并认为被告是在虚假、欺诈、腐败和恶意地行使司法权。由于被告人的这种非法、不法、不公正和压迫性行为，原告声称他被剥夺了酬金，损失了经济利益，遂向法院起诉，要求被告赔偿其20 000美元。法官在该案的裁判中指出，"命令是被告在其合法行使和履行其职责时作出的，权威和义务是其首要正义。换句话说，诉

---

① See 28 U.S. Code § 352(b)(1).

② Randall v. Brigham, 74 U.S. (7 Wall.) 523, 19 L. Ed. 285 (1868).

讼所涉命令是一种司法行为,由被告作为一般刑事管辖法院的首席法官进行。如果这是该行为的特征以及该法院的管辖权,那么,被告就不能在民事诉讼中对此行为承担责任,无论该行为是多么错误,也无论结果对被告造成多大伤害。"[1]

对法官司法行为民事责任的绝对豁免原则在实施过程中受到了一些批评。例如,道格拉斯法官在"皮尔森诉雷案"中就提出了反对意见,"也许并非所有法官在任何情况下,无论其行为多么残酷,都应免于诉讼。"[2]波特·斯图尔特法官也在"斯顿普诉斯帕克曼案"中发表了自己的反对意见,他指出,斯帕克曼的行为并不能仅仅因为他只是坐在法庭上,穿着法袍,签署一份非法命令就被完全豁免,他指出,法官的行为"肯定不是仅凭他的话就成为司法行为。法官一旦宣布自己以司法身份行事,就不会像松散的大炮一样自由地施加,不分青红皂白地损害。"[3]虽然受到种种批评,但对法官司法行为民事责任的绝对豁免原则一直保留至今。

(四) 刑事责任的追究与豁免

适用于法官的职务犯罪主要是腐败、滥用职权或渎职。美国对腐败极为警惕,因此对腐败犯罪是不可能豁免法官刑事责任的。对于滥用职权或渎职,"一些州通过成文法或普通法规定将诸如故意疏忽职守或实施过多保释等措施规定为犯错。"[4]在有些州滥用职权是一项普通法上的犯罪,在这种情况下,被指控的滥用职权行为涉及自由裁量行为的履行时,法官不能被确认为有罪并享有优先豁免,除非有证据证明该行为是恶意行为或腐败行为。与之相似,即使制定法并没有明确规定恶意是犯罪构成的要件,证明制定法上的滥用职权罪或不履行职责罪的同时也必须证明存在恶意。更有甚者,当制定法规定滥用职权或不履行

---

① Bradley v. Fisher, 80 U.S. (13 Wall.) 335, 20 L. Ed. 646 (1871).

② Pierson v. Ray, 386 U.S. 547 (1967). 在该案中,一群白人和黑人牧师参加"朝圣之旅"以促进种族融合,他们于1961年试图使用密西西比州杰克逊一个隔离的州际巴士总站候车室。他们被警察逮捕并被指控破坏和平,违反了《密西西比法》第2087.5条。法院判他们4个月监禁和每人200元罚款。这些人随后根据《美国法典》第42卷第1983条向地方法院提起诉讼,要求赔偿损失。该案后来上诉到联邦最高法院。关于法官的责任,最高法院的裁判主旨是第1983条未废除已确立的普通法原则,即法官对其司法行为不承担赔偿责任。

③ Stump v. Sparkman, 435 U.S.349 (1978). 斯顿普被起诉是因为其接受琳达母亲的请求批准给琳达采取输卵管结扎手术。申请书称,琳达"智力发展有点迟钝",但是在公立学校"一直跟其他同年龄的孩子们混在一起"。法官没有举行听证会就批准了这个单方面的申请书。几天之后,就对琳达做了输卵管结扎手术,但是告诉琳达的是要把她的阑尾切除。约两年后,琳达发现自己已被绝育,于是控告斯顿普法官,要求取得由于侵犯她宪法权利的损害赔偿。美国最高法院以5票∶3票作出判决,认定斯顿普法官应免予控诉,并且撤销了第七巡回法院原先认定斯顿普审判官应接受控告的判决。

④ Charles Gardner Geyh, James J. Alfini, Steven Lubet & Jeffrey M. Shaman. *Judicial Conduct and Ethics*. Matthew Bender & Company, Inc., 2013, pp.3-23.

职责必须是"故意的"时候，法院一般也如此使用，并且有时还要求该行为具备舞弊动机。同样地，当适用于法官的司法行为时，法定的"职务上的故意或恶意的迫害罪"被解释为要求该行为必须是故意和腐败地作出。① 从上述情况可以看到，在美国，法官因为主观恶意作出错误裁判构成犯罪是要对法官追究刑事责任，而因为过失造成的错案不构成犯罪，也不追究法官的刑事责任。从实践来看，由于对法官的刑事追诉很少，关于司法行为不受刑事控诉的豁免权，没有引发意义重大的裁决或者评论。②

三、小结

从追究法官裁判责任的具体情况来看，各国法官裁判责任制度存在差异。有的国家仅对故意违法裁判追究责任，例如俄罗斯、美国；有的国家既对故意违法裁判追究责任，也对过失造成错误裁判追究责任，例如法国、日本。这些国家对故意违法裁判在一定范围内追究法官刑事责任，但不对过失违法裁判追究法官的刑事责任。大多数国家对裁判错误豁免了法官的民事责任，但是《德国民法》对法官违背职务义务涉及犯罪的行为则是追究法官的民事赔偿责任。德、法、俄、日等国都在一定范围内对错误裁判追究法官的宪法相关法责任，但英、美两国则不对错误裁判追究法官的宪法责任和宪法相关法责任。

从上述国家追究法官裁判责任的具体情况来看，豁免法官裁判的民事责任是一种普遍做法。不过，豁免法官民事赔偿责任的国家通常建立了国家赔偿制度，由国家向受害人承担损害赔偿责任，但国家保留在法官因故意或重大过失造成裁判错误时对法官追偿的权力。

---

① 最高人民法院中国应用法学研究所：《美国法官制度与法院标准》，人民法院出版社 2008 年版，第 121 页。

② ［美］汉斯·斯米特：《美国司法责任论》，《环球法律评论》1983 年第 4 期，第 21 页。

第五章　法官裁判责任追究和
豁免的法理依据

从法律规范层面来看,无论是域外还是中国,事实上都是有条件地追究法官裁判责任,而不是对所有的错案追究法官责任。裁判责任的追究和豁免应有其所依托的法理依据,弄清楚背后的法理依据,对裁判责任追究限度的确定具有重要的意义。

第一节　法官裁判责任追究的法理依据

有反对错案追究制的学者认为,"错案追究制缺乏归责的合理基础,因而无法达到制度设计的目标。社会设定法律责任的合理基础通常有三:报复、教育和预防。对于制造错案的法官不存在报复问题;错案追究制是以行为的结果'错判'为依据的,这种认识错误(故意的枉法裁判不属错案范围)是难以通过教育来避免的,而且社会应当假定法官具备力求办好案的积极性和良心。同样,认识错误也不能通过惩罚预防。相反,惩罚使行为人畏首畏尾,总体上只会加大出错的概率。这样,它的结果就与制度设计者提高办案质量的初衷相悖。"[1]还有学者认为,已经通过司法救济程序对裁判错误进行了最大限度的防范,也通过国家赔偿制度对错误裁判的受害者作出了补偿,对错案追责没有必要。[2] 这些理由似乎很难成立。

对于第一种看法,首先要指出的是,将枉法裁判排除在错案的范围之外是不符合客观实际的。从本书第一章第三节所梳理出的错案的法律判断标准来看,法官是否存在主观故意并不是错案的判断标准,而枉法裁判从其结果来看具有

---

[1]　周永坤:《错案追究制与法治国家建设——一个法社会学的思考》,《法学》1997 年第 9 期。
[2]　代表性观点,参见陈瑞华:《法官责任制度的三种模式》,《法学研究》2015 年第 4 期。

错案的一般特点,即被法定主体认定为事实错误或适用法律错误。因此,将枉法裁判排除在错案的范围之外是不符合客观实际的。至于错案追责能不能起到报复、教育和预防的作用,这是一个仁者见仁、智者见智的问题,错案追究制的支持者就强调错案追责在惩戒、教育和预防方面所发挥的作用,有学者就认为错案追究能够增强法官责任心,提高办案质量。①

而后一种观点完全站不住脚。通过司法救济程序对裁判错误进行最大限度的防范和通过国家赔偿制度对错误裁判的受害者进行补偿,从我国的实践来看,这两种机制事实上并没有解决错案频繁发生的问题。而从域外错案追责的情况来看,即使是在法治比较发达的国家,例如,德国也不是完全豁免法官的裁判责任。错案追责并非多余。

要不要对错案追究法官裁判责任,确实要考虑这种方法是不是能够实现警示法官和防范错案发生的目的,但首先要考虑的基础性问题是实现目的的手段是否具有正当性,具体到裁判责任追究的正当性所要考虑的就是这个手段是否符合法律归责的一般要求。而且,关于裁判责任,存在一个从追究到部分或全部豁免的发展历程,既然是免责,那么责任的存在就是前提。因此,在讨论法官裁判责任豁免问题之前,弄清楚对裁判责任的归责依据及其正当性是很有必要的。

关于追究法官裁判责任的法理依据问题,现有研究很少讨论。错案追究制的反对者不讨论这个问题可以理解,但是错案追究制的支持者不讨论这个问题就不能不说是一个缺失。或许在支持者看来,对错案追究法官裁判责任的法理依据是不言而喻的,不过,即使如此,面对反对者,再简单的道理也还是应该讲出来,更何况有关错案的认识还如此混乱,就更应当说清楚对错案追责的法理依据了。

对错案要不要追究法官裁判责任主要看错案是否具有违法性。"导致法律责任的原因,即违法行为、违约行为或仅因法律规则。第一个原因适用于所有法律责任,第二、三个原因主要适用于民事责任,第三个原因也可适用于某些行政责任。"②对于包括法官在内的国家公职人员而言,职务上的法律责任产生的原因主要是违反其应承担的职务义务,这属于违法的范畴。违法由 4 个要素构成:

---

① 参见朱崇坤:《法官错案责任追究的法理分析》,中央党校 2014 年博士论文,第 112—115 页;朱孝清:《试论错案责任》,《人民检察》2015 年第 16 期。

② 《中国大百科全书》总编辑委员会:《中国大百科全书·法学》,中国大百科全书出版社 2006 年版,第 84 页。

① 行为违反现行法律规定；② 侵犯了法律所保护的社会关系，即侵犯了社会、国家、集体或其他人的利益；③ 行为人存在故意或过失的主观状态；④ 违法者具有法定责任能力或法定行为能力。① 这 4 个要素可以概括为违法性、危害性、主观过错和责任能力。要不要对错案追究法官裁判责任，就要从违法的这 4 个要素入手进行具体分析。

一、错案的违法性分析

根据本书第一章第三节我国法律对错案认定标准的具体分析，可以得出以下结论：在所有被改判的案件中，违反法定证明标准认定事实错误的案件，以及违反法律规定、法律原则和自由裁量权边界适用法律错误的案件都具有违法性；以相对客观真实标准所确定的认定事实错误的案件则不具有违法性，因为前判和后判的法官在认定事实方面没有违反法定证明标准。这里还需再次说明的是，在被改判的案件中，有一些是在不同诉讼程序中的法官在认定事实和适用法律上存在认识上的差异，如果认识差异是在法官自由裁量权所允许的边界内的，则这些案件既不是错案，也不具有违法性。对于存在违法性的案件，其违法性有以下七种表现形式。

（一）事实认定违反法定证明标准

媒体曝光的绝大多数冤案都是违反法定证明标准认定事实的错案。此外，河南"眼花法官"水某审理的"杨某某交通肇事案"也是事实认定违反法定证明标准的典型案例。在这个案件中，主审法官以三门峡市湖滨区法院出具的公函认定杨某某积极赔偿被害人家属部分经济损失 90 余万元，从而从轻处罚，判处其有期徒刑 2 年。然而，该公函的内容是："目前，我院对此案尚未审理终结，据被告人称，能够及时赔付被告家属赔偿款近 90 万元。"这个证明显然不能证实被告人杨某某及其亲属已经赔偿被害人及亲属 90 万元的事实，以此为依据认定杨某某积极赔偿被害人家属经济损失，明显违反"案件事实清楚，证据确实充分"这个证明标准。该案经再审被改判。②

（二）适用的法律规则不在法律的时间和空间效力范围内

法律适用首先要确保所适用的法律规则在法律的时间效力和空间效力的范

---

① 《中国大百科全书》总编辑委员会：《中国大百科全书·法学》，中国大百科全书出版社 2006 年版，第 84 页。

② 参见"河南'眼花法官'事件追踪：已发现其受贿线索"，http://henan.sina.com.cn/news/z/2012-04-27/63-114765.html，最后访问时间：2020 年 7 月 10 日。

围内。法律的时间效力是指法律在什么时间内有效以及对其生效以前的事件和行为有无溯及力。随着立法越来越规范,法律通常都会对生效时间、失效时间和法律有无溯及力作出明确规定。适用尚未实施或已经失效的法律和违反法律溯及力的相关规定都是适用法律的错误。法律的空间效力是指法律在多大的空间范围内有效。主权国家的法律通常在主权范围内的所有区域内有效,在法律规定的特殊情况下也在域外有效。在主权法域内生效的法律有的及于全法域,有的只在局部空间内生效。超出法律的空间效力范围适用法律是错误的。

(三) 案件定性与法律规则的假定条件不匹配

法律适用的主要内容之一是将法庭查证属实的事实与现行法律体系中的相关法律规则的假定条件进行比对,选择案情与假定条件匹配的法律规则作为适用规则,这是给案件确定法律性质的司法过程。法律规则的假定条件是对能够引起法律关系产生、变更和消灭的法律事实的概括性描述,内容主要包括时间、地点、主体、客体、行为、事件、心理态度、结果等。一个法律规则的假定条件可能包括上述的全部内容,也可能只包括其中的部分内容。查证属实的案件事实与具体法律规则的假定条件所要求的任何一个方面的内容不匹配,就不能适用该法律规则,如果适用,就是适用法律的错误。当然,这都是针对简单案件或典型案件而言的,如果出现了事实的某个方面落在了假定条件某个要件中的边缘地带,案件就变成疑难案件,法官的裁判是否错误需要按照疑难案件适用法律对错的标准来判断。

(四) 对法律关系的处理违反法律规则有关法律后果的具体规定

法律适用的另一个重要内容是根据选定的法律规则中的行为模式对法律关系主体的行为进行评价,并根据法律后果对法律关系的内容,即法权(权利和权力)和义务作出处理决定。法律后果的规定通常是明确具体的,包括给予法官的自由裁量空间也都是在一定的具体幅度内,即有上限和下限。如果法律适用违反了法律规则有关法律后果的明确规定或超出了法定裁量幅度,这样的法律适用是错误的。所谓疑案,就是没有充分证据证明被告人实施了犯罪行为的案件。对于这样的案件,我国《刑事诉讼法》在 1996 年修改时就在第 162 条中明确规定:"证据不足,不能认定被告人有罪的,应当作出证据不足、指控的犯罪不能成立的无罪判决。"这就是疑罪从无原则。然而,一些媒体曝光的案件都是在 1996 年之后裁判的,但这些被告人都被根据疑罪从轻的原则判处了刑罚,这显然是违反有关法律后果的明确规定而形成的错案。再以"眼花法官"水某审理的"杨某某交通肇事案"为例,原审认为被告人杨某某具有自首情节,依法可以"从轻处罚",但最终作出了"减轻处罚",获有期徒刑2年的判决,①这已超出法律规则所规定的裁量幅度,应属适用法律的错误。

(五)违反法律规则的选择适用规则

有些时候,在一个案件中,针对同一个问题可以适用的法律规则有多个,这些规则可能存在于不同的规范性法律文件之中,而且这些文件或有位阶的差别,或效力位阶相同但制定主体不同,或虽是相同主体制定但是制定的时间不同,或是同一法律中的不同条款。当这些法律规则在内容上发生矛盾冲突的时候,法律规则的选择适用也是有规则可寻的,即上位法优于下位法,特别法优先于普通法,新法优先于旧法,强行法优先于任意法,例外规定优先于一般规定。这些规则必须遵守,否则,就是适用法律的错误。

不过,法律规则的选择适用规则并不能解决法律规则矛盾的所有问题。如果多个法律规则不存在位阶高低、特别与普通、新与旧、强行与任意、例外与一般这些差别,选择适用规则就发挥不了功能,遇到这样的情况,法官该怎么办呢?一种情况是,法官根据自由裁量权来裁判,裁判对错根据疑难案件之自由裁量权的法定边界来判断;另一种情况是,法官通过法院向最高人民法院寻求具体法律适用的解释。我国《人民法院组织法》第18条规定:"最高人民法院可以对属于审判工作中具体应用法律的问题进行解释。"如果案件裁判遇到法律适用的冲突问题,通常经由高级人民法院向最高人民法院请示,由最高人民法院就所涉事项如何适用法律的问题作出批复、复函或解答。此外,我国《立法法》第46条规定:"国务院、中央军事委员会、最高人民法院、最高人民检察院和全国人民代表大会各专门委员会以及省、自治区、直辖市的人民代表大会常务委员会可以向全国人民代表大会常务委员会提出法律解释要求。"因此,在出现法律适用冲突的时候,最高人民法院可以向全国人大常委会提出法律解释要求。法官应当按照全国人大常委会的立法解释和最高人民法院的司法解释裁判案件,否则也属于适用法律错误。

(六)适用法律违反法律原则,显失公正公平

刑事案件量刑畸重畸轻,民事案件对权利和义务的处分严重不当属于这种情况。

---

① 参见"河南高院:'眼花'法官事件带故意性质 将严肃追责",https://news.qq.com/a/20120425/000010.htm,最后访问时间:2020年7月10日。

（七）疑难案件的法律适用超出了法官自由裁量权的法定边界

从理论上来讲，这是适用法律错误的一种表现形式，但从实践上来看，这又是很难找到实际案例的错误，因为既然是疑难案件，再加上自由裁量权边界的宽泛，要判断法官适用法律是否超出了自由裁量权的边界不是一件容易的事情。

二、错案的危害性分析

司法裁判既影响诉讼当事人的权利及其所代表的个体利益，也影响审判权及其所代表的公共利益，因此关于错案的危害性应当从以下三个方面来分析。

（一）对诉讼当事人的法权造成损害

诉讼发生的原因是不同法律关系主体之间的法权发生了冲突，要么是其中一方的法权受到侵害需要恢复或补偿，并对侵害方追究相应的法律责任，要么是法权处于不明确状态需要确认。审判者在诉讼中所要发挥的功能就是对法权关系作出符合法律的判断，明确法权和义务，平息冲突。裁判作为一种判断活动，其特点是"不能从总体上增加社会福利，而只能损此增彼，也就是一种校正的公正。在这种情况下，裁判活动是通过减损一方利益而增加另一方利益的方式实现法律上的公正。"[①]因此，所有案件的裁判都会对当事人的法权产生影响，或增加或减损。

具体来看，刑事诉讼的参与主体主要是公诉机关、受害人和犯罪嫌疑人，如果法官作出错误裁判的话，其危害性的具体表现是：如果是应当判罪的判无罪，应当判重罪的轻判，会使追诉被告人刑事责任的权力及其所代表的公共秩序受到侵害，同时使被害人的权利受到损害；反之，如果是无罪的判有罪，属于轻罪的重判，损害的则是被告人的权利。行政诉讼中的当事人是行政机关和行政相对人，如果法官作出错误裁判的话，假如偏向的是行政机关，行政相对人的权利会受损；如果偏向行政相对人，行政权力所代表的公共利益则会受损。而在民事诉讼中，法官作出的错误裁判一定会伤害到其中一方当事人的权利。

在我国，诉讼程序分为一审、二审（上诉）和审判监督程序。在上诉程序和审判监督程序中前判的效力是不同的，因此，在不同诉讼程序中确定的错案对诉讼当事人所产生的危害性也是不同的。

在上诉程序中，无论根据什么标准确定的错案，由于裁判尚未发生法律效力，故不会产生损害当事人合法权利的情况。例如，某法官在审理原告曹某甲诉

---

① 陈兴良：《法官职业化：根据与标志》，载中华人民共和国最高人民法院政治部：《法官职业化建设指导与研究》，人民法院出版社 2004 年版，第 25 页。

被告张某甲、曹某乙、农安镇闫家村民委员会人身损害赔偿一案过程中,接受当事人吃请和物品,在明知被告张某甲应承担过错责任,而原告无过错的情况下,为谋私利,故意违背事实和法律,隐瞒案件事实向主管领导汇报,谎称已向上级法院汇报,伪造合议庭评议笔录,故意错误适用法律,作出由农安镇闫家村委员会承担次要赔偿责任(30%),由原告自行承担损失主要责任(70%)的错误判决。此民事案件经原告上诉,长春市中级人民法院依法改判:由张某甲承担全部赔偿责任,闫家村委会承担补充赔偿责任,曹某甲不承担民事责任。① 比较该民事案件的两审裁判结果,曹某甲因一审裁判可能受到的权益损害是显而易见的。不过,因为原告上诉,一审法院的错误裁判被纠正,曹某甲的权益损失并未真正发生。

在审判监督程序中,无论根据什么标准确定的错案,由于错误裁判已经发生法律效力,对诉讼当事人受法律保护的权利会造成现实的损害。例如在"佘某某杀妻案"中,当"死者复活"回家的时候,佘某某在监狱已经服刑近7年。而在"呼某强奸杀人案"中,当真凶出现的时候,已经是呼某被执行死刑9年之后了。又如,在"李某某诉张某某等借款纠纷案"中,虽然莫法官在裁判中没有违法,也没有过错,但是根据相对客观真实标准,这却是一个错案,张氏夫妇在裁判生效后需要支付他们不该支付的欠款。这些错案都对诉讼当事人的权利造成了损害。

(二) 对审判权及其所维护的社会公正造成损害

审判权的功能是在纠纷发生时通过居中裁判将偏离法律基准的社会关系恢复到合法状态,以此来维护社会秩序和社会正义。及时、合法、中立的裁判是对审判活动的基本要求,如果审判机关和法官做不到这一点,就会破坏正常的审判活动,危害司法的权威性和公信力,从而使得审判权无法发挥维护社会秩序和社会正义的功能。由于错案有不同的判断标准,错案确认的诉讼程序也不同,因此,错案对审判权及其所维护的社会正义所造成的危害性也要区分不同情况进行具体分析。

根据不同判断标准确定的错案对审判权力造成的危害是不同的。错案判断标准的差异主要体现在事实认定错误方面,一种是法定证明标准,即法律真实;另一种是以法定证明标准为基础的相对客观真实标准。后一种标准主要运用于出现了新的证据推翻前判事实的情况,以及因当事人过错致使案件事实认定发生变化的情况。这两种错案,错案的纠正是审判权正常运行的结果,如果在错案

---

① (2015)长刑终字第 00130 号裁判书。

纠正后能够清楚说明原裁判不存在违法的情况，并得到人们的理解，则错案不会对审判权功能造成损害。对于我国近些年来曝光的一些案件，由于大多数都没有查清并向社会公布原裁判是否存在违法的问题，且未能有效回应人们希望查清错案产生原因和对错案追责的意愿，故在一定程度上影响了审判权的公信力。

除了新证据推翻前判的情况和因当事人过错致使案件事实认定发生变化的情况外，其他的错案都属于违法裁判的情况，这主要包括违反法定证明标准认定事实错误的错案和适用法律错误的错案。如果违法裁判的错案在上诉程序中被发现并纠正，虽然因为违法裁判尚未生效不会对当事人产生实际的损害后果，但是违法裁判会导致人们对法官的职业能力和职业道德产生不信任，这种不信任就是违法裁判对审判权的公信力产生的不利影响。例如上文所举的"曹某甲诉张某甲、曹某乙、农安镇闫家村民委员会人身损害赔偿案"，由于一审裁判致使原告合法权益未受到应有的法律保护，导致原告多次上访，造成恶劣的社会影响。①这种恶劣的社会影响最主要的就是引起人们对审判权的不信任，不过，上诉程序的纠错能够在一定程度上抵消违法裁判对审判权的公信力所产生的不利影响，从而维持人们对整个审判体系的信任。如果违法裁判的错案在审判监督程序中被发现，因为违法裁判已经生效并执行，在这种情况下，错案不仅使处于不利一方当事人的法权受到实际的损害，而且也损害了审判权的应有功能及其公信力。如果一个社会对审判权缺乏必要的信任，则审判权将无法正常发挥维护社会秩序和社会正义的功能，社会秩序和社会正义就会失去一道重要的保护屏障。

三、法官的责任能力分析

责任能力是指法律关系主体以自己的行为履行法律义务和接受不履行义务时的惩罚性法律后果的资格。责任能力状况一般与行为能力状况是一致的。我国《民法典》规定了确定自然人的民事行为能力和责任能力的具体标准，《刑法》规定了自然人承担刑事责任的具体能力标准。自然人的行为能力和责任能力都是由自然人的年龄与精神状态决定的。关于国家机关公职人员的责任能力，法律并没有直接的规定，学界也无讨论。不过，根据法律确定自然人民事责任能力和刑事责任能力的标准可以推断，法律所规定的国家公职人员的任职条件可以看作法律对国家公职人员的行为能力和责任能力的要求。

----

① （2015）长刑终字第 00130 号裁判书。

法官除了必要的年龄和健康要求外,还需具备法律专业能力。我国《法官法》第 12 条规定的法官任职条件有三项:一是学历要求,即具备普通高等学校法学类本科学历并获得学士及以上学位;普通高等学校非法学类本科及以上学历并获得法律硕士、法学硕士及以上学位;普通高等学校非法学类本科及以上学历,获得其他相应学位,并具有法律专业知识。二是从事法律工作的时间要求,即从事法律工作满五年,其中获得法律硕士、法学硕士学位,或者获得法学博士学位的,从事法律工作的年限可以分别放宽至四年、三年。三是专业资格要求,即初任法官应当通过国家统一法律职业资格考试,取得法律职业资格。

域外法治国家对法官的职业能力要求更高。在英国,最低级的无薪俸的平民治安法官,是由司法大臣代表女王以女王名义任命的,其人选由各地方顾问委员会推荐,被推荐的人须性格合适、品德无瑕疵、了解地方情形、为地方所认知。平民治安法官都是地方知名之士,多数为已退休的男士或杰出妇女,与当地商业及政治团体有关。他们是非法律专才,由一位受过法学训练的书记协助审案,主要处理轻微刑案(例如盗窃)、少年犯罪、小额债务纠纷、部分家事案件。[①] 有薪俸的治安法院法官(1999 年后称为地方法官)则须有执业律师 7 年以上资历,愿任此职而向司法大臣部申请,经过训练后方可派任。治安法官以上的皇家法院及县法院法官,或为兼业法官,须执业律师 10 年以上,得被司法大臣建议女王任命为兼业法官,担任兼业法官 3 年以上;向司法大臣部申请担任巡回法官者,经司法大臣面谈后,方得任命。高等法院法官,须从女王的法律顾问中任命,女王的法律顾问则须担任律师 10 年以上,声誉卓著,并征询上诉法院及高等法院五位庭长(上诉法院民刑二庭及高等法院后座法庭、衡平法庭、家事法庭)意见后,由司法大臣向女王推荐任命。上诉法院法官是女王依首相从执业 15 年以上的律师或担任高等法院法官中推荐任命。贵族院的司法贵族,由女王依首相建议而任命,其人选须曾任高级司法官职,例如司法大臣。上诉法院或高等法院法官,或在爱尔兰最高法院担任法官 2 年以上,或在英格兰、爱尔兰、苏格兰从事职业律师 15 年以上。[②]

在美国,关于联邦法官的具体任职条件,宪法和相关法律都没有专门的规定,从实践来看,从有经验的律师中选择巡回法院和地方法院的法官已经成为一种习惯。法律虽没有要求对候选人的资格进行严格审查,但"惯例做法是对候选

---

① 雷飞龙:《英国政府与政治》,台湾商务印书馆 2010 年版,第 428、431 页。

② 最高人民法院政治部:《域外法院组织和法官管理法律译编》(上册),人民法院出版社 2017 年版,第 249—250 页;雷飞龙:《英国政府与政治》,台湾商务印书馆 2010 年版,第 431—433 页。

法官的专业水平进行严格评估"。"长期以来,美国律师协会在对候选法官专业水平进行评价和定级方面发挥着重要作用"。"近几十年来的每位总统在提名候选人时也特别强调候选人要达到高职业水准和作为法官应当具有的公正司法能力。"[1]

关于州法官的具体任职条件,由于各州法官产生方式的差异大和标准不清晰,美国律师协会于 2000 年制定了《州司法人员选择标准》,以指导各州法官的遴选,该标准适用于具有一般管辖权法院的州初审和上诉法官,以及处理少年、家庭和遗嘱认证事务的有限管辖权法院的法官。

根据该标准,法官的选任标准包括:① 经验。担任司法职务的候选人具有该州最高法院的律师资格至少 10 年,并且在法律或公共利益法领域工作(从教),或在司法系统中服务。② 诚信。候选人应具有很高的道德品质,并应在社区中因诚实、勤奋和勤勉而享有普遍声誉。③ 专业能力。专业能力包括知识能力、专业和个人判断力、写作和分析能力、法律知识和广泛的专业经验,包括法庭和审判经验。上诉法官候选人应进一步证明学术写作和学术才能,以及连贯法律体系的写作能力。④ 司法气质。司法气质包括对依法公正司法的承诺、没有偏见、依法决定问题的能力、礼貌和文明、豁达和同情心。⑤ 为法律服务和对有效司法的贡献。对法律的服务和对有效司法的贡献包括专业精神和对改善向司法管辖区内所有人提供司法救助的承诺。

法官的留任标准除上述所列标准外,还应考虑以下内容:对司法程序的准备、专注和控制;司法管理技能;礼貌地对待诉讼人、律师和法院人员;出具司法意见的质量。[2]

德、法、俄、日等大陆法系对法官的任职资格要求也非常严格。德国《法官法》第 2 章明确规定了法官任职资格:① 在大学里学习法律并通过第一次国家司法考试。② 经过与大学学习内容一致的预备培训,培训期为两年,培训机构主要是法院、检察院、行政机关和律师事务所。③ 通过第二次国家司法考试。此外,全职的大学法律教授有资格担任法官职务。关于学业和职业实习,德国《法官法》进行了非常详细的规定。[3]

---

[1]　Denis Steven Rutkus. "The Appointment Process for U.S. Circuit and District Court Nominations: An Overview". https://fas.org/sgp/crs/misc/R43762.pdf,最后访问时间:2021 年 7 月 12 日。

[2]　Standards on State Judicial Selection. http://www.americanbar.org/content/dam/aba/migrated/2011_build/judicial_independence/state_judicial_selection_standards.authcheckdam.pdf,最后访问时间:2021 年 7 月 12 日。

[3]　最高人民法院政治部:《域外法官组织和法官管理法律译编》(上册),人民法院出版社 2017 年版,第 431—432 页。

法国普通法院的法官的任职资格条件是：① 修完大学 4 年法律课程,通过大学毕业考试并获得法学学士学位。② 通过司法会考,考试合格的进入国家法官学院进行为期 31 个月的专业培训。③ 通过第二次考试,考试合格后再进行 6 个月的分专业培训。①

俄罗斯《法官地位法》第 4 条对法官候选人的要求作出了明确规定,其中职业资格方面的要求是：① 学历要求。具有高等法律教育程度或在具有法学学士的前提下获得了法学硕士学位的。② 经验要求。从事法律工作超过 15 年、年满 40 周岁的公民可担任俄罗斯宪法法院法官;从事法律工作满 10 年、年满 35 周岁的公民可担任俄罗斯最高法院的法官;从事法律工作超过 7 年、年满 30 周岁的公民可担任共和国最高法院、边疆区、州法院、直辖市法院、自治区法院、自治州法院、军区(海军)军事法院、联邦区仲裁法院、上诉审仲裁法院、专业仲裁法院法官;从事法律工作不少于 5 年、年满 25 周岁的公民可担任联邦主体仲裁法院、俄联邦主体宪法法院、区法院、卫戍区军事法院的法官以及治安法官。②

日本法官的专业任职资格是：① 大学毕业。② 通过全国统一司法考试。这种考试极为严格,历年及格率最高在 7% 左右,多在 2%—5% 之间。③ 考试合格者,作为司法研修生在司法研修所、检察厅、律师事务所完成一年半的实习。④ 经过最后一次考试,合格者获得法曹资格。法曹是日本对法官、检察官、律师和法学学者的统称。如果进入裁判所,首先要从判事补做起,一般要在判事补的职位上做够 10 年左右的时间,才能成为判事(法官)。③

从经过多年法律专业的学习和培训以及具有多年法律执业经验的法律专业人士中遴选出来的法官,应当具有对事实作出符合法定证明标准的判断能力和责任能力,具备熟练掌握和准确适用法律的行为能力和责任能力。反过来说,法官应有充分的能力辨别其作出的具体裁判没有出现前文所述的各种违法情形,如果法官的裁判出现明显的违法裁判,法官就应当根据违法的严重程度和社会危害程度承担相应的法律责任。

四、法官的主观过错分析

在不同类型的错案中,法官的主观状态是不同的,要具体情况具体分析。在

---

① 本书课题组：《外国司法体制若干问题概述》,法律出版社 2005 年版,第 325—326 页。
② 最高人民法院政治部：《域外法官组织和法官管理法律译编》(下册),人民法院出版社 2017 年版,第 545 页。
③ 谭世贵等：《中国法官制度研究》,法律出版社 2009 年版,第 72 页。

因违反法定证明标准而认定事实错误的错案和适用法律错误的错案中,法官在主观方面都是存在主观过错的,主观过错有两种表现,即故意和过失。故意是指法官明知自己的裁判违反法律并会引起危害后果的发生,却希望或放任这种行为和后果的发生。从枉法裁判罪的具体案件中可以看到,故意裁判错误在通常情况下都与受贿、伪造或变造证据、违反法定程序、徇私等违法违纪行为紧密相连,通过这些违法违纪行为与裁判之间的关联性能够证明法官裁判错误时在主观上的故意状态。过失是指法官因为思想上的疏忽大意,或者行为不谨慎而导致的裁判违反法律并引起危害后果的发生。

按照相对客观标准认定的错案,即出现了新的证据推翻前判事实的情况和因当事人过错致使案件事实认定发生变化的情况,法官是否存在主观过错,要看法律对法官的职责要求。如果法律要求法官按照客观真实标准来认定事实,那么,法官是存在过失的;如果法律要求法官按照法律真实标准来认定事实,那么,法官就不存在主观过错。现代国家大多是要求法官按照法律真实标准来认定事实,因此,在出现新的证据推翻前判事实的情况和因当事人过错致使案件事实认定发生变化的情况下,即使根据相对客观真实标准可以确认法官认定事实是错误的,也不认为法官存在主观过错。

五、对错案能不能追究法官裁判责任的结论

根据从违法的四个构成要件对错案所进行的分析,可以得出以下结论:① 根据相对客观真实标准确定的错案,不属于违法的范畴。② 违反法定证明标准认定事实错误的错案和适用法律错误的错案属于违法范畴。

对于属于违法性质的错案,即违反法定证明标准认定事实错误的错案和适用法律错误的错案,根据错案所违法的严重程度、法官的主观过错、错案所造成的损害后果的严重程度,对法官追究不同形式的法律责任,符合法律责任追究的一般原理。

第二节　法官裁判责任豁免的法理依据

虽然在法理上针对没有按照法定证明标准认定事实的错案和适用法律错误的错案对法官追究裁判责任并无不当,但从错案追责的具体实践来看,各国都在

一定程度上部分或全部免除了法官的裁判责任。那么,免除法官裁判责任的法理依据是什么?从法律实践来看,确实存在当"一般归责基础所保护的利益在特定条件下与更高的利益相冲突时,立法者为了保护更高的利益确定免责条件",①免去特定条件下行为人的法律责任。正当防卫、紧急避险等情况下的免责都属于这种情况。从各国法官裁判责任的历史变化来看,对错案免责的法理依据主要是审判独立对于审判公正的重要性。

关于裁判责任的豁免,审判独立的考量主要体现在两个方面:一是民事责任的豁免,强调的是审判权独立于公民的诉权;二是公法责任的豁免,强调的是审判权独立于其他国家机关的权力。我国有关法官责任豁免的研究通常没有区分这两种情况,并常常引用英美典型案例中有关豁免法官民事赔偿责任的相关论述来分析法官责任豁免的理由,这是不准确的。虽然民事责任的豁免和公法责任的豁免都是基于审判独立的考量,但是其中所考虑的具体因素是不同的,应该将二者区分开来进行分析,这样才能真正弄清楚豁免法官裁判责任的法理依据。

一、民事责任的豁免:审判权独立于公民诉权

在现代,除了少数国家例如德国有条件地对错案追究法官民事责任之外,绝大多数国家,包括中国都豁免了法官基于裁判的民事赔偿责任。豁免法官民事责任所考虑的因素主要有两个:一是审判独立;二是法官职务行为的公权性质。

(一)审判独立的需要

对裁判豁免法官民事责任的第一个理由是保障法官独立行使审判权不受诉讼当事人的干扰,这是最初也是基本的理由。

英国库克勋爵早在 1607 年"弗洛伊德诉巴克案"的判决中就明确指出,质疑法官"将导致所有正义的丑闻和颠覆。而那些最真诚的人将无法摆脱持续的亵渎行为。"②美国联邦最高法院法官谢菲尔德在 1868 年"兰德尔诉布里格姆案"和 1871 年"布拉德利诉费舍尔案"的裁判书中说明免除法官司法行为之民事责任的理由时都引用了这句话。而在 1871 年"布拉德利诉费舍尔案"的裁判中,谢菲尔德法官对豁免法官司法行为之民事责任的理由做了更为详细的解释:因为司法人员在行使赋予他的权力时,可以自由地根据自己的信念行事,而不必担心对自己的个人后果所造成的影响,这是对适当司法的最重要的一般原则。向每

---

① 周永坤:《法理学——全球视野》,法律出版社 2016 年版,第 237 页。
② Floyd v. Barker, 12 Co. Rep. 23, 24, 77. Eng. Rep. 1305, 1306 (Star Chamber 1607).

一位因法官行为而感受到委屈的人作出答复的责任将与拥有这种自由相抵触，并且破坏这种独立性。而没有司法独立性，司法就不可能得到尊重或有用处。但是如果要求他们回答，这将导致所有正义的丑闻和颠覆，而那些最真诚的人将无法免于不断的诽谤。菲尔德法官在裁判书中还非常详细地描述了后一种情况在高级法院的司法程序中的真实表现。在那些法院里，争议不断，不仅涉及金钱上的巨大利益，而且还涉及当事方的自由和性格，并因此引起人们的深切感情。在这些法院中，证据方面存在着巨大的冲突，对于应该遵守的法律存在极大的怀疑，而这些都支配着他们的决定。这类案件使法官承受了艰巨的劳动，并常常使他们心中产生痛苦的责任感。然而，恰恰在这类案件中，败诉方最敏锐地感觉到对他的判决，并且最容易接受除了判决的合理性以外的任何其他解释。与他对案件所持观点正确性的坚定信念成正比的是，他倾向于抱怨对他的判决，并从对判决的抱怨中转而归咎于法官不正当动机。当争议涉及影响大量财产的问题、公众普遍关注的问题，或触及众多当事方的利益时，不利决定所引起的失望往往会因这种性质的推论而归咎于人性的不完美，这几乎不是一个令人惊奇的话题。如果在这种情况下可以保留对法官的民事诉讼，因为败诉方可以指控法官的行为是偏袒、恶意或腐败地进行的，那么，对司法独立必不可少的保护将被一扫而空。[①]

在现代，保障审判独立仍然是豁免法官裁判责任的重要理由。丹宁勋爵就曾指出，"当法官依法行事时，每位法官均应受到保护，以免负赔偿损害的责任。所有法官都应该能够完全独立地完成自己的工作，而不需担惊受怕。决不能弄得法官一边用颤抖的手指翻动法书，一边自问：'假如我这样做，我要负赔偿损害的责任吗？'"[②]美国联邦最高法院在1988年的"皮尔森诉雷案中"也强调，"之所以需要司法豁免权，是因为法官常常被要求去裁决有争议、困难和充满情感的案件，而不必担心心怀不满的诉讼人会起诉那些指控司法行为不当的诉讼。"[③]

关于豁免法官民事赔偿责任、保障法官独立行使审判权的意义，英国法官坦特顿在1829年"加尼特诉费伦德案"中说得很清楚，即"法律授予法官以免予被起诉和质疑的自由，主要不是为了个人，而是为了大众，为了推进正义。免予起诉可以使法官像所有司法人员应该做的那样自由思考和独立判断。"布里奇勋爵也认为"在1 000个法官中，如果一个不诚实的法官在实行职权时侵害了当事人

---

① Bradley v. Fisher, 80 U.S. (13 Wall.) 335, 20 L. Ed. 646 (1871).

② ［英］丹宁勋爵：《法律的正当程序》，李克强、杨百揆、刘庸安译，法律出版社1999年版，第72页。

③ Pierson v. Ray, 386 U.S.547, 87 S. Ct. 1213, 18 L. Ed. 2d 288(1967)；Forrester v. White, 484 U.S. 219, 108 S. Ct.538,544,98 L.Ed. 2d 555(1988).

利益而且还得不到救济，比 999 个诚实法官不时面对恼怒的当事人宣称法官在行使正当权力时带有偏见的骚扰对于社会健康集体的损害程度要小得多。"①谢菲尔德法官在"兰德尔诉布里格姆案"的裁判中也指出，"除非法官在执行司法时不受自己个人的考虑因素影响，否则他们将无法为公民的个人或财产提供任何保护"。"这种对司法行为的民事责任的豁免是为了公众，而不仅仅是为了保护法官。"②

如今，豁免法官裁判之民事责任已是被普遍接受的观念，成了司法独立的一个基本标准，这个标准已在多个国际公约中得到体现。例如，1982 年在印度新德里举行的国际律师协会第十九届年会全体大会通过的《司法独立最低标准》第 44 条规定："法官对于其执行法官职务之有无事务，其享有不受诉讼及不出庭作证之免责权。"③1985 年第七届联合国预防犯罪和罪犯待遇大会上通过的《关于司法机关独立的基本原则》第 16 条规定："在不损害任何惩戒程序或者根据国家法律上诉或要求国家补偿的权利的情况下，法官个人应免予因其在履行司法职责时的不当行为或不行为而受到要求赔偿金钱损失的民事诉讼。"④

（二）法官职务行为的公权性质

对裁判豁免法官民事责任的第二个理由是基于法官职务行为的公权性质的考量。谢菲尔德法官在"兰德尔诉布里格姆案"的裁判中特别指出，在美国可以通过弹劾方式或根据议会的提请而免除法官职务等方式追究法官责任，而不是在民事诉讼中针对法官司法行为对私人当事方造成的损害追究民事责任。⑤这里包含了将法官的职务行为和民事行为进行区分、对不同性质的行为所造成的损害根据不同的方式追责的含义。而随着现代国家赔偿制度的建立，许多国家也作出了法官不对其职务行为所造成的损害承担民事赔偿责任的制度安排，当然在这种情况下，国家通常都保留了追偿的权力，例如俄罗斯、日本和我国都采用了这种做法。从法理上来说，这样的制度安排是有道理的，法官因职务行为与案件当事人之间发生的关系是权力与权利之间的关系，而不是平等主体之间的民事法律关系，因此，法官只对公共利益负有义务，而不对任何特定的个人承担义务。

---

① 程汉大、李培锋：《英国司法制度史》，清华大学出版社 2007 年版，第 154—155 页。
② Randall v. Brigham，74 U.S. (7 Wall.) 523，19 L. Ed. 285 (1868).
③ 联合国公约与宣言检索系统，https://www.un.org/zh/documents/treaty/files/OHCHR-1985.shtml，最后访问时间：2021 年 7 月 12 日。
④ 周道鸾：《外国法院组织与法官制度》，人民法院出版社 2000 年版，第 585 页。
⑤ Randall v. Brigham，74 U.S. (7 Wall.) 523，19 L. Ed. 285 (1868).

二、公法责任的严格限制：审判权独立于其他国家权力

公法责任主要包括宪法责任、宪法相关法责任和刑事责任，其特点是通过其他国家权力监督审判权力。从现代法治国家追究法官裁判责任的具体情况来看，虽然各国追责范围和具体条件很不一样，但有一个共同特点是严格限制裁判责任的追究范围，即主要是在法官行为不端而故意违法裁判时才追究法官责任，而不仅仅根据裁判结果追究法官责任。

严格限制根据裁判结果追究法官公法责任是在立宪制度形成过程中形成的制度。在英国，严格限制根据裁判结果追究法官公法责任源于对国王干预司法的防范。纵观英国司法史，英国法官是有比较强的审判独立意识的。尽管法官是国王的仆人，忠于国王是法官的神圣义务，但是，法官们将这个义务不是简单地理解为忠于作为自然人的国王，而是理解为忠于国王所代表的法律和秩序。因此，自13世纪起，英国法官便自视为法律的代表、正义的化身，不仅不断宣称国王无权直接行使司法权，而且努力排除国王的无理干预。[①] 但是到了17世纪，在国王的专制统治下，"形成于中世纪的基础极为脆弱的法官相对独立性面临生死存亡的严峻考验"。[②] 那时，如果案件涉及政府利益，国王不仅干预具体案件的审判，而且如果法官违抗王命就会被免职。英国著名大法官柯克就是因为维护审判的独立与公正、不愿完全听命于国王而被詹姆士一世解职。此后的查尔士一世、查尔士二世、詹姆士二世也经常将不按王室意见作出裁决的法官进行解职。在1688年"光荣革命"后，国王不能完全决定法官的去留，法官只要行为良好就可以继续任职。1701年，英国议会正式制定了《王位继承法》，其中规定法官行为良好便可继续留任。从此，法官审判免于封建皇权对司法的任意干涉。随着英国立宪制度的确立，享有弹劾权的议会也不会因为裁判结果而弹劾罢免法官，从实践来看，英国议会除了在1830年成功行使过一次弹劾权外，对法官再也没有启动过弹劾程序。[③]

在美国，严格限制根据裁判结果追究法官公法责任是源于司法权在分权政府中的弱势地位。美国实行三权分立制度，为防止立法权和行政权对司法权的侵害，美国《联邦宪法》第3条规定：法官只要行为正当即应继续任职。为何有

---

① 程汉大、李培锋：《英国司法制度史》，清华大学出版社2007年版，第139—140页。
② 程汉大、李培锋：《英国司法制度史》，清华大学出版社2007年版，第145页。
③ 程汉大、李培锋：《英国司法制度史》，清华大学出版社2007年版，第145—149、153页。

此规定？汉密尔顿在美国《联邦宪法》制定之时就非常清晰地回答了这个问题。他在论及司法部门的时候特别指出，这个部门"既无军权，又无财权"；"既无强制，又无意志，只有判断"，由此他得出结论："司法机关为分立的三权中最弱的一个，与其他二者不可比拟。司法部门绝对无法成功地反对其他两个部门，故应要求使它能以自保，免受其他两方面的侵犯。"①因此，美国在宪法制定之时仅规定了法官弹劾制度，而且弹劾事项只能是行为不端，而不能针对裁判结果，以免除法官被国会任意解职的后顾之忧，保障法官独立审判。

作为最早的立宪国家，英美对待审判权和法官的态度对后来立宪国家的影响是非常大的，在法官行为良好的情况下，不就裁判结果对法官追究公法责任已成为维护审判独立的一项基本准则，被现代法治国家普遍接受。

第三节　法官裁判责任追究中的司法理性

对法官裁判责任不是要不要追究的问题，而是应在多大范围追究的问题。从法治国家追究法官裁判责任的实践来看，裁判责任的追究限度是审判独立和审判监督平衡的结果。

审判活动是在双方当事人之间居中裁判。公正是对审判活动的基本要求，而要实现公正审判，基本的条件就是法官在案件办理过程中持中立立场，不偏不倚地审理和裁判。要做到这一点，就要尽可能地防止各种制度外力量对审判过程和结果的可能干预。因此，世界上大多数的国家都在其宪法中以不同形式确认了审判独立原则。

当然，强调独立行使审判权并不是要否定对法院和法官的必要监督，从世界各国的实践来看，实行审判独立的国家不仅都有审判监督机制，而且审判监督机制的首要功能就是维护审判独立。例如，美国弹劾和惩戒法官的主要依据是《合众国法官行为守则》，其中第 1 条就规定："法官应维护司法的诚信和独立。"第 2 条规定："法官应在所有的活动中避免表面或实质上的不当行为。"其中 B 项是关于排除外部影响的，具体要求是："法官不应当允许家庭的、社会的、政治的、金融的以及其他关系影响司法行为和裁判。法官既不能借其职务之便为自己或他人

---

① ［美］汉密尔顿、杰伊、麦迪逊：《联邦党人文集》，程逢如等译，商务印书馆 1982 年版，第 391 页。

谋取私利,也不能传递出某些人或允许这些人传递出他们是处于影响法官的特殊地位这种印象。法官不得自动地充当证人。"①欧洲一个关于审判独立与问责的调查组在分析了 25 个有关审判独立和问责的相关材料后,对审判独立与问责的欧洲标准和国际标准做了总结,其中特别强调法官在维护审判独立方面的责任,"法官应该避免任何可能制约其独立履职或危及其公正性的活动","法官可能会参与其公务职能以外的活动,但这些活动不得妨害审判独立"。如果法官被证明有不当行为应当被问责,"甚至可以把他们调离审判机关"。② 审判监督机制不仅要维护审判独立,而且审判监督机制自身也不能妨碍审判独立。《德国法官法》第 26 条第 1 款就明确规定:"法官只在不侵害其独立审判之限度内受职务监督,"第 3 款规定:"法官认为职务监督之处分侵害其独立性时,得依本法之规定请求法庭裁判。"因此,现代法官监督制度的设计特别注意在审判监督和审判独立之间寻求平衡。

在平衡审判监督和审判独立之间的关系方面,某些域外国家或地区法治建设实践中的一些具体做法值得我国重视和借鉴。

第一个值得重视和参考借鉴的做法是职务处分权和惩戒处分权分离。在监督法官的制度设计上,一些国家将对法官的职务处分权交给代议机关或宪法法院,而将惩戒处分权交给普通法庭或专门的惩戒机构。例如,《日本宪法》第 64 条规定:"国会为审判受到罢免控诉的法官,设立由两议院之议员组成的弹劾法院。"③同时,日本《法院法》第 49 条还规定:"法官违反职务上的义务,或者怠慢职务,又或者存在辱其品格的行为,基于其他法律所规定,通过审判对其进行惩戒。"④根据日本《法官身份法》第 2 条规定,惩戒的方式主要是警告或 1 万日元以下的罚款。⑤ 在韩国,对法官的职务处分方式也是弹劾,根据其《宪法》第 111 条

---

① Code of Conduct for United States Judges(effective March 12, 2019),http://www.uscourts.gov/judges-judgeships/code-conduct-united-states-judges,最后访问时间:2021 年 7 月 12 日。

② European Network of Councils for the Judiciary: Independence and Accountability of the Judiciary ENCJ Report 2013 - 2014, pp. 61 - 62, https://www.encj.eu/images/stories/pdf/workinggroups/independence/encj_report_independence_accountability_adopted_version_sept_2014.pdf,最后访问时间:2021 年 7 月 12 日。

③ 《日本国宪法》,e-GO 法令检索,https://elaws.e-gov.go.jp/document?lawid=321CONSTITUTION_19470503_000000000000000&keyword=日本国宪法,最后访问时间:2021 年 7 月 12 日。

④ 最高人民法院政治部:《域外法院组织和法官管理法律译编》(下册),人民法院出版社 2017 年版,第 713—714 页。

⑤ 《裁判官分限法》(昭和二十二年法律第百二十七号),e-GO 法令检索,https://elaws.e-gov.go.jp/document?lawid=322AC0000000127_20150801_000000000000000&keyword=裁判官分限法,最后访问时间:2021 年 7 月 12 日。

的规定,宪法裁判所享有弹劾案的审判权。[①] 根据韩国《法院组织法》第 48 条的规定,大法院设有法官惩戒委员会行使对法官的惩戒权。[②] 韩国《法官惩戒法》第 3 条规定,对法官的惩戒处分分为:停职、减薪和谴责。[③]

在职务处分权和惩戒处分权分离的制度下,职务处分是政务处分中最严厉的一种处分形式,被配置了最复杂的处分程序;惩戒处分相对而言是比较轻的处分,被配置了相对简单的处分程序。这样的宽严结合,能够较好实现审判监督和审判独立的平衡。

美国的实践则从反面证明了职务处分权和惩戒处分权分离但并存的意义。美国联邦层面在 1980 年之前只有国会对法官的弹劾制度,没有法官惩戒制度,这样的制度安排重在维护审判独立。然而,代议机关弹劾制度启动困难、运行程序复杂,因不能经常启用,故对法官的实际监督能力非常有限。正如卡特总统在签署《1980 年司法理事会改革、司法行为和丧失能力法》时所发表的声明中所言,弹劾程序"过于笨重,只能应用于最恶名昭著的案件……实践表明,如果仅有弹劾这种笨重的机制可用,一些正当的投诉就没有办法救济。"[④]总统签署的这部法律建立了由巡回法院首席法官初步审查投诉——专门委员会调查——司法委员会审理——惩戒法官的监督机制,以处理对法官的日常投诉。司法委员会对以《宪法》第 3 条任命的法官可以采取的惩戒处分是:决定被投诉法官暂时不得被分配审理其他案件;私下谴责或者训斥该法官;以公告的形式谴责或者训斥该法官;要求其离职等。[⑤] 法官惩戒制度的建立纠正了美国过于偏重保护审判独立的问题,平衡了审判独立和审判监督之间的关系。

第二个值得重视和参考借鉴的做法是实行调查权和审理处分权分离。例如,日本《法官弹劾法》规定的弹劾程序是,由参议院和众议院选举的议员组成起诉委员会,假如认为法官存在弹劾罢免事由的,任何人均可要求起诉委员会提出罢免起诉,起诉委员会在进行调查后向弹劾法院提出罢免起诉,由众议院与参议

---

① 《世界各国宪法》编辑委员会:《世界各国宪法·亚洲卷》,中国检察出版社 2012 年版,第 244 页。

② 最高人民法院政治部:《域外法院组织和法官管理法律译编》(下册),人民法院出版社 2017 年版,第 746 页。

③ 最高人民法院政治部:《域外法院组织和法官管理法律译编》(下册),人民法院出版社 2017 年版,第 763 页。

④ Jimmy Carter. "Judicial Councils Reform and Judicial Conduct and Disability Act of 1980 Statement on Signing S. 1873 Into Law." October 15, 1980. https://www.presidency.ucsb.edu/documents/judicial-councils-reform-and-judicial-conduct-and-disability-act-1980-statement-signing-s,最后访问时间:2021 年 7 月 12 日。

⑤ See 28 U.S. Code §§ 351 - 364.

院选举的议员担任法官,依照弹劾审判程序进行审理判决。[①] 起诉委员会的成员和弹劾法院的法官由不同的议员组成,因此是议会中两个不同的组织在分别行使调查权和审理裁判权。我国台湾地区实行由专门监察组织对包括法官在内的所有公职人员进行监察的制度,监察机构享有纠举权和弹劾权,但在纠举和弹劾程序中,其主要职能是调查。根据韩国《法官惩戒法》的规定,行使惩戒请求权的主体是:① 大法院院长;② 大法官;③ 依照《法院组织法》对相关法官具有司法行政事务有关的监督权的法院行政处长、司法研修院长、各级法院院长、法院图书馆馆长。这些惩戒请求权的主体享有对惩戒事项的调查权,在大法院设立的惩戒委员会行使惩戒的审议权和决定权。[②]

　　第三个值得重视和参考借鉴的做法是专门惩戒机构组成人员来源的多元化。在一些国家,除了法官外,律师、法学教授乃至公民都被纳入专门惩戒机构中。根据法国《宪法》第 65 条规定,法国在最高司法委员中设置法官事务组作为法官纪律委员会进行裁决。在履行此项职能时,委员会由法官事务组成员和检察官事务组成员组成,包括 6 名法官、6 名检察官、2 名最高行政法院推事、2 名律师和 12 名行政体系的社会杰出人士。最高司法委员会受理申诉。[③] 根据韩国《法官惩戒法》第 4—5 条规定,法官惩戒委员会由 6 名委员构成,另设 3 名预备候补委员。委员由 3 名法官、1 名律师、1 名法学教授和 1 名其他具有丰富学识和经验的人组成,由大法院院长任命或委任,预备委员由大法院院长从法官中任命。[④] 美国许多州设立了专司法官惩戒职能的机构,其组成人员从 5—28 人不等。大多数州的成员由法官、律师和从事非法律工作的公民组成。[⑤] 关于机构成员的任命,有 10 个州是全部由州最高法院任命;在其他的大多数州,不同类别的成员由不同的组织任命,公民成员由州长任命,律师成员由州律师协会任命,法官由州最高法院任命。在一些州,组织成员的任命需要经过立法机关的批准。[⑥] 除了全

　　① 最高人民法院政治部:《域外法院组织和法官管理法律译编》(下册),人民法院出版社 2017 年版,第 725—732 页。
　　② 最高人民法院政治部:《域外法院组织和法官管理法律译编》(下册),人民法院出版社 2017 年版,第 764 页。
　　③ 《世界各国宪法》编辑委员会:《世界各国宪法·欧洲卷》,中国检察出版社 2012 年版,第 276 页。
　　④ 最高人民法院政治部:《域外法院组织和法官管理法律译编》(下册),人民法院出版社 2017 年版,第 763 页。
　　⑤ See Cynthia Gray. How judicial conduct commissions work. *American Judicature Society*, *Chicago IL*, 1999, pp.27 - 37.
　　⑥ See Cynthia Gray. How judicial conduct commissions work. *American Judicature Society*, *Chicago IL*, 1999, pp.27 - 37.

部成员由法院任命的机构可以看作法院系统内设机构外,那些组成成员由不同组织产生的机构确实具有"既不隶属于立法机构,也不隶属于司法机构,更不听命于行政机构"的特点,①其独立性更大,排除国家机关和其他外在影响的能力也更强。

第四个值得重视和参考借鉴的做法是审理和处分程序司法化。首先,一些国家直接通过司法程序对法官涉嫌违法违纪行为进行审理和惩戒。例如,根据日本《法官身份法》第6、8条的规定,身份案件的审判程序由对该法官行使监督权的法院申请提起。各高等法院对其管辖区域内的地方法院、家庭法院和简易法院的法官惩戒案件拥有审判权,最高法院管辖最高法院和各高等法院的法官惩戒案件,对高等法院的惩戒决定不服者可向最高法院提起上诉,最高法院作出的惩戒决定为终审。② 德国《法官法》一方面在第63条第(1)款规定法官的惩戒程序准用公务员惩戒法之规定,另一方面,又对法官的惩戒程序作出特别规定。该法第61条规定:为任职于联邦之法官,于联邦最高普通法院设置特别法庭作为联邦职务法庭;第77条规定:各州设置职务法庭;第78条规定,州职务法庭负责裁决惩戒事件、撤销任命事件等事项;第62条规定,联邦职务法庭对惩戒事件、撤销任命事件等具有终审管辖权,亦裁决不服州职务法庭裁判之上诉。③ 其次,专门惩戒机构的惩戒程序也呈现出司法程序的特点。例如,根据韩国《法官惩戒法》的规定,惩戒请求人和被请求人都要出席审议会议,双方可以以书面或者口头的方式陈述意见或提交证据;被请求人可以聘用律师或特别辩护人作为自己的辩护人;委员会可以依惩戒请求人、被请求人、律师及其特别辩护人等的申请命令鉴定或者询问证人,并可向公共机关要求查询事实或提交文件等。④此外,对法官的弹劾程序也具有司法程序的特点,例如,日本《法官弹劾法》专门设立了弹劾法院审理弹劾法官的案件。《韩国宪法》第111条规定对法官的弹劾由宪法裁判所来审理裁决。⑤

第五个值得重视和参考借鉴的做法是在法官没有违法违纪行为的情况下基

---

① 参见全亮:《法官惩戒制度比较研究》,法律出版社2011年版,第54页。

② 《裁判官分限法》(昭和二十二年法律第百二十七号),http://elaws. e-gov. go. jp/search/elawsSearch/elaws_search/lsg0500/detail?lawId=322AC0000000127♯61,最后访问时间:2021年7月12日。

③ 参见最高人民法院政治部:《域外法院组织和法官管理法律译编》(上册),人民法院出版社2017年版,第449—450、453—454页。

④ 最高人民法院政治部:《域外法院组织和法官管理法律译编》(下册),人民法院出版社2017年版,第765页。

⑤ 《世界各国宪法》编辑委员会:《世界各国宪法·亚洲卷》,中国检察出版社2012年版,第244页。

于法官的裁判行为不对法官进行追责。本书第四章所介绍的 6 国裁判责任追究的实践充分说明了这一点。

从域外法官责任追究制度的实践来看,无论是监督主体的组成,还是监督过程的职权配置,对法官的监督权能都呈现出相对分散的状态,对法官的监督重点是法官的行为,而不是裁判结果,这样的监督机制保证了法院及其法官的相对独立性,这既是审判独立和审判监督平衡的结果,也是司法规律的内在要求。

第六章 对我国法官裁判责任追究实践的检讨

将地方法院追究法官裁判责任的具体实践和我国法律的相关规定进行比较可以发现,地方法院将违法裁判责任制度实践变成了根据裁判结果追究法官责任的错案责任追究制,出现了超范围追究法官裁判责任的问题。从实际效果来看,我国法官裁判责任的追究存在矛盾现象:一方面,地方法院超范围追究法官裁判责任,对法官产生了压力;另一方面,对违法的裁判错误应向法官追究的法定责任形式追责并不到位。

第一节 地方法院裁判责任追究的扩大化问题

一、我国法官责任制度的性质

关于法官责任的追究,我国并没有所谓的错案责任追究制度,只有违法责任追究制度。《法官法》是关于法官权利、义务和管理的基本法律,其中关于惩戒制度的规定在 2019 年修改前是第 11 章,现在是第 6 章的一部分。根据这些规定,受处分和刑事处罚的行为被称为"违法违纪行为"。最高人民法院为实施《法官法》规定的惩戒制度,制定了相应的规范性文件,这些文件都贯彻了《法官法》的基本精神,即将惩戒的事由规定为违法违纪行为。现行有效的《人民法院工作人员处分条例》(以下简称《法院处分条例》)第 2 条所规定的应当受处分的是违反法律、法规和纪律的行为,而《人民法院审判人员违法审判责任追究办法(试行)》(以下简称《违法审判责任追究办法》)文件名称的关键词就是"违法审判责任"而不是其他性质的责任。这些都表明,我国法官责任制度的追责逻辑是对违法违纪行为追究责任,具体到裁判,就是只有在裁判存在违法的情况时才能追责。有人认为，"最高院两个办法的施行，标志着错案追究制度在全国的正式确立"，[①]这种认识是不准确的。

有学者将我国的法官责任模式分为三种，即结果责任模式、程序责任模式和职业伦理责任模式。结果责任是指法官因过错出现裁判错误时承担的法律责任。程序责任是指法官在审判过程中存在违法行为并造成严重后果时承担的法律责任。职业伦理责任是指法官违反职业伦理规范时承担的法律责任。[②] 这种分类是有道理的，不过这三种责任模式并不是非此即彼，应该说，我国采用的是三种责任的混合模式。对错案的追责属于这种分类中的结果责任。

无论是哪种类型的责任，都以违法为归责依据，这和行政公务员的追责依据有所不同。对于行政公务员是追究结果责任的，但这个结果责任并不是以结果违法为必要条件。行政公务员追责机制会在公务员没有违法违纪行为的情况下，根据履职结果对公务员追责，即对不能有效实现行政任务的公务员追究责任，这是对行政公务员进行目标管理的一种结果。但是，对法官并不采用目标管理的方法，因此，法官追责机制不在法官没有违法违纪行为的情况下根据裁判结果对法官追责。

二、地方法院对我国法官责任制度性质的误读

一些地方法院将我国法官责任的性质误读为错案责任，这导致了法官裁判责任追究范围的扩大化。地方法院对我国法官责任性质的误读主要有两种表现。

一是一些地方法院在照搬《违法审判责任追究办法》的结构和基本内容的情况下，将其所制定的法官责任规则称为"错案责任追究办法"，在法律没有对错案进行明确界定和错案在多种含义下使用的情况下，这种改变是不严谨的，很容易引起歧义和造成追责逻辑的混乱。

二是一些法院将最高人民法院制定的《法院处分条例》和《违法审判责任追究办法》中涉及裁判错误的内容单列出来加以改造，制定该法院及其下级法院实施的称为"错案责任追究办法"的规范性文件。例如，《河南省高级人民法院错案责任终身追究办法》（以下简称《河南办法》），从"违法责任"到"错案责任"的变化并不仅是语词选择上的变化，这会直接导致追责逻辑的变化，使追责的着眼点从违法违纪行为转移到裁判错误的结果上，从而改变法官责任的性质。

[①] 姚建才：《错案追究制度的反思与重构》，《江西公安专科学校学报》2004 年第 2 期。
[②] 参见陈瑞华：《法官责任制度的三种模式》，《法学研究》2015 年第 4 期。

对我国法官责任性质的误读有两种不利后果。

第一种后果是忽略裁判的违法性和法官的主观过错,仅根据案件被二审和再审改判和发回重审这样的形式标准来判断错案并追究法官责任。这种情况已经在本书第三章做了详尽的分析。这种扩大裁判责任追究范围的做法,后果是很严重的。地方法院所推行的错案责任追究制不仅对法院和法官造成了压力,妨碍了法院和法官独立审判,而且由于对法院、审判业务部门和法官产生的压力促使法院和法官为避免错案责任追究采取了不少颇有"成效"的办法,这些办法还直接影响了我国审判制度的正常运行。关于错案责任追究制对我国审判制度正常运行的负面影响概括起来主要有以下几点。

首先,法院对错案责任追究采取的上下沟通机制影响了审级制度运作的实际效果。审级制度是法律规定的国家审判机关在组织体系上的层级划分,诉讼案件经法院审理才告终结,其判决和裁定即发生法律效力的制度。根据三大诉讼法的规定,我国法院审判案件实行的是两审终审制。设置审级制度的目的不是要建立一种上级控制下级的机制,而是通过增加审理程序,形成上下级法院之间的制约关系,使得裁判更加审慎,减少错误的发生概率,实现法律的公正价值。审级制度实现的条件是上下级法院之间的相互独立,这种独立的基本要求就是在具体案件审理之前和审理的过程中上下级法院之间不能沟通。然而,下级法院和法官为避免错案追责,在案件审理之前和审理过程中,常常采用请示、汇报等各种方式与上级法院沟通,以确保与上级法院的案件审理思路和具体看法一致。因此,我国法律所规定的两审程序的界限变得模糊,上下级法院之间的独立性被破坏,使审级制度有虚设之嫌。

其次,法官为应对错案追责所采用的减少对案件的裁判、以调解结案的策略影响了纠错程序的启动。根据三大诉讼法的规定,对地方各级人民法院第一审案件的判决和裁定,当事人可以按照法律规定的程序向上一级人民法院上诉,《刑事诉讼法》还规定了人民检察院可以按照法律规定的程序向上一级人民法院抗诉。① 这是针对尚未发生法律效力的判决和裁定的纠错程序。根据三大诉讼法规定的审判监督程序,各级人民法院院长对本院已经发生法律效力的判决和裁定,如果发现在认定事实上或者适用法律上确有错误,必须提交审判委员会处理。最高人民法院对各级人民法院已经发生法律效力的判决和裁定,上级人民

---

① 参见《刑事诉讼法》第227、228条;《民事诉讼法》第171条;《行政诉讼法》第85条。

法院对下级人民法院已经发生法律效力的判决和裁定,如果发现确有错误,有权提审或者指令下级人民法院再审。最高人民检察院对各级人民法院已经发生法律效力的判决和裁定,上级人民检察院对下级人民法院已经发生法律效力的判决和裁定,如果发现确有错误,有权按照审判监督程序提出抗诉。这是针对已经发生法律效力的判决和裁定的纠错程序。然而,以调解结案的民事案件,双方当事人不能上诉;以调解结案的民事案件不属于检察院抗诉的范围,也不属于法院依职权提起再审的范围,除非调解违背了自愿或合法原则。因此,法官为规避"究错"而减少对案件的裁判而以调解结案,这样的做法必然导致"纠错"程序无法启动,从而使法院的司法活动得不到应有的监督。

再次,法官为应对错案追责将裁判责任转移到审判委员会的做法影响了宪法所规定的审判公开原则的落实。审判公开是保障法院公正审判的必要条件,我国《宪法》第 130 条规定:"人民法院审理案件,除法律规定的特别情况外,一律公开进行。被告人有权获得辩护。"然而,审判委员会讨论案件是不公开的,对讨论的经过、审判委员会成员各自的意见、最后决定的形成,诉讼当事人和公众都无从知晓,而且,审判委员会成员对案情的了解主要靠主审法官的介绍,诉讼当事人无机会为自己辩护。如果法官将裁判责任转移到审判委员会,其结果就是法官只审不判、审判委员会是判而不审,这种审和判分离的情况违背了宪法有关审判公开的原则,严重损害了诉讼当事人的辩护权利。

最后,审判监督程序不易启动,纠错难。例如下述案件,河南卢氏县人张某某因写批评报道,被杜某某罗织罪名陷害入狱。可是他没想到,在杜某某被捕后,还自己清白的申诉案却卷进了上诉、驳回重审、不服再上诉的怪圈。几年过去了,张某某的"黑名"都无法洗清。在申诉的过程中,一名法官告诉张某某:"如果给你改判无罪,中院将一败涂地!况且根据最高院的规定,办理一起错案,当年评先资格就取消了,所以中院必须坚挺。"另一名法官告诉记者,自从《国家赔偿法》实施以来的十几年里,三门峡市法院系统还没有过一次赔偿,也没受到过一次错案追究,为什么?"因为法院没有办过一起错案!"[①]

第二种后果是将对法官审判活动的全程监督变成了裁判之后的事后监督,从而减弱了法官责任制度的实际效能。这种后果尚未引起学界的足够重视。

通常情况下,地方法院制定的法官责任规则表明了各地法院法官责任追究

---

① 参见"河南公民遭前县委书记报复　蒙受 7 年不白之冤",http://china.zjol.com.cn/05china/system/2006/06/07/006662315.shtml,最后访问时间:2020 年 6 月 1 日。

的重点,相较于《法官法》和最高人民法院制定的法官责任规则而言,这些办法在各地法院发挥着更为直接的作用。将法官责任的追责逻辑由违法违纪责任转换为错案责任会直接冲击我国法官责任制度对违法违纪行为的责任追究,降低对法官的监督效果。

以《河南办法》①为例。该办法第 7 条所列举的应该追究错案责任的案件是:① 违反规定私自办理案件或内外勾结制造假案的;② 毁弃、篡改、隐匿、伪造证据或指使、帮助他人作伪证,导致裁判错误的;③ 私自制作诉讼、执行文书的,或者制作诉讼文书时,违背合议庭评议结果、审判委员会决定,或者因重大工作过失导致诉讼文书主文错误,造成严重后果的;④ 向合议庭、审判委员会报告案情时故意隐瞒主要证据、重要情节,或者提供虚假材料,导致裁判错误的;⑤ 故意违反法律规定,对不符合减刑、假释条件的罪犯裁定减刑、假释的;⑥ 故意违反法律规定采取财产保全措施、执行措施或其他强制措施的,以及因在采取上述措施中有重大工作过失而造成案件当事人、案外人或第三人人身伤害、财产损失等严重后果的;⑦ 其他故意违背事实和法律致使裁判、执行结果错误或因重大过失致使裁判、执行结果错误并造成严重后果,被审判委员会确认为错案的。

从《河南办法》所追责的错案范围来看,该办法不仅存在将错案的通常含义扩大化到其他审判错误的问题例如第(6)项,而且这个办法还存在和最高人民法院颁布的《违法审判责任追究办法》的具体规定和精神相背离的问题。例如,《违法审判责任追究办法》第 10 条规定:"涂改、隐匿、伪造、偷换或者故意损毁证据材料,或者指使、支持、授意他人作伪证,或者以威胁、利诱方式收集证据的。丢失或者因过失损毁证据材料,造成严重后果的。"根据该条规定,对上述行为的追责不以是否出现裁判错误为必要条件,但相对应的《河南办法》第(2)项的规定则以出现裁判错误为必要条件。《违法审判责任追究办法》第 12 条规定的追责事项是"向合议庭、审判委员会报告案情故意隐瞒主要证据、重要情节,或者提供虚假材料的",根据该条规定,对这种行为的追责也不以是否出现裁判错误为必要条件,但是《河南办法》第(4)项的规定则使得对这种行为的追究以出现裁判错误为必要条件。

通过比较可以看到,虽然《河南办法》所规定的被追责的错案是因违法违纪行为导致的错案,但是由于追责的落脚点最终不是落在违法违纪行为上,而是落

---

① 〔法宝引证码〕CLI.13.594772。

在了裁判错误上,这表明只有当违法违纪行为导致错案发生之后才会追究责任,如果不发生裁判错误的结果,这些违法违纪行为将不会进入追责的范畴,这显然和我国法官责任的追责逻辑不一致。

第二节　地方法院裁判责任追究扩大化的宪法背景

有学者从中国古代官僚制度的传统中探寻原因,①也有学者从人民司法的理念及相应实践中寻找答案,②这些都很有道理。不过,这些传统和理念要变成错案责任追究的现实,还需要宪法为其留有空间。

1982 年《宪法》第 126 条(现为第 131 条)规定:"人民法院依照法律规定独立行使审判权,不受行政机关、社会团体和个人的干涉。"这和 1954 年《宪法》第 78 条的规定有所不同。1954 年《宪法》第 78 条的规定是:"人民法院独立进行审判,只服从法律。"两者的差别主要在于,第 126 条采用列举方式规定了不得干涉审判权的主体,列举的目的是要修正 1954 年《宪法》第 78 条规定的"不确切"和"绝对化",理由是:独立不等于随意,更不是专断,各级人民法院除了必须依照法律规定外,还必须坚持党的领导,接受国家权力机关、法律监督机关、上级审判机关和人民群众的监督。③

对审判独立的机械化理解对 1982 年《宪法》关于司法体制的构建产生了实质性影响。1982 年《宪法》不仅在审判独立条款中通过列举不干涉主体而对审判独立进行限制,而且为防止审判独立的任意而将审判监督作为重点进行了全面的制度安排。1982 年《宪法》第 127 条(现为第 132 条)规定:"最高人民法院是最高审判机关。最高人民法院监督地方各级人民法院和专门人民法院的审判工作,上级人民法院监督下级人民法院的审判工作。"第 128 条(现为第 133 条)规定:"最高人民法院对全国人民代表大会和全国人民代表大会常务委员会负

---

①　[美]明克胜:《针对错案的司法责任追究制度:中华帝国的司法传统在延续》,夏雪、张欢、汪婧译,《司法》2015 年第 10 辑。

②　周赟:《错案责任追究机制之反思——兼议我国司法责任制度的完善进路》,《法商研究》2017 年第 3 期。

③　肖蔚云:《论宪法》,北京大学出版社 2004 年版,第 547—548 页;中国法学会:《宪法论文选》,法律出版社 1983 年版,第 248—252 页。

责。地方各级人民法院对产生它的国家权力机关负责。"第 129 条(现为第 134 条)规定:"中华人民共和国人民检察院是国家的法律监督机关。"除此以外,法院的审判工作当然还要接受中国共产党的领导。那么,按照现行宪法的制度安排,审判独立就只剩下两个方面的内容:一是在职能分工的意义上,国家的审判权统一由人民法院行使,其他任何机关或个人都没有这个权力;二是在外部独立上,法院行使审判权不受列举主体的干涉。审判独立和审判监督之间关系的不平衡,这为有错必究的错案责任追究制的生成提供了条件。

一、法院上下级监督关系及其变异对法官责任制度的影响

很少有国家的宪法对上级法院和下级法院之间的关系进行专门的规定,上下级法院之间的关系主要在审级制度中得以具体体现。设置不同审级的法院,主要目的并不是要建立一种上级法院控制下级法院的机制,其主要功能是为当事人提供多一次的救济机会、减少裁判错误、统一法律适用标准。虽然审级制度包含了上下级法院之间的制约内容,但这是建立在审判职能分工上的一种相互制衡关系,审级制度的建立以不同审级法院的相互独立为前提。

不过,我国《宪法》第 132 条对上下级法院的关系进行了明确规定:"最高人民法院是最高审判机关。最高人民法院监督地方各级人民法院和专门人民法院的审判工作,上级人民法院监督下级人民法院的审判工作。"从该条文的具体规定来看,我国上下级法院之间的关系是一种上级法院对下级法院的单向监督关系,因此,在中国的司法体系中,上级法院对下级法院处于绝对的优势地位,而且这种绝对的优势地位使得上下级法院之间的监督关系在实践中发生变异,并直接影响法官责任制度。

上级法院对下级法院监督关系的变异及其对法官责任制度的影响经历了这样的发展过程:从法定监督方式向监督和指导关系的变化,直至接近于行政机关和检察机关上级对下级的领导关系。在这样的关系中,上级法院根据裁判结果让下级法院承担不利后果也成为题中应有之意,且不利后果也必然会传递到法官身上。

(一) 上级法院对下级法院审判监督的法定形式对法官责任制度的影响

《法院组织法》在 2018 年修改之前明确规定了上级法院在具体案件的审理上监督下级法院的两种主要方式,即审级制度和审判监督制度。《法院组织法》第 11 条规定:"人民法院审判案件,实行两审终审制。地方各级人民法院第一审

案件的判决和裁定,当事人可以按照法律规定的程序向上一级人民法院上诉,人民检察院可以按照法律规定的程序向上一级人民法院抗诉。"第 13 条第 2 款规定:"最高人民法院对各级人民法院已经发生法律效力的判决和裁定,上级人民法院对下级人民法院已经发生法律效力的判决和裁定,如果发现确有错误,有权提审或者指令下级人民法院再审。"审级制度和审判监督制度在我国三大诉讼法中得到具体落实。

审级制度和审判监督制度的设计目的和监督强度是不同的。审级制度是一个完整的诉讼过程,在一审程序结束,裁判尚未生效前,由诉讼当事人在规定的时间内提起上诉,启动二审程序,目的是为当事人提供多一次获得公正审判的机会,同时在这个制度正常运行时对下级法院起到监督制约作用,以减少和纠正裁判错误。

审判监督程序则是在一个完整的诉讼程序结束后,对法院已经生效的判决裁定进行再审的制度,其主要目的是纠错。根据三大诉讼法的规定,审判监督程序的启动可以是当事人向人民法院提起再审申请,也可以是最高人民检察院和上级人民检察院提起抗诉,还可以由本级法院或上级法院依职权启动。三大诉讼法所规定的启动审判监督程序的条件比较宽泛,其中有些条件还规定得比较抽象,例如,"认定事实上或者在适用法律上确有错误""原判决、裁定认定事实的主要证据不足""原判决、裁定适用法律、法规确有错误的"。[①] 此外,三大诉讼法也没有规定审判监督程序在启动时间上的限制。因此,相较于上诉程序,审判监督制度赋予了上级法院在监督下级法院方面更大的主动性和时间上的无限性,上级法院可以在任何时候以发现错误为由自主决定对下级法院已经生效的裁判启动审判监督程序,或者自己直接审理,或者指令下级法院再审。由于上级法院依职权启动再审程序并不以告诉为前提,因此,将这种做法的实质理解为上级对下级进行监管更为恰当。

一旦法律赋予上级法院主动监督下级法院的权力,在监督含义不清和监督权缺少有效制约的情况下,就可能出现上级法院主动拓展监督方式干预下级法院审判活动的问题,现实情况也的确如此。

(二)上级法院对下级法院的审判指导对法官责任制度的影响

上级法院对下级法院的主动监督在实践中发展为上级法院对下级法院的主

---

① 参见《刑事诉讼法》第 254 条、《民事诉讼法》第 207 条、《行政诉讼法》第 91 条。

动指导。

我国宪法和法律并未对上级法院对下级法院的审判业务指导进行任何规定,上下级法院之间的指导与被指导关系是在司法实践中自我生成的。除了案件审理所具有的间接指导功能外,实践中上级法院直接指导下级法院的方式主要有:最高人民法院发布司法解释和指导性案例;上级法院发布典型案例;上级法院发布审判业务类文件;上级法院组织召开审判业务会议;下级法院向上级法院请示汇报案件;上级法院提前介入、挂牌督办下级法院审理的案件;上级法院内部函指导下级法院审理案件;发改案件沟通协调;等等。

鉴于案件请示汇报、提前介入等方式对下级法院独立审理个案所产生的不利影响,2010年最高人民法院发布《关于规范上下级人民法院审判业务关系的若干意见》(以下简称《上下级法院审判业务关系意见》),一方面,将审判指导确认为上级人民法院对下监督的重要内容;①另一方面,对上级法院指导下级法院的方式进行了规范。其第8—10条对上级法院指导下级法院的方式进行了非常详尽规定:最高人民法院通过审理案件、制定司法解释或者规范性文件、发布指导性案例、召开审判业务会议、组织法官培训等形式,对地方各级人民法院和专门人民法院的审判业务工作进行指导。高级人民法院通过审理案件、制定审判业务文件、发布参考性案例、召开审判业务会议、组织法官培训等形式,对辖区内各级人民法院和专门人民法院的审判业务工作进行指导。中级人民法院通过审理案件、总结审判经验、组织法官培训等形式,对基层人民法院的审判业务工作进行指导。2011年最高人民法院发布的《关于加强人民法院审判管理工作的若干意见》第6条进一步要求"上级人民法院要深入分析研究辖区内审判工作的整体态势,加强对下级人民法院的宏观指导,推动审判工作协调发展。要通过审理案件、召开审判业务会议、研讨典型案例等形式,及时总结经验,统一法律适用,统一裁判尺度,提高整体司法水平。"

上级法院通过审理案件来指导下级法院的审判,这是一种必然出现的客观效果,即所谓的"办案即指导",因这种效果具有间接性和非强制性,因此,对下级法院独立审判不会构成实质性威胁。

在最高人民法院规范性司法文件所认可的其他指导方式中,制定司法解释

---

① 罗书臻:《明确监督指导范围程序 保障依法独立行使审判权——最高人民法院司改办负责人就〈关于规范上下级人民法院审判业务关系的若干意见〉答记者问》,《人民法院报》2011年1月29日,第2版。

是《法院组织法》第 32 条授予最高人民法院的职权,最高人民法院通过这种方式指导下级法院审理案件于法有据。2010 年最高人民法院又通过了《关于案例指导工作的规定》,规定由最高人民法院确定并统一发布对全国法院审判、执行工作具有指导作用的指导性案例,各级人民法院审判类似案例时应当参照。最高人民法院有权制定规范性司法解释对全国各级法院产生约束力,因此,最高人民法院通过规范性司法文件赋予其发布的指导性案例对各级法院案件审理起参照作用而非强制性意义,最高人民法院的这种做法也无不当。

那么,高级人民法院是否适合发布参考性案例指导下级法院审理案件?指导性案例和参考性案例只是名称和发布主体上的差异,就其功能而言都是对下级法院的案件审理起参考作用。高级人民法院因没有制定规范性司法解释的权力,因此,其发布参考性案例要求下级法院参照的做法缺乏依据。不仅如此,在实践中还出现了上级法院强制要求下级法院参照参考性案例的情况,这是严重威胁下级法院独立审判的做法。例如,重庆市高级人民法院在 2013 年发布了《参考案例工作规定》,要求"全市法院要拿准吃透案例所确立的裁判规则。参照适用案例,主要是参考并仿照案例确定的裁判规则、反映的法律精神、体现的价值取向作出裁判。在审理类似案件时,首先应当充分注意有无指导性案例,要认真研究、正确理解,将其释法说理的基本精神转化为对正在审理案件的精准司法裁判。如果必须对类似案件作出不同于指导性案例和参考性案例的处理结论,应当有充分理由并经审判委员会讨论决定。否则,当事人提出上诉或者申诉,上级法院就会参照指导性案例或参考性案例,对案件作出改判或撤销原判发回重审。"①不参照指导性案例办案,就要承担被改判和发回重审的不利后果,这显然已经不是指导,而是命令了。

至于上级法院通过制定审判业务文件、召开审判业务会议、组织法官培训等方式主动指导下级人民法院的做法,本身就是科层制组织的上级领导和管理下级的主要方法,而在实践中,上级法院采用上述方式对下级法院的案件审判进行主动指导在很多情况下都具有强制性,领导意味非常浓厚。有研究对 S 省高级人民法院(含职能部门)在 2011 年 7 月—2014 年 6 月向辖区下级法院(含职能部门)发出的 1 322 份正式的工作通知进行分析发现,"S 省高级法院转发和自行发布的审判业务文件通知中,无一例外地提出了辖区法院要'遵照执行''严格遵

---

① 张瑞雪:"重庆高院发布第一批参考性案例",http://www.chinacourt.org/article/detail/2013/02/id/896224.shtml,最后访问时间:2020 年 6 月 1 日。

守'或类似的要求。下级法院在案件审判过程中,实际遵守高级法院发布的审判业务文件、条线会议纪要、法律问答中的相关规定也已经是不争的事实。""高级法院的审判指导很大程度上已经成为类案处理的命令与遵守的代名词,其内容也在实践中发挥着法律规范的作用。"①这不是某一个省级法院的特殊情况,而是上级法院在指导下级法院时的一种普遍现象,上下级之间所谓的"指导"关系实际上已经演变为了领导关系。在这样的业务指导关系中,下级法院不按上级法院对法律和政策的理解来裁判案件,案件裁判被上级法院改判并被认为是错案应是大概率的结果。

（三）上级法院对下级法院的审判管理对法官责任制度的影响

除了审判业务的指导,上级法院对下级法院的监督关系也在向审判管理层面发展。广义上说,对与审判权运行相关的任何方面的事务进行的管理都属于审判管理的范畴,内容涉及领导班子建设、队伍建设、廉政建设、审判和执行工作、法院管理、调研信息、物质装备建设、法制宣传等方方面面;狭义上讲,审判管理是对案件审判的过程和结果进行的管理。本书主要从狭义上讨论审判管理问题。

上级法院对下级法院案件审判过程和结果的管理,我国《宪法》和《法院组织法》都没有进行任何规定,三大诉讼法中包含了少量的内容,主要体现在两个方面。

一是上级法院对下级法院的指定管辖。我国《刑事诉讼法》第 27 条规定:"上级人民法院可以指定下级人民法院审判管辖不明的案件,也可以指定下级人民法院将案件移送其他人民法院审判"。《民事诉讼法》第 38 条规定:"有管辖权的人民法院由于特殊原因,不能行使管辖权的,由上级人民法院指定管辖。人民法院之间因管辖权发生争议,由争议双方协商解决;协商解决不了的,报请它们的共同上级人民法院指定管辖。"第 39 条第 1 款规定:"上级人民法院有权审理下级人民法院管辖的第一审民事案件;确有必要将本院管辖的第一审民事案件交下级人民法院审理的,应当报请其上级人民法院批准。"《行政诉讼法》第 23 条规定:"有管辖权的人民法院由于特殊原因不能行使管辖权的,由上级人民法院指定管辖。人民法院对管辖权发生争议,由争议双方协商解决。协商不成的,报它们的共同上级人民法院指定管辖。"

---

① 余韬:《高级法院与下级法院间非审判工作关系的反思与变革——基于 S 省高级法院工作通知的实证分析》,载最高人民法院:《全国法院第二十六届学术讨论会论文集:司法体制改革与民商事法律适用问题研究》(2015 年),第 43 页。

　　二是上级法院对下级法院民事案件延期审理的批准。《民事诉讼法》第 152 条规定："人民法院适用普通程序审理的案件,应当在立案之日起六个月内审结。有特殊情况需要延长的,由本院院长批准,可以延长六个月;还需要延长的,报请上级人民法院批准。"

　　随着上级法院对下级法院的审判指导朝着强制性方向发展,上级法院对下级法院的管理必然会突破上述两种管理方式,走向对下级法院的全面管理。上级法院对下级的审判管理主要有以下几种方式。

　　一是制定审判管理文件,要求下级法院遵照执行。例如《北京市高级人民法院关于印发〈北京市高级人民法院关于开展案件质量评查工作的指导意见(试行)〉的通知》①的内容是这样的:"市第一、第二中级人民法院,北京铁路运输中级法院,各区、县人民法院,各铁路运输法院:《北京市高级人民法院关于开展案件质量评查工作的指导意见(试行)》于 2009 年 3 月 9 日经北京市高级人民法院审判委员会第 4(总 231)次会议讨论通过,现予印发,请认真贯彻执行。执行中有何问题,请及时报告我院审监庭。"《齐齐哈尔市中级人民法院关于印发审判责任制和办案绩效考评"两个办法"的通知》②的内容是这样的:"全市各基层法院、中院各部门:《齐齐哈尔市中级人民法院审判责任制实施办法(试行)》和《齐齐哈尔市中级人民法院办案绩效奖惩考评实施办法(试行)》于 2013 年 11 月 12 日经我院第 37 次审判委员会讨论通过,现印发给你们,请各基层法院遵照《审判责任制实施办法》执行,参照《办案绩效奖惩实施办法》,结合本院实际,建立相应的制度机制,中院各部门遵照执行。在正式实施前组织干警集中学习,领会精神,认真贯彻,在执行中遇到问题及时向中院考评办反馈。"从这两份通知中可以看到,"认真贯彻执行"和"遵照执行"是上级法院对下级法院的基本要求,上级法院的管理功能跃然纸上。地方法院当然也是遵照执行,例如齐齐哈尔市富裕县人民法院就制定了《富裕县人民法院贯彻落实〈齐齐哈尔市中级人民法院审判责任制实施办法(试行)〉实施细则(试行)》。③

　　二是组织召开下级法院院长会议部署包括审判管理在内的法院工作。最高人民法院组织全国高级人民法院院长会议,高级人民法院组织省级司法辖区内中级人民法院和基层人民法院的院长会议。法院院长会议于年初组织召开,核

---

　　① 京高法发[2009]120 号,[法宝引证码] CLI.13.289897。
　　② [法宝引证码] CLI.13.1051982。
　　③ 富裕县人民法院网,http://qqherfy.hljcourt.gov.cn/public/detail.php?id＝911,最后访问时间:2021 年 10 月 15 日。

心议程为上级法院院长以工作报告形式总结上年度工作并部署下年度工作,审判业务和审判管理都是被部署的重要工作内容。下级法院在院长会议后会对部署的工作制定本法院的实施方案。

三是审判质量的评查、公示、排名和评比。审判质量管理的基本特点是,建立精细化的指标体系对案件审判质量进行评估,评查结果作为考核、排名、评比的依据,这些指标可以覆盖到审判活动的方方面面,改判和发回重审等与裁判结果相关的指标是其中的重要内容。

四是考核。从法院官网上能够找到上级法院考核下级法院的各种通知和消息,例如伊春市中级人民法院在其官网上发布的关于印发《2014年度市中院对各基层法院审判绩效考评实施办法》的通知;[①]河南省商丘市宁陵县法院于2017年在其官网上发布的《宁陵县法院在全市上半年基层法院绩效考核中荣获第一名》;[②]黑龙江省林区中级人民法院在其官网上发布的《关于2019年度对各基层法院主要工作绩效考核结果的通报》;[③]等等。

上级法院通过将审判质量的评查结果进行公示、排名、评比和考核等方法对下级法院进行管理,并使下级法院之间形成竞争关系。为完成上级法院的评查任务和在竞争中处于优势,下级法院必然会强化法院内部的审判管理,从而使上级法院对下级法院的管理延伸到法院内部对审判业务庭和法官的管理,根据裁判结果对业务庭和法官进行奖惩成为法院内部审判管理制度中的必然内容。

二、法院内部组织结构及其院长的职责对法官责任制度的影响

根据我国《宪法》和《法院组织法》的规定,各级法院下设刑事审判庭、民事审判庭、经济审判庭,根据需要可以设其他审判庭;法院由法院院长一人、副院长、庭长、副庭长和审判员若干人组成。尽管《宪法》和《法院组织法》没有明确规定法院院长、副院长、庭长、副庭长的具体职责及其与普通审判员的关系,但从组织形式看,这与行政机关的组织形式没有什么差别。而从实际情况来看,法院院长、副院长、庭长、副庭长都承担着所在法院和审判庭的管理职能,普通法官成为

---

① 伊春市中级人民法院网,http://yczy.hljcourt.gov.cn/public/detail.php?id=467,最后访问时间:2020年6月1日。

② 宁陵县人民法院网,http://hnnlfy.hncourt.gov.cn/public/detail.php?id=1596,最后访问时间:2020年6月1日。

③ 黑龙江林区中级人民法院网,http://hljlqzy.hljcourt.gov.cn/public/detail.php?id=1751,最后访问时间:2020年6月1日。

被管理对象,由此在法院形成了类似于金字塔的内部组织结构。

(一) 法院院长的地位高于其他法官

金字塔尖是法院院长,其地位高于其他法官。根据我国现行《宪法》第 62 条第 7 项和 63 条第 4 项的规定,最高人民法院院长由全国人民代表大会选举和罢免;第 67 条第 11 项的规定,最高人民法院副院长、审判员、审判委员会委员和军事法院院长根据最高人民法院院长的提请,由全国人民代表大会常务委员会任免;第 101 条第 2 款的规定,地方各级人民法院院长由本级人民代表大会选举和罢免;第 104 条的规定,县级以上的地方各级人民代表大会常务委员会依照法律规定的权限决定国家机关工作人员的任免。《法院组织法》和《法官法》对地方各级人民法院法官的任免进行了具体规定。《法官法》规定得更加具体。根据《法官法》第 18 条的规定:地方各级人民法院院长由地方各级人民代表大会选举和罢免,副院长、审判委员会委员、庭长、副庭长和审判员由本院院长提请本级人民代表大会常务委员会任免。在省、自治区内按地区设立的和在直辖市内设立的中级人民法院的院长,由省、自治区、直辖市人民代表大会常务委员会根据主任会议的提名决定任免,副院长、审判委员会委员、庭长、副庭长和审判员,由高级人民法院院长提请省、自治区、直辖市人民代表大会常务委员会任免。新疆生产建设兵团各级人民法院、专门人民法院的院长、副院长、审判委员会委员、庭长、副庭长和审判员,依照全国人民代表大会常务委员会的有关规定任免。

从《宪法》和《法院组织法》所规定的法院院长与法官的任职和免职的方式来看,法院院长由人民代表大会选举和罢免,而其他法官经由人大常委会任免,人民代表大会的地位高于人大常委会,法院院长的地位高于其他法官则是显而易见的。不仅如此,人大常委会任免其他法官需要经法院院长的提请,可见法院院长在法官的任免上享有一定的主导权,由此也可以看出法院院长的地位高于其他法官。

(二) 法院院长、庭长与法官的关系

法院院长、庭长与法官的关系体现在法院院长和庭长的职能中。

我国《宪法》和《法院组织法》没有专门的条款详细列举法院院长、副院长和法庭庭长、副庭长的职权,但法院内部事实上有比较稳定的组织结构、职责分工和运行规则,随着中央提出的以司法责任制为牛鼻子的司法体制改革的推进,这样的组织结构、职责分工和运行规则在《司法责任制意见》中得以总结和规范化。《司法责任制意见》第 21 条规定:"院长除依照法律规定履行相关审判职责外,还应当从宏观上指导法院各项审判工作,组织研究相关重大问题和制定相关管理制度,综合负责审判管理工作,主持审判委员会讨论审判工作中的重大事项,依法主持法官考评委员会对法官进行评鉴,以及履行其他必要的审判管理和监督职责。副院长、审判委员会专职委员受院长委托,可以依照前款规定履行部分审判管理和监督职责。"第 22 条规定:"庭长除依照法律规定履行相关审判职责外,还应当从宏观上指导本庭审判工作,研究制定各合议庭和审判团队之间、内部成员之间的职责分工,负责随机分案后因特殊情况需要调整分案的事宜,定期对本庭审判质量情况进行监督,以及履行其他必要的审判管理和监督职责。"

  法院院长和庭长的审判管理职能可以具体到个案。综合三大诉讼法关于审判监督程序的规定,各级人民法院院长对本院已经发生法律效力的判决、裁定、调解书发现确有错误,认为需要再审的,应当提交审判委员会讨论决定。[①] 从法律的规定来看,这是法院院长对法院审判活动进行的主动监督,但是,从实际功能来看,这种主动监督其实是法院院长对审判活动进行管理的一种方式。此外,《司法责任制意见》第 24 条列出了院长、副院长、庭长有权要求独任法官或者合议庭报告案件进展和评议结果的四种案件:① 涉及群体性纠纷,可能影响社会稳定的;② 疑难、复杂且在社会上有重大影响的;③ 与本院或者上级法院的类案判决可能发生冲突的;④ 有关单位或者个人反映法官有违法审判行为的。该条意见还指出,"院长、副院长、庭长对上述案件的审理过程或者评议结果有异议的,不得直接改变合议庭的意见,但可以决定将案件提交专业法官会议、审判委员会进行讨论。"

  从法院院长和庭长的管理职能来看,普通法官与法院院长和庭长的地位是不平等的,法院院长和庭长是其所在法院和审判庭审判工作的管理者,而普通法官是法院院长和庭长的管理对象。

(三) 法院院长的担责形式及其对裁判责任的影响

  被罢免和引咎辞职是法院院长对其所在法院的工作承担责任的具体方法。

  根据我国《宪法》规定,人民代表大会有权罢免法院院长,但是未对罢免事由作出明确规定。从理论上说,人民代表大会除了因为法院院长的违法违纪行为而罢免法院院长外,还可以因为对法院工作报告中所报告的具体工作不满意而罢免法院院长。理由如下。

---

① 参见《刑事诉讼法》第 254 条、《民事诉讼法》第 205 条、《行政诉讼法》第 92 条。

现行《宪法》第 3 条第 3 款规定："国家行政机关、审判机关、检察机关都由人民代表大会产生，对它负责，受它监督。"那么，各机关如何向人大负责？根据《宪法》的规定，政府首长向人民代表大会报告工作是行政机关向人大负责、接受人大监督的重要方式。由政府首长向人大报告工作，这是行政机关首长负责制决定的，《宪法》第 86 条第 2 款规定："国务院实行总理负责制。各部、各委员会实行部长、主任负责制。"第 105 条第 2 款规定："地方各级人民政府实行省长、市长、县长、区长、乡长、镇长负责制。"

我国宪法没有规定法院院长责任制，也没有规定法院院长向人大报告工作，但是在实践中法院院长每年代表法院在同级人民代表大会上做工作报告已经成了惯例。工作报告的内容不仅包括每年总受案数、总结案数、总涉诉金额、总再审结案数等司法统计数据，而且还包括法院队伍建设、廉政建设、基础建设等其他工作的执行和完成情况，人民代表大会要对报告进行审议和表决。考虑到法院院长在法院的实际管理职能，法院院长在法院的地位和行政首长在行政机关的地位已无实质性差别，可以认为，法院院长就是法院的首长，就是法院向人大负责的责任人，法院院长应该对其所在法院包括审判质量、审判效率、队伍建设、廉政建设、基础建设等在内的一切事项承担最后的责任，人民代表大会如果对上述工作不满意，就可以对法院院长提出罢免案。2018 年修订的《人民法院组织法》第 41 条增加了这样的内容："人民法院院长负责本院全面工作，监督本院审判工作，管理本院行政事务。人民法院副院长协助院长工作"。这一条规定的增加可以认为是对法院院长实际地位和功能在法律上的确认。

引咎辞职是最高人民法院要求法院院长、副院长为其管理工作主动承担责任的方式，引咎辞职的事由反映了最高人民法院关于法院院长、副院长承担责任的事由范围的基本看法。最高人民法院在 2001 年制定了《地方各级人民法院及专门人民法院院长、副院长引咎辞职规定（试行）》，[①]对法院院长、副院长引咎辞职的事由进行了明确规定，其中第 3 条规定："引咎辞职是指在其直接管辖的范围内，因不履行或者不正确履行职责，导致工作发生重大失误或者造成严重后果，负有直接领导责任的院长、副院长，主动辞去现任职务的行为。"第 4 条规定："院长、副院长在其直接管辖范围内，具有下列情形之一的，应当主动提出辞职：（一）本院发生严重枉法裁判案件，致使国家利益、公共利益和人民群众生命财产遭受重

---

① ［法宝引证码］CLI.3.37759。

大损失或造成恶劣影响的;(二)本院发生其他重大违纪违法案件隐瞒不报或拒不查处,造成严重后果或恶劣影响的;(三)本院在装备、行政管理工作中疏于监管,发生重大事故或造成重大经济损失的;(四)不宜继续担任院长、副院长职务的其他情形。"

从引咎辞职事由的具体规定来看,法院院长、副院长要对本院发生的枉法裁判案件承担责任,这表明防止错误裁判是法院院长和副院长的重要职责,法院院长要履行好这个职责,对案件的裁判结果进行监控和追责恐怕是法院院长不得不选择的管理方式。

三、法官的公务员身份及其管理制度对法官责任制度的影响

我国《宪法》将审判独立落实在法院层面,而没有像许多国家那样将其落实到法官层面。

世界上大多数国家的宪法都是将审判独立直接表述为法官独立审判。例如,《德国基本法》第 97 条第 1 款规定:"法官独立行使职权,只服从法律。"[1]《日本宪法》第 76 条第 3 款规定:"所有法官依良心独立行使职权,只受本宪法及法律的约束。"[2]《俄罗斯联邦宪法》第 120 条第 1 款规定:"法官独立,只服从俄罗斯联邦宪法和联邦法律。"[3]1936 年《苏联宪法》第 112 条规定:"审判员独立,只服从法律。"[4]1977 年《苏联宪法》第 155 条规定:"审判员和人民陪审员独立,只服从法律。"[5]《越南宪法》第 130 条规定:"法官和陪审员独立审判,只服从法律。"[6]

为保障法官独立行使审判权,许多国家还在宪法中规定了不同于行政机关公务员的职务保障制度。法官独立审判的职务保障主要体现在两个方面:一是终身任职;二是薪酬保障。《日本宪法》第 78 条规定:"法官除依法院认定为因身心的障碍不适合执行职务情形外,非经正式弹劾不得被罢免。"第 79—80 条规定:最高法院和下级法院法官"均定期获得一定数额的报酬,此报酬在任期中不得减少"。[7]《俄罗斯宪法》第 121 条规定:"法官不可被撤职。只有根据联邦法律规定的程序和理由,才能终止和暂停法官的权限。"第 124 条规定:"法院的经

---

① 《世界各国宪法》编辑委员会:《世界各国宪法·欧洲卷》,中国检察出版社 2012 年版,第 191 页。
② 《世界各国宪法》编辑委员会:《世界各国宪法·亚洲卷》,中国检察出版社 2012 年版,第 498 页。
③ 《世界各国宪法》编辑委员会:《世界各国宪法·欧洲卷》,中国检察出版社 2012 年版,第 226 页。
④ 《世界各国宪法》编辑委员会:《世界各国宪法·欧洲卷》,中国检察出版社 2012 年版,第 248 页。
⑤ 《世界各国宪法》编辑委员会:《世界各国宪法·欧洲卷》,中国检察出版社 2012 年版,第 265 页。
⑥ 《世界各国宪法》编辑委员会:《世界各国宪法·亚洲卷》,中国检察出版社 2012 年版,第 920 页。
⑦ 《世界各国宪法》编辑委员会:《世界各国宪法·亚洲卷》,中国检察出版社 2012 年版,第 498 页。

费只能来自联邦预算。联邦预算对法院的拨款，应当能够保障法院依照联邦法律的规定，充分独立地行使司法权。"①《意大利宪法》第 107 条规定："法官不得被革职。除非依照最高司法委员会根据司法组织规范所规定的辩护保障，并附理由而作出的决议，或征得法官本人同意，法官不得被停职或免职，也不得被调往其他法院任职。"②《美国宪法》第 3 条第 1 款规定："最高法院和下级法院的法官如行为端正，得继续任职，并按期得到服务报酬，此项报酬在他们继续任职期间不得减少。"③

我国自 1954 年《宪法》开始到现行《宪法》都没有确立法官独立审判的地位，也没有关于法官职务保障的内容。有学者将我国现行《宪法》第 131 条关于法院审判独立的条款解释和论证成包含法官独立的审判独立，④但那只是学者为司法体制改革所指出的努力方向，并不是现行宪法的本意。早在现行《宪法》颁布之时，就有宪法学家对审判独立的具体含义进行了非常清晰的解读："人民法院依法独立进行审判，当然包括审判员依法审判在内，但并不是审判员个人说了算，而是要依法经过合议庭作出判决，由院长、庭长审批，或者由审判委员会作出决定，并由院长签发生效。所以，独立审判是指人民法院依照法律审判，不受行政机关、社会团体和个人的非法干涉，不是指审判员个人可以任意独自作出判决。"⑤"在人民法院内部，审理案件实行民主集中制的原则，不是合议庭独立审判，更不是审判员独立审判。"⑥

我国《宪法》不明确规定法官独立审判的地位，也不对法官的职务保障作出特别规定，这意味着《宪法》是将法官作为公职人员和行政公务员同等对待的，《公务员法》的具体规定印证了这一点。我国《法官法》是 1995 年制定的，《公务员法》是 2005 年制定的。《公务员法》的制定时间比《法官法》晚 10 年，但这并不影响其将法官纳入公务员体系，该法第 2 条规定："本法所称公务员，是指依法履行公职、纳入国家行政编制、由国家财政负担工资福利的工作人员。"可见，在我国，法官和行政公务员并没有本质上的差别，法官只是公务员的一种类型。

---

① 《世界各国宪法》编辑委员会：《世界各国宪法·欧洲卷》，中国检察出版社 2012 年版，第 226 页。

② 《世界各国宪法》编辑委员会：《世界各国宪法·欧洲卷》，中国检察出版社 2012 年版，第 754 页。

③ *The Declaration of Independence and The Constitution of the United States.* Bantam Books, 1998, p.71.

④ 韩大元：《论审判独立原则的宪法功能》，《苏州大学学报（法学版）》2014 年第 1 期；蒋惠岭《"法院独立"与"法官独立"之辩——一个中式命题的终结》，《法律科学（西北政法大学学报）》2015 年第 1 期。

⑤ 肖蔚云：《论宪法》，北京大学出版社 2004 年版，第 271 页。

⑥ 中国法学会：《宪法论文选》，法律出版社 1983 年版，第 244 页。

当然，《公务员法》也注意到了法官与行政公务员的差别，其第 3 条第 2 款规定："法律对公务员中的领导成员的产生、任免、监督以及法官、检察官等的义务、权利和管理另有规定的，从其规定。"那么，《法官法》是否根据法官的特殊性对法官的职务保障和管理进行了不同于行政公务员的制度设计？

通过将《法官法》和《公务员法》的具体内容进行比较，我们可以看到，《法官法》和《公务员法》的结构和内容一脉相承，《法官法》除了在任职条件和任免程序上对法官的要求不同于行政机关的公务员之外，在考核、培训、奖励、惩罚、工资福利保险等方面，对法官的管理和《公务员法》对公务员的管理没有实质性的差别。

首先，《法官法》没有从维护法官独立审判的角度设计制度，其主要目的和《公务员法》一样是管理法官。《法官法》第 1 条规定："为了提高法官的素质，加强对法官的管理，保障人民法院依法独立行使审判权，保障法官依法履行职责，保障司法公正，根据宪法，制定本法。"在该条中，管理是放在第一位的。该法第 8 条所规定的法官的主要职责是："依法参加合议庭审判或者独任审判案件"，这里没有包含法官独立行使审判权的意思。

其次，《法官法》和《公务员法》一样设立了考核制度，将适用于行政机关公务员的绩效管理体系照搬到了法官身上。绩效考核制度是对职工工作绩效的质量和数量进行评价，并根据职工完成工作任务的态度以及完成任务的程度给予奖惩的制度。在国家机关中，绩效考核制度主要用于行政公务员的管理，很少有国家对法官采用绩效考核制度，更不会以考核标准作为奖惩和处理法官的依据。2019 年以前的《法官法》第 8 章对法官考核制度进行了详细的规定。关于考核的标准，该法第 23 条规定："对法官的考核内容包括审判工作实绩、思想品德、审判业务和法学理论水平、工作态度和审判作风。重点考核审判工作实绩。"2019年修订的《法官法》第 41 条对法官考核的内容未作修改。审判工作实绩很难不包括法官裁判案件的具体情况，除非特别加以限制，裁判结果一定是考核的重要内容。实践中也的确是将裁判结果设定为重要的考核指标，并成为奖惩法官的依据。

再次，《法官法》和《公务员法》都将考核结果与法官权益直接挂钩。2019 年修订前的《法官法》第 13 条规定，应当免除法官职务的第四种情形是"经考核确定为不称职的"。第 24 条规定："年度考核结果分为优秀、称职、不称职三个等次。考核结果作为对法官奖惩、培训、免职、辞退以及调整等级和工资的依据。"

第 37 条规定："法官实行定期增资制度。经考核确定为优秀、称职的,可以按照规定晋升工资;有特殊贡献的,可以按照规定提前晋升工资。"第 40 条规定辞退法官的第一种情形是"在年度考核中,连续两年确定为不称职的"。2019 年修订的《法官法》除了没有规定辞退法官的具体情形外,其他内容都没有变化。根据第 20 条的规定,"经考核确定为不称职的"仍然是免除法官的情形之一;第 43 条继续采用"考核结果作为对法官奖惩、培训、免职、辞退以及调整等级和工资的依据"的做法;第 59 条是关于定期增资的规定,"经年度考核确定为优秀、称职的,可以按照规定晋升工资档次"的内容没有变化。

实践中考核结果对法官的影响远不止这些,本书第三章中介绍的经济处罚、取消晋职晋级和评优争先的资格等不利后果都与考核结果有关。《法官法》第 10 条所规定的两项法官权利与一些国家《宪法》所规定的法官职务保障制度相似,即第 3 项"非因法定事由、非经法定程序,不被免职、降职、辞退或者处分"和第 4 项"履行法官职责应当享有的职业保障和福利待遇",但是当《法官法》将考核结果和法官权益直接挂钩的时候,这些规定很难起到由《宪法》专门规定的法官职务保障制度所能起到的同样功能。《法官法》之所以采用考核制度管理法官,根本原因还在于法官的公务员身份,同时《宪法》没有将法官和行政机关的公务员进行区别对待。

再将法官惩戒制度和公务员惩戒制度相比较,也可以看到法官和公务员没有差别。《法官法》关于法官惩戒方面的内容只规定了应当惩戒的行为和惩戒方式,但是没有规定惩戒程序,相关程序是由最高人民法院制定的《人民法院监察工作条例》(以下简称《法院监察条例》)规定的。《法院监察条例》是 2008 年最高人民法院参照 1997 年制定的《行政监察法》制定的,其行政化特点更为明显。全国人大常委会在 2010 年对《行政监察法》进行了修订,该法一直实施到 2018 年《监察法》公布时被宣布废止。最高人民法院曾在 2013 年对《法院监察条例》进行了修订,该《条例》第 1 条仍然确认了《行政监察法》在本条例制定中的参照地位(该条例目前尚未被废止)。通过将现行《法院监察条例》和刚刚废止的《行政监察法》的内容进行比较,可以看到法院监察制度和原行政监察制度在以下三个方面有相同特点。

一是在法院内部建立专门的监察部门。其监察职能与行政机关内原监察部门的监察职能基本重合。将已废止的《行政监察法》第 18 条规定的监察机关的主要职责和《法院监察条例》第 14 条规定的监察部门的主要职责进行比较可以看到，二者具有以下职能：① 检查相关机关遵守和执行法律、法规的情况。② 受理对相关机关及其公职人员违纪违法行为的控告、检举。③ 调查处理相关国家机关及其公职人员违纪违法的行为。④ 受理相关国家机关及其公职人员不服处分决定的申诉。⑤ 组织协调、检查指导工作中损害群众利益的不正之风。所不同的是，《行政监察法》规定的职能中多一项"法律、行政法规规定由监察机关履行的其他职责"，而《法院监察条例》规定的职能中多一项"组织协调、检查指导预防腐败工作，开展对法官和其他工作人员司法廉洁和遵纪守法的教育"。

二是每个层级的法院都设立监察部门，上下级法院监察部门之间、法院院长与本级监察部门之间形成领导与被领导关系，这与原行政监察体制基本相同。原《行政监察法》第7条所规定的监察体制是："国务院监察机关主管全国的监察工作。县级以上地方各级人民政府监察机关负责本行政区域内的监察工作，对本级人民政府和上一级监察机关负责并报告工作，监察业务以上级监察机关领导为主。"《法院监察条例》第8条规定的监察体制是："最高人民法院监察室在最高人民法院院长的领导下主管全国法院的监察工作。地方各级人民法院监察室、基层人民法院专职监察员在本院院长和上级法院监察部门的领导下进行工作，监察业务以上级法院监察部门领导为主。"法院监察制度实行的这种领导体制和宪法所规定的法院上下级之间的监督和被监督关系是完全不同的。

三是法院监察部门集立案、调查、审理、处分建议等职权于一身，这与原行政监察机关的职权基本一致，监察过程具有明显的执法性而非司法性特点。监察过程中，监察对象的权利保障也得到一定程度的重视，例如原《行政监察法》第34条规定："监察机关在检查、调查中应当听取被监察的部门和人员的陈述和申辩。"《法院监察条例》第32条规定："审理案件采取听证或者书面审理的方式进行。书面审理案件，应当询问被调查人、听取其陈述和辩解，必要时，也可以与证人核对证言。"此外，法院监察部门还在内部进行了调查职能和审理职能的分工，以在调查组和审理组之间形成一定的制约关系。然而，由于调查组和审理组同属于一个部门，相互制约有限，且在审理过程中，调查组和被监察对象之间并不处于平等地位，故监察程序的执法性特点并没有改变。

四、小结

从上下级法院的关系、法院内部结构和法官的宪法地位这三个方面的分析

可以看到,虽然我国《宪法》确立了审判独立原则,但是审判独立限于法院独立,
且强调的是法院相对于外部干预力量的独立,因此,具体司法制度的设计都不是
在为法院和法官独立行使审判权创造必要的空间,而是重在运用各种方法对法
院和法官进行监督和管理。在独立审判元素不足的司法体制下,在法院制定法
官管理规则缺乏有效规范和制约的情况下,错案责任追究制应运而生。处于弱
势的法官因为没有宪法上的强有力的支撑,对错案责任追究通常是被动的,只能
采取可能的方式逃避错案追责。因此,错案责任追究制不是审判不独立的原因,
而是审判不独立的司法体制的结果,是缺少独立审判要素的宪定司法体制为地
方法院错案责任追究制的生成和长期存在提供了空间。

第三节　地方法院裁判责任追究
扩大化的制度条件

虽然从宪法背景上看,错案追责机制在宪定司法体制中的确有一定推演的
空间,但是如果制度上没有漏洞或提供条件,地方法院错案追责扩大化的问题也
不容易产生。

一、法官管理规则体系的漏洞

地方法院能够推行错案责任追究制的第一个制度条件是法官管理规则体系
的漏洞和监督失序,这为法院制定超范围追究法官裁判责任的法官管理规则提
供了便利条件。

(一)法官责任制度的立法缺漏

在我国,宪法和全国人大及其常委会制定的法律是法官责任制度的法源,但
由于我国历来按照宜粗不宜细的原则立法,故宪法和法律在法官责任制度方面
有诸多未尽事宜,存在不少缺漏。

我国《宪法》第 3 章第 8 节是关于人民法院和人民检察院的内容,其中第
128—133 条就人民法院的性质、组成、审判体制、审判原则等进行了明确规定,
但是没有对法官的责任进行规定。《宪法》有关法官的规定分散在以下条文中:
《宪法》第 62 条第 7 项规定,最高人民法院院长由全国人民代表大会选举;第 63
条规定,最高人民法院院长由全国人民代表大会罢免;第 67 条第 11 项规定,全

国人大常委会根据最高人民法院院长的提请,任免最高人民法院副院长、审判员、审判委员会委员和军事法院院长;第101条第2款规定,地方各级人民法院院长由本级地方各级人民代表大会选举和罢免。《宪法》有关法官管理制度限于法官任免制度,相关规定在一定程度上反映了法官的宪法地位以及法院与其他国家机关之间的关系。从法官任免主体来看,由于人民代表大会的地位高于同级人民法院,因此,法院院长的地位高于其他法官,普通法官的地位高于行政机关的普通公务员。

全国人大及其常委会制定的包含法官管理内容的法律主要有《全国人民代表大会组织法》《地方组织法》《监督法》《公务员法》《监察法》《人民法院组织法》《法官法》《刑法》和《国家赔偿法》。除了《人民法院组织法》和《法官法》是有关法院和法官管理的专门法律外,其他法律都是包含部分法官管理内容的法律,各自发挥着一定的法官管理职能。

《全国人民代表大会组织法》《地方组织法》和《监督法》是宪法相关内容的落实,在法官管理方面的规则主要涉及法官任用和职务处分等事项。

《公务员法》是对包括法官在内的所有公务员进行管理的基本法律,《法官法》是对法官进行管理的专门性法律。《公务员法》第3条第2款规定,法律对法官的义务、权利和管理另有规定的,从其规定。因此,有关法官的义务、权利和管理,优先适用《法官法》,《法官法》没有规定的事项适用《公务员法》。

《监察法》是关于监察机关对包括法官在内的所有国家公职人员进行监察的基本法律,主要对监察原则、监察机关及其职责、监察范围和管辖、监察权限、监察程序等方面的内容进行了比较全面但并不是很具体的规定,不具体的一个突出表现就是没有反映不同类型公职人员在受监督方面实际存在和应该存在的差异。因此,《监察法》在适用法官的监督方面还有诸多不确定的地方,需要通过后续法官惩戒制度的改革加以明确。

《刑法》和《国家赔偿法》也包含了法官责任的内容。《刑法》除了规定所有公务员应当承担刑事责任的一般职务犯罪类型外,还专门规定了法官违法行使审判权应当承担刑事责任的犯罪类型,即第399条规定的枉法裁判罪、第401条规定的徇私舞弊减刑、假释罪,以及第397条规定的滥用职权罪和玩忽职守罪。《国家赔偿法》第31条第1款规定:赔偿义务机关赔偿后,有权向工作人员追偿部分或者全部赔偿费用,条件是工作人员存在以下情况:① 刑讯逼供或者有殴打、虐待等行为或者唆使、放纵他人以殴打、虐待等行为造成公民身体伤害或者死亡的;② 违法使用武器、警械造成公民身体伤害或者死亡的;③ 在处理案件中有贪污受贿、徇私舞弊、枉法裁判行为的。对于法官而言,主要适用上述第三种情况。

《人民法院组织法》是有关法院的专门法律。2018 年修订前的《人民法院组织法》仅三章 40 条,其中第三章"人民法院的审判人员和其他人员"有关法官的内容仅有 4 条,主要规定了法官的任用制度,大部分内容和《宪法》《地方组织法》的内容相同。2018 年修订后的《人民法院组织法》增加到六章 59 条,其中第四章"人民法院的人员组成"规定了法院内部组成人员的类型及其职权。关于法官,该章除了重复《宪法》的相关规定外,还在第 40 条规定:"人民法院的审判人员由院长、副院长、审判委员会委员和审判员等人员组成。"在第 41 条规定:"人民法院院长负责本院全面工作,监督本院审判工作,管理本院行政事务。人民法院副院长协助院长工作。"在第 45 条规定:"人民法院的法官、审判辅助人员和司法行政人员实行分类管理。"在第 47 条第 3 款规定:"法官的职责、管理和保障,依照《中华人民共和国法官法》的规定。"

2019 年《法官法》进行了修订,修订前后的《法官法》都对法官的职责、义务和权利,以及法官的担任条件、任免、任职回避、等级、考核、培训、奖励、惩罚、工资福利、辞职辞退、退休等管理事项进行了规定。修订前的《法官法》条文仅有53 条,从内容上来看,一部分条文的内容是具体的,可以直接实施和发挥功能;还有一部分条文的内容因为缺乏必要的标准和程序规定而无法直接实施和发挥功能。修订前的《法官法》没有具体规定的事项主要是:① 法官的等级编制、评定和晋升办法。该法第 20 条只是笼统地规定:"由国家另行规定"。② 关于奖励的权限和程序。第 31 条第 2 款只抽象规定:"按照有关规定办理"。③ 处分的权限和程序。第 35 条只规定:"按照有关规定办理"。④ 考核的具体组织和标准。《法官法》仅在第 21 条规定:"对法官的考核,由所在人民法院组织实施",但具体如何组织实施《法官法》没有规定。虽然《法官法》第 23 条规定了考核的内容,但是没有规定考核的具体标准,也没有像前引条文那样,规定"按照有关规定办理"。《法官法》没有规定的内容,在《公务员法》中也找不到可供依照的相应条文。2019 年修订后的《法官法》增加为 69 条,但仍然没有规定上述内容。

(二)法院法官管理规则

法官管理规则的立法不足由法院规范性司法文件来填补。规范性司法文件既有最高人民法院制定的,也有各级地方人民法院制定的。

1. 最高人民法院制定的法官管理规则及其实际功能

最高人民法院在法官管理方面的规范性文件主要涉及法官的职业规范和法官的等级、任职回避、考评、奖励、惩戒等内容。

最高人民法院制定的法官职业规范有多个，现行有效的是：最高人民法院、司法部制定的《关于规范法官和律师相互关系维护司法公正的若干规定》《法官职业道德基本准则》《法官行为规范》。这些规范的特点是：只对法官提出了道德和行为上的具体要求，没有针对违反具体要求的各种行为规定具体的罚则。这样的职业规范事实上不具有强制执行力。

在法官等级制度方面，最高人民法院和中共中央组织部、人事部于 1997 年联合发布了《法官等级暂行规定》，对法官等级的编制、评定、晋升、降低和取消等作出了详细规定，同时授权最高人民法院制定本规定的实施办法。2006 年，最高人民法院制定《高级法官等级选升标准（试行）》。此外，最高人民法院还发布了《关于法官等级评定和微调若干问题的解答》《高级法官等级选升工作若干问题解答》《高级法官等级选升工作若干问题解答（二）》等。最高人民法院的这些规定填补了《法官法》在法官的等级编制、评定和晋升办法方面留下的空白。

最高人民法院在法官任职回避这方面制定的规范性文件是《关于对配偶子女从事律师职业的法院领导干部和审判执行岗位法官实行任职回避的规定（试行）》和《关于落实任职回避制度的实施方案》。这两个文件填补了《法官法》在任职回避方面规定的不足。详细规定了任职回避时的处理方法。

最高人民法院在法官考评方面制定了《法官考评委员会暂行组织办法》，规定了法官考评委员会的职责和组成。根据该《办法》第 2 条的规定，法官考评委员会是人民法院依法设置的对法官进行培训、考核、评议工作的机构，这解决了《法官法》关于考核的组织形式规定不明的问题。

最高人民法院在奖励制度方面和国家人事部联合制定了《人民法院奖励暂行规定》，详细规定了奖励的方式、条件、权限、程序、违反奖励规则的法律责任，填补了《法官法》在"奖励的权限和程序"方面留下的空白。

最高人民法院制定的有关法官惩戒制度的规范性文件可以分为两类：一类是对《法官法》所规定的惩戒制度的具体化，根据行为违法违纪的严重程度详细规定了各种违法违纪行为的处罚方式和处罚幅度。这类规范性文件现行有效的是：《人民法院审判人员违法审判责任追究办法（试行）》（以下简称《违法审判责任追究办法》）、《最高人民法院关于"五个严禁"的规定》《最高人民法院关于违反

"五个严禁"规定的处理办法》《人民法院工作人员处分条例》《关于人民法院落实廉政准则防止利益冲突的若干规定》。另一类规范性文件是关于惩戒程序的,现行有效的是:《人民法院监察部门查处违纪案件的暂行办法》《人民法院监察工作条例》《人民法院有关部门配合监察部门核查违纪违法线索暂行办法》《关于在人民法院审判执行部门设立廉政监察员的实施办法(试行)》《关于建立法官、检察官惩戒制度的意见(试行)》。这些规范性文件填补了《法官法》第 35 条在"处分的权限和程序"方面留下的空白。

综上可知,最高人民法院制定的相关规则填补了《法官法》留下的所有空白。

2. 地方各级法院制定的法官管理规则及其实际功能

笔者通过对北大法宝法律数据库、北大法意法律数据库、各法院官网调研了解到,地方各级法院制定的法官管理规则也不少,主要内容涉及法官职业规范、案件质量评查、考核制度以及惩戒制度。

在法官职业规范方面,辽宁省高级人民法院在 2009 年制定了《辽宁省人民法官守则》,共六章 155 条,从法官职业道德、审判行为、着装仪表、到业外活动等各方面,对法官从思想到行为进行了明确的规范。[1]

在案件质量评查和考核方面,天津市高级人民法院制定了《天津市高级人民法院案件质量评查工作规则(试行)》[2]和《审判职权行使与审判责任认定标准(试行)》[3]《案件质量问题认定标准(试行)》[4]《庭审质量标准(试行)》[5]《裁判文书质量标准(试行)》等;[6]广东省高级人民法院制定了《广东省高级人民法院关于执行质量和效率管理考核的规定(试行)》;[7]贵州省高级人民法院制定了《贵州省高级人民法院案件质量评查试行办法》;[8]北京市高级人民法院制定了《关于实行案件质量评查制度的若干规定》。[9]

在惩戒制度方面,不少法院制定了相关规则。例如,《河南省高级人民法院

---

①　参见《本溪市中级人民法院关于认真学习贯彻〈辽宁省人民法官守则〉的通知》,[法宝引证码]CLI.13.868269。

②　津高法[2010]119 号,[法宝引证码] CLI.13.1107599。

③　参见《天津法院司法工作标准(试行)(第三批)(三)》(津高法发[2017]2 号),[法宝引证码] CLI.13.1448909。

④　[法宝引证码] CLI.13.1222498。

⑤　[法宝引证码] CLI.13.1222495。

⑥　[法宝引证码] CLI.13.1222496。

⑦　粤高法发[2009]71 号,[法宝引证码] CLI.13.349190。

⑧　黔高法办[2014]79 号,[法宝引证码] CLI.13.1239379。

⑨　[法宝引证码] CLI.13.488126。

错案责任终身追究办法(试行)》①《广东省高级人民法院关于违法审判责任追究的暂行规定》②《甘肃省高级人民法院审判人员违法审判责任追究实施细则》③《北京市高级人民法院关于执行案件差错分析和责任倒查的若干规定(试行)》④《四川省高级人民法院"七个严禁"及处理规定》⑤等,这些都是专门的法官惩戒规则。还有一些规则,例如《上海市高级人民法院、上海市司法局关于规范法官和律师相互关系的若干规定》⑥《江苏省高级人民法院、江苏省司法厅关于进一步规范法官和律师相互关系维护司法公正的暂行规定》⑦《四川省高级人民法院关于规范法官在诉讼活动中会见案件当事人及其诉讼代理人、辩护人、委托的人、涉案关系人的暂行规定》⑧《陕西省高级人民法院关于严禁本院工作人员过问职务外案件的暂行规定》⑨等,这些是对法官特定方面行为的规范,其中包含惩戒内容。

上面所举例证都是各地高级人民法院制定的法官管理规则,在实践中,中级人民法院和基层人民法院制定法官管理规则的实例也能找到不少,现以黑龙江省为例来说明这个情况。选择黑龙江的原因是,黑龙江省行政区域内有高级人民法院1家,中级人民法院16家,基层人民法院175家,⑩在这些法院中,绝大多数法院的官网上都有"司法公开"栏目,而在"司法公开"栏目下都有一个分栏目"规章制度",规章制度栏目是各法院用来公开各种规范性文件的,这为考察地方法院规范性文件的制定情况提供了方便。当然,不是所有法院都在其官网上公布了本院的规章制度,而且也无法确定公布规章制度的法院是否同时公布了本院制定的所有规范性文件。不过,本书只是要了解地方法院制定法官管理规则的基本情况,并不需要将调研精确到每一家法院制定的每一项规范性文件。

黑龙江省高级人民法院公开发布了3项相关规范性文件:《全省法院绩效考评规则(试行)》《全省法院案件质量评查规则(试行)》《全省法院审判质效评估

---

① [法宝引证码] CLI.13.594772。

② 粤高法(2000)38号,http://www.lawyee.net/Act/Act_Display.asp?ChannelID=1010100&KeyWord=&rid=341913,最后访问时间:2020年6月30日。

③ http://www.lawyee.net/Act/Act_Display.asp?ChannelID=1010100&KeyWord=&rid=671646,最后访问时间:2020年6月30日。

④ 京高法发[2009]363号,[法宝引证码] CLI.13.796120。

⑤ [法宝引证码] CLI.13.538972。

⑥ [法宝引证码] CLI.13.277779。

⑦ 苏高法[2007]415号,[法宝引证码] CLI.13.582868。

⑧ [法宝引证码] CLI.13.538998。

⑨ [法宝引证码] CLI.13.232367。

⑩ 对黑龙江法院网所列出的全省各地法院进行统计得出的数据,详见http://www.hljcourt.gov.cn/public/more.php?LocationID=0204000000,最后访问时间:2020年6月30日。

规则（试行）》。① 这些都属于与考核制度相关的规则，因为绩效评查标准通常是制定考核标准的依据。

在中级人民法院中，有齐齐哈尔市、七台河市、伊春市、双鸭山市 4 家法院公开发布了 7 项规范性文件，其中 3 项是关于法官职业规范的：《齐齐哈尔市中级人民法院关于改进和加强机关作风建设八项规定》②《七台河市中级人民法院工作人员"六不准"》③《伊春市中级人民法院关于法院干警业内、外活动"八个严格""八个不准"的有关规定》；④3 个关于考核制度的：《齐齐哈尔市中级人民法院办案绩效奖惩考评实施办法（试行）》⑤《伊春市中级人民法院机关业务部门审判绩效考评细则（试行）》⑥《双鸭山市中级人民法院重点案件质量评查规范性实施细则》。⑦1 个关于惩戒制度的，即《齐齐哈尔市中级人民法院审判责任制实施办法（试行）》。⑧

比较多的基层人民法院公开发布了法官管理方面的规范性文件，其中有 20 个基层人民法院公开发布了法官职业规范方面的规范性文件，有 25 个基层人民法院公开发布了绩效评估和考核方面的规范性文件，有 12 个基层人民法院公开发布了惩戒制度方面的规范性文件。

上述情况是从对外公开的媒介上看到的情况，实际上，很多法院制定了法官管理方面的规范性文件，但是并没有公开发布。例如，武汉市中级人民法院审判管理办公室在 2016 年 12 月编写的《武汉市中级人民法院审判管理资料选编（一）》，这是一本非公开出版的内部资料，收录了三级法院发布的规范性司法文件，其中与法官管理相关的规范性文件有：《最高人民法院关于完善人民法院司法责任制的若干意见》；湖北省高级人民法院发布的《全省法院案件质量评查标准（试行）》；《武

---

① 黑龙江法院网，http://www.hljcourt.gov.cn/public/more.php?LocationID＝0302000000，最后访问时间：2020 年 6 月 30 日。

② 齐齐哈尔市法院网，http://qqherzy.hljcourt.gov.cn/public/detail.php?id＝1838，最后访问时间：2020 年 6 月 30 日。

③ 七台河市法院网，http://qthzy.hljcourt.gov.cn/public/detail.php?id＝246，最后访问时间：2020 年 6 月 30 日。

④ 伊春市法院网，http://yczy.hljcourt.gov.cn/public/detail.php?id＝401，最后访问时间：2020 年 6 月 30 日。

⑤ 《齐齐哈尔市中级人民法院关于印发审判责任制和办案绩效考评"两个办法"的通知》，[法宝引证码] CLI.13.1051982。

⑥ 伊春市法院网，http://yczy.hljcourt.gov.cn/public/detail.php?id＝469，最后访问时间：2020 年 6 月 30 日。

⑦ 双鸭山市法院网，http://syszy.hljcourt.gov.cn/public/detail.php?id＝70，最后访问时间：2020 年 6 月 30 日。

⑧ 《齐齐哈尔市中级人民法院关于印发审判责任制和办案绩效考评"两个办法"的通知》，[法宝引证码] CLI.13.1051982。

汉市中级人民法院关于法官、法官助理办案差错责任的暂行规定》;《武汉市中级人民法院案件质量评查工作规定》。根据笔者了解的情况,湖北省高级人民法院也曾制定《违法审判和差错案件责任追究办法(试行)》(鄂高法〔2010〕116号)。不过,湖北省和武汉市的相关规范性文件在其官网上找不到。

从笔者通过北大法宝、法院官网和其他途径调查了解到的情况看,在法官管理规则的制定上,可以说,无论哪一级法院都可以制定此种规则。地方各级法院制定的法官管理规则的主要功能有三个:一是制定在本院实施的具体考核标准和绩效奖惩规则,填补我国《法官法》在考核标准方面的空白,并在《法官法》规定的奖惩方式之外增设基于绩效的奖惩方法和标准;二是为落实最高人民法院或上级人民法院制定的法官职业规范,结合本法院的实际情况,制定本法院重点推行的职业规范;三是为落实审判责任制度制定法官责任的追究规则,对最高人民法院或上级人民法院制定的法官责任追究规则进行进一步的细化,甚至进行制度创新。

从各类法官管理规则所发挥的功能看,法官管理规则体现呈现出两个方面的特点:一是在法官管理规则体系中存在法律规则严重不足的问题,法院规则发挥着广泛性、实质性的管理功能;二是在职业规范、考核、奖惩方面,各级法院制定的法官管理规则所发挥的实际功能与法院级别成反比,即法院层级越低,其制定的相关管理规则发挥的实际功能就越大。

(三) 失于监督的地方法院法官管理规则

从实践来看,各级法院制定法官管理规则完全处于放任状态,没有法律的授权,没有法律对各级法院制定法官管理规则的权限进行划分,没有法律约束各级法院制定法官管理规则的程序,没有法定监督机制来处理法院制定的法官管理规则违宪违法的情况和不同主体制定的法官管理规则之间的不协调情况。虽然我国《宪法》规定了人民代表大会及其常委会有权监督本级法院,且上级法院有权监督下级法院,但是法院制定的规范性文件是游离于法定监督之外的。法院制定的法官管理规则属于法院制定的规范性文件,当然也是游离于法定监督之外的。

首先,法院制定的规范性文件都不在人民代表大会的监督范围内。根据我国《立法法》的规定,报各级人大常委会备案审查的规范性文件是行政法规、地方性法规、自治条例和单行条例、规章,此外,司法解释要报全国人大常委会备案审查。一些地方性法规所规定的应当由人大常委会备案审查的规范性文件是:各级人民代表大会及其常务委员会作出或者县级以上人民政府发布的,涉及公民、法人或者其他组织的权利和义务,在本行政区域内具有普遍约束力并可反复适用的文件。例如,《湖北省各级人民代表大会常务委员会规范性文件备案审查工作条例》第 3 条规定:"本条例所称规范性文件,是指各级人民代表大会及其常务委员会作出或者县级以上人民政府发布的,涉及公民、法人或者其他组织的权利和义务,在本行政区域内具有普遍约束力并可反复适用的文件。各级人民代表大会及其常务委员会和县级以上人民政府的内部工作管理制度、人事任免决定、向上级机关的请示和报告等文件,不属于本条例所称的规范性文件。"[①]从以上规定可以看到,除了最高人民法院的司法解释之外,法院所制定的规范性文件不在同级人大的监督范围内。

其次,下级法院的规范性文件不在上级法院的监督范围内。我国《宪法》和《人民法院组织法》没有将法院的功能区分为审判功能和司法管理功能,法院上下级关系全部适用《宪法》和《人民法院组织法》所规定的上级法院对下级法院的监督关系。而《人民法院组织法》只规定了审判职能方面,上级法院监督下级法院的具体方式,即上诉程序和审判监督程序,而在司法管理职能方面对上级法院监督下级法院的事项和方式未进行规定。尽管上级法院对下级法院的监督关系在实践中逐渐异化为监督指导关系直至领导关系,但是上级法院对下级法院规范性文件的监督毕竟于法无据,不可能也不应该形成常态化的监督机制。当然,实践中也未见上级法院改变和撤销下级法院规范性文件的实例。

由于缺少必要的监督,地方法院制定的法官管理规则处于杂乱无序状态,这主要体现在以下几个方面。

一是地方法院制定法官管理规则的具体依据混乱不清。法院制定法官管理规则一般会写上所依据的上位法规则,地方法院制定的规则呈现出各种各样的表现形态。

例如,《伊春市中级人民法院关于法院干警业内、外活动"八个严格""八个不准"的有关规定》的"引言":"为认真贯彻落实中央'八项规定'、最高法院'六项措施'、省法院'十项规定'和市委'十项规定'的精神,进一步加强和改进全市法院纪律作风和审判作风,切实维护人民法院清正廉洁、公正司法的形象,根据相关法规和制度结合我市法院实际,制定如下管理规定。"[②]虽然这个规定将制定依

---

① ［法宝引证码］CLI.10.777994。

② 伊春市法院网,http://yczy.hljcourt.gov.cn/public/detail.php?id=401,最后访问时间:2020 年11 月 1 日。

据从党的规则到法院的规则、从中央规定到地方规定——列举,但没有写清楚具体规范性文件的标题,不是很规范。

又例如,同是法官业外活动行为规范,《楚雄市人民法院法官业外活动行为规范(试行)》是根据《法官法》《公务员法》《法官行为规范》等法律及制度制定的;①伊春市乌伊岭区制定的《乌伊岭区人民法院审判人员业外行为规范》是根据《法官职业道德基本准则》制定的;②《爱辉区人民法院关于严格约束干警业外活动的若干规定》是根据《法官法》《法官职业道德基本准则》和审判纪律制定的。③ 将这 3 个文件进行比对,不仅这 3 个文件的制定依据不同,而且条文的具体数量和具体内容也不同。

还有,《望奎县人民法院关于改进法院工作人员司法作风的规定》声称是"依据《法官职业道德基本准则》《法官行为规范》《人民法院落实廉政准则防止利益冲突的若干规定》等规章制度,结合本院实际"制定的,然而,该规定实际上是仿效最高人民法院制定的《处分条例》的结构和内容制定的,将禁止的行为分为 6类,分别列举了 6 项违反法官职业准则的行为,5 项违反政治纪律的行为,6 项违反办案纪律的行为,11 项违反廉洁纪律的行为,5 项违反组织纪律的行为,4 项违反财经纪律的行为。④

二是不同法院就相同主题制定的法官管理规则内容各不相同,标准千差万别。前文已经提到的 3 个地方法院制定的法官活动行为规范就是明显的例证。将这 3 个文件进行对比会看到,不仅这 3 个文件的制定依据不同,而且条文的具体数量、条文的具体内容也都是不同的,而且内容差异特别大。

地方法院制定的法官惩戒规则也各不相同,这从标题上就可见一斑。地方法院制定法官惩戒规则时在标题中使用的核心词语,有"违法审判责任追究""错案责任追究""差错责任追究""瑕疵案件责任追究",等,还有将几种责任并列放在标题中,例如,《安塞区人民法院关于违法办案和错案责任查究的规定(试行)》⑤

---

① 楚雄市法院网,http://www.cxsfy.gov.cn/article/index/id/M8zMNDAwNSAOAAA％3D.shtml,最后访问时间:2020 年 11 月 1 日。

② 乌伊岭区法院网,http://ycwyl.hljcourt.gov.cn/public/detail.php?id＝274,最后访问时间:2020年 11 月 1 日。

③ 爱辉区法院网,http://hhah.hljcourt.gov.cn/public/detail.php?id＝391,最后访问时间:2020 年11 月 1 日。

④ 望奎县法院网,http://shwk.hljcourt.gov.cn/public/detail.php?id＝136,最后访问时间:2020 年11 月 1 日。

⑤ 安塞区法院网,http://sxasfy.chinacourt.org/article/detail/2009/11/id/4469965.shtml,最后访问时间:2020 年 11 月 1 日。

《虎林市法院错案、瑕疵案责任追究办法（试行）》[①]等。标题不同，内容当然也不同，其中的差异主要体现在各地法院对法官追究责任的不同事由和追责标准上。

地方法院制定的法官绩效考核和奖惩标准也表现出较大的差异。笔者选取黑龙江省高级人民法院、齐齐哈尔市中级人民法院、齐齐哈尔市克山县法院的绩效考评规则进行比较，其中存在的差别一目了然。

黑龙江省高级人民法院制定的《全省法院绩效考评规则（试行）》第 11 条规定了考评内容与权重，对法官考核分为两部分，其中共性内容占权重的 30%，考核内容是德（5%）、能（5%）、勤（4%）、绩（11%）、廉（5%）。针对法官的特定内容占权重的 70%，着重考评审判效率、质量和技能，即结案数、结案率、法定正常审限内结案率、超审限未结案率、执结率、执行案件标的到位率、案件平均审理（执行）天数、申诉、复查、和解、撤诉率；案件的事实认定、证据采信与定性，适用法律、诉讼程序是否合法，裁判结果是否公正合理，审结（执结）工作的社会效果；把握审判政策和准确适用法律的能力、调解和驾驭庭审的能力、审理重大疑难案件和化解重大矛盾纠纷的能力、制作裁判文书和调查研究的能力等。[②]

《齐齐哈尔市中级人民法院办案绩效奖惩考评实施办法（试行）》规定绩效考评工作以月基础分值为起分基准点，实行加分制和扣分制。基础分根据法官的级别从 100 分到 150 分不等。该《办法》详细列举了扣分和加分的各种具体情况，例如个人获得市、省、国家级荣誉的，分别加 30、50、100 分；每旷工一天扣 30分；办案法官（副院长、庭长、法官兼书记员）、书记员每年办案数量每超过或少于指标基数 1 件，分别加或减 20 分；引发错案、问题案件、瑕疵案件的行为符合《人民法院工作人员处分条例》（以下简称《处分条例》）规定情形的，按《处分条例》规定处理并按本《办法》第 19 条规定执行，其他行为引发错案的，每件扣 100 分；引发问题案件的，每件扣 70 分；引发瑕疵案件的，每件扣 50 分；等等。[③]

《克山县人民法院绩效考核办法（试行）》，该《办法》第 4 条规定绩效考核采用百分制的记分方法。公共绩效分值 30 分，业务绩效分值 70 分，关键事项绩效加（扣）分。根据该《办法》的具体规定，公共绩效的考核内容是政治素质指标 7.5

---

①　虎林市法院网，http://jxhl.hljcourt.gov.cn/public/detail.php?id=2605，最后访问时间：2020 年11 月 1 日。

②　黑龙江法院网，http://www.hljcourt.gov.cn/public/detail.php?id=540，最后访问时间：2020 年11 月 1 日。

③　齐齐哈尔市中级人民法院网，http://qqherzy.hljcourt.gov.cn/public/detail.php?id=775，最后访问时间：2020 年 11 月 1 日。

分,廉洁自律指标 7.5 分,劳动纪律指标 7.5 分,参加集体活动指标 7.5 分。法官
(执行员)的业务绩效由各种"率"之和(分子数)、庭审质量得分和法律文书质量
得分构成,共计 70 分。"率"由研究室提供,庭审质量顺序和法律文书顺序由专
职廉政监察员办公室提供。"率"要求高的为正数,要求低的为负数,在计算时将
负数乘以 20。审判公正、效率、效果分别计算,审判公正指标率之和乘以 3,效率
指标率之和和效果指标率之和分别乘以 2.5,将乘后的公正、效率和效果求和再
除以考核的指标数为率的指标得分。对法官根据"率"得分高低从 1 开始排列出
顺序。庭审质量得分和法律文书质量得分分别乘以 1,以得分高低从 1 开始排
序。将每名法官的率、庭审质量和法律文书质量根据得分排出的顺序数相加,以
数最小为第一。依次排序后,进行最后计算,得绩效总分,标准为:前 10% 为优
秀,得 90—100 分;后 5% 为合格,得 60—79 分;其他的为良好,得 80—89 分;出
现特殊严重问题的,评为需改进,得 59 分以下。[①]

同一省(行政区域)的法院所制定的法官考核方法和标准都存在这么大的差
异,不同行政区域的法院制定的考核方法和标准更是如此。

三是地方法院制定的法官管理规则大量重复最高人民法院的具体规定。在
很多情况下,地方法院制定法官管理规则都是直接照搬最高人民法院相关规则
的结构和具体内容,这样就造成了地方法院和最高人民法院有关法官管理规则
的大量重复。例如《楚雄市人民法院法官业外活动行为规范(试行)》照抄了最高
人民法院制定的《法官行为规范》第八部分的内容,并在这个内容的基础上加入
了身份维护注意事项、人际交往注意事项、投资理财注意事项内容。《深圳市中
级人民法院违法审判责任追究实施办法(试行)》[②](以下简称《深圳办法》)则直
接照搬了最高人民法院制定的《违法审判责任追究办法》的结构,照抄了《违法审
判责任追究办法》的大部分内容,其中有关追究范围的规定,《深圳办法》照抄了
《违法审判责任追究办法》规定的 17 种应当追究责任的具体情形,只是在编排顺
序上进行了一些调整,此外,在这 17 种情形之外又增加了与违法调解、违反管辖
权、违法中止和终结诉讼、违法采取强制措施等相关的四种情形。

还有一些地方法院制定的法官管理规则虽不是照搬最高人民法院制定的规
则,但很多都是在最高人民法院制定的各种规则性文件中选择部分内容进行拼

[①] 克山县法院网,http://qqherks.hljcourt.gov.cn/public/detail.php?id=328,最后访问时间:2020
年 11 月 1 日。

[②] http://www.lawyee.net/Act/Act_Display.asp?ChannelID=1010100&KeyWord=&rid=673926,最后
访问时间:2020 年 11 月 1 日。

接、加工而成。不过,在最高人民法院法官管理规则的基础上改造的地方法院规则大多都不如最高人民法院法官管理规则全面和成体系,语言表述也明显不如最高人民法院法官管理规则清晰和严谨。

四是一些地方法院制定的法官管理规则违反《法官法》的基本精神和具体规定。地方法院制定的法官管理规则违反《法官法》基本精神和具体规定的情况主要体现在惩戒规则中。《法官法》第46条(2019年修订前是第32条)列举了法官应当受到惩戒的各种行为,"违法乱纪"是这些行为的基本特点。最高人民法院制定的各种法官惩戒规则也遵循了这个基本精神,对于应当追责的行为都突出了行为的违法性和违纪性。但是,有些地方法院在制定法官审判责任方面的惩戒规则时却发生了偏离,将对法官的审判责任追究从违法责任扩展为错案责任,从行为责任扩展为结果责任,即在法官没有违法违纪的情况下对法官的裁判结果追究责任。例如《依安县人民法院更审、改判、再审案件责任追究实施细则》就详细规定了在法官审理案件的上诉率过高、案件被改判、案件被发回重审、案件再审等情况下,法官及其部门负责人分别应该承担的责任及其具体担责的方式,[①]该文件对法官行为违法或违纪的情况只字未提。更多地方法院是在其绩效考核和奖惩办法中规定上述内容,即不问法官是否存在违法违纪行为,而根据裁判结果对法官处以罚款、取消评先评优资格、取消晋职晋级资格、取消一定时间的审判权等各种处罚。

由于没有有效的机制来监督和控制地方法院管理性文件的合法性,故很难保证各地法院能够严格按照《法官法》的标准来实施法官责任制度。不仅如此,在司法体制改革被作为司法机关工作重心的几十年里,地方法院的各种制度创新常常被认可,并在各地法院推行。

二、诉讼法相关规定的误导

直接根据形式标准来判断案件裁判的对错,并对错案追责是错案责任追究制被诟病的根本原因所在。那么,为什么地方法院能够根据形式标准来对错案追责?究其原因,是诉讼法将案件改判和发回重审的具体条件与裁判对错的判断直接关联。可以说,没有诉讼法将案件改判和发回重审的具体条件与裁判对错的判断相关联,就不会出现法院根据形式标准来判断裁判是否错误的可能,也

---

① 依安县法院网,http://qqherya.hljcourt.gov.cn/public/detail.php?id=117,最后访问时间:2020年11月1日。

不会出现地方法院根据形式标准对裁判结果追究责任的可能。这种关联尚未引起学界的注意，但恰恰是这种关联为法院根据形式标准来判断裁判是否错误提供了技术支持，也为地方法院根据形式标准对裁判结果追究责任创造了条件。

本书第一章第三节梳理了三大诉讼法有关二审和再审对案件裁判的处理方式所做的具体规定，在这些规定中可以看到"错误"这个字眼频繁出现，从而将二审和再审对案件裁判的处理与裁判结果的对错直接关联，那就是，被二审和再审改判的案件一定是认定事实错误或适用法律错误的案件，而被发回重审的案件一定是认定事实错误的案件或审理程序错误可能导致裁判错误的案件。除了审理程序错误可能导致裁判错误的疑似错案的情况之外，在其他情况下，根据形式标准判断的错案应当和根据实质标准判断的错案完全一致。将二审和再审改判和发回重审的处理方式与裁判对错直接关联，这样的规定成为引导地方法院根据形式标准来判断案件裁判对错的重要依据。

诉讼法将二审和再审对案件裁判的处理与裁判结果的对错直接关联，这样的制度应该不是凭空设计的，其背后的观念基础是上级法院相对于下级法院的智力优势，即上级法院比下级法院业务素质高，上级法院能够比下级法院作出更正确的裁判和决定。上级法院对下级法院的优势地位贯穿在所有涉及上下级法院关系的法律制度中，其背后都反映了这样的观念。

上级法院对下级法院的优势地位首先体现在级别管辖制度中。级别管辖是对上下级法院受理第一审案件进行的分工，我国三大诉讼法主要根据案件的严重和复杂程度以及对社会的影响面来确定各级法院一审案件的管辖权，法院级别越高，所受理的案件越严重、越复杂、影响面越大。具体来看，根据《刑事诉讼法》第20—23条的规定，基层人民法院管辖普通刑事案件；中级人民法院管辖危害国家安全、恐怖活动案件和可能判处无期徒刑、死刑的案件；高级人民法院管辖全省（自治区、直辖市）的重大刑事案件；最高人民法院管辖全国性的重大刑事案件。根据《民事诉讼法》第18—21条的规定，基层人民法院管辖第一审民事案件；中级人民法院管辖重大涉外案件、在本辖区有重大影响的案件和最高人民法院确定由中级人民法院管辖的案件；高级人民法院管辖在本辖区内有重大影响的民事案件；最高人民法院管辖在全国有重大影响的案件和认为应当由本院审理的案件。根据《行政诉讼法》第14—17条的规定，基层人民法院管辖第一审行政案件，中级人民法院管辖对国务院部门或者县级以上地方人民政府所作的行政行为提起诉讼的案件、海关处理的案件、本辖区内重大、复杂的案件；高级人民法院管辖本辖区内重大、复杂的行政案件;最高人民法院管辖全国范围内重大、复杂的行政案件。

上级法院对下级法院的优势地位也体现在案件管辖权移送和提级制度中。根据我国《刑事诉讼法》第 24 条规定:"下级人民法院认为案情重大、复杂需要由上级人民法院审判的第一审刑事案件,可以请求移送上一级人民法院审判。"《民事诉讼法》第 38 条第 2 款和《行政诉讼法》第 24 条第 2 款规定:"下级人民法院对它所管辖的第一审民事案件,认为需要由上级人民法院审理的,可以报请上级人民法院审理。"最高人民法院制定的《上下级法院审判业务关系意见》第 3 条将下级法院报请上级法院审理的案件具体化为:① 重大、疑难、复杂案件;② 新类型案件;③ 具有普遍法律适用意义的案件;④ 有管辖权的人民法院不宜行使审判权的案件。此外,根据《刑事诉讼法》第 24 条规定:"上级人民法院在必要的时候,可以审判下级人民法院管辖的第一审刑事案件"。《民事诉讼法》第 39 条和《行政诉讼法》第 24 条也规定:"上级人民法院有权审理下级法院管辖的一审案件",且没有附加任何条件限制。这表明,上级法院可以依职权决定审理下级法院管辖的一审案件。对此,《上下级法院审判业务关系意见》第 5 条说得很清楚:"上级人民法院认为下级人民法院管辖的第一审案件,属于本意见第三条所列类型,有必要由自己审理的,可以决定提级管辖。"

上级法院对下级法院的优势地位还体现在上级法院对下级法院的监督关系中。《宪法》第 132 条规定了上级法院对下级法院的单向监督关系,即"最高人民法院是最高审判机关。最高人民法院监督地方各级人民法院和专门人民法院的审判工作,上级人民法院监督下级人民法院的审判工作。"三大诉讼法设立了上级法院依职权对下级法院审理的案件进行主动监督的程序,即最高人民法院对各级人民法院已经发生法律效力的判决和裁定、上级人民法院对下级人民法院已经发生法律效力的判决和裁定,如果发现确有错误,有权提审或者指令下级人民法院再审。

让上级法院处于优于下级法院的地位,这是上级法院在专业能力上要优于下级法院的观念在宪法和法律上的反映。从相关制度中可以看到,立法者对法院业务能力的信任度是随着法院层级的提高而逐步增加的。立法者更加信任上级法院的审判业务能力,并对最高人民法院的信任度最高。根据三大诉讼法的规定,最高人民法院也能受理一审案件,且是一审终审,基本否定了最高人民法院出错的可能,这是能够推理出的不给诉讼当事人获得二次救济权利的唯一理由。而立法者对低层级法院尤其是基层法院的业务素质则表现出极大的不放心,认为上级法院更有能力处理复杂疑难的案件,更有能力作出正确的裁判,因此,设计了案件管辖权移送和提级制度,并让上级法院对下级法院进行单向审判监督。

既然宪法和法律关于上下级法院关系的制度安排是以上级法院对下级法院的能力优势为依据的,那么,根据上级法院的裁判结果来判断下级法院裁判结果的对错则是必然的结果。

第四节　我国法官裁判责任追究
不能到位的原因分析

在法官裁判责任追究扩大化的同时,我国也存在对裁判错误应向法官追究的法定责任形式追责不到位的问题。出现这种现象,原因是多方面的。

一、裁判受干预,归责困难

审判不独立是我国司法实践中存在的需要解决的重要问题,回溯一些冤案的办理过程,法官裁判案件可能遇到的干预来自各个方面,例如政法委、上级法院、审判委员会、社会舆论,甚至领导个人意见。法官根据政法委、上级法院、审判委员会作出的决定而进行裁判,在这种情况下,如何划分裁判责任就会遇到困难。

有不少法官裁判的案件受到政法委的干预。例如"佘某某案"的裁判就是根据政法委的协调意见作出的。在该案审理中,由于京山县公检法对案件处理的意见不一致,当地政法委只好出面协调。京山县政法委在研究该案后,自认为自己很难破解这个难题,就将该案上报荆门市政法委。荆门市政法委召开了由荆门市法院、检察院、公安局以及京山县政法委等有关单位负责人参加的协调会议。在会上,公安机关的负责人坚持认为佘某某就是杀人凶手,但法院的负责人强调湖北省高级人民法院提出的事实问题中有些尚未查清,不能判有罪。各方发表意见之后,政法委领导强调公检法三机关要加强配合、协同作战、共同打击犯罪活动,并作出了把案件从中级人民法院降格到基层人民法院审理的决定。根据这个决定,该案的具体操作过程如下:① 由京山县人民检察院向京山县人民法院提起公诉;② 京山县人民法院"一审拉满",即按管辖权的最高限度判处被告人有期徒刑 15 年;③ 中级人民法院二审维持原判,使这个案件在本地"消化",不用再上报到高级人民法院。①

在被纠正的诸多冤案中,例如"杜某某案""李某某案""赵某某案""胥某某案"等都能看到政法委召开会议协调和干预案件过程和结果的现象。法院对如何裁判没有决定权。2013 年,时任最高人民法院常务副院长的沈德咏法官曾撰文指出,"现实的情况是,受诉法院面临一些事实不清、证据不足、存在合理怀疑、内心不确信的案件,特别是对存在非法证据的案件,法院在放与不放、判与不判、轻判与重判的问题上往往面临巨大的压力。应当说,现在我们看到的一些案件,包括河南'赵某某杀人案'、浙江'张氏叔侄强奸案',审判法院在当时是立了功的,至少可以说是功大于过的,否则人头早已落地了。面临来自各方面的干预和压力,法院对这类案件能够坚持作出留有余地的判决,已属不易。"②这当然是对法院错判的辩解,但从这段话中可以清晰地看到,法院因为审判不能独立所遭遇的尴尬局面。

法官裁判案件有时候是根据审判委员会的决定作出的。例如"张某某案",该案一审裁判实际上是根据领导人个人意志作出的,二审裁判是根据审判委员会的决定作出的。该案在第一次被提请检察院审查起诉时,因事实不清、证据不足,检察院于 1996 年 6 月 4 日决定不提起公诉。张某某被无罪释放后,以错误刑事拘留和逮捕为理由申请国家赔偿,被拒绝,张某某不服并上访。该案经多次再审被维持原判,最终于 2007 年经黑龙江省高级人民法院提审后得到纠正,张某某被改判无罪。③

在案件裁判受到政法委、上级法院、审判委员会等各种力量干预的情况下,由于责任不清,如何追责存在困难。如果法官是根据上述主体的决定,而不是根据自己依据法律所作判断而进行的裁判,在这种情况下追究法官责任,这对法官而言也是不公平的。

二、法院、法官对裁判责任的规避

地方法院所推行的错案责任追究制对法院、审判业务部门和法官所产

---

① 参见何家弘:《亡者归来——刑事司法十大误区》,北京大学出版社 2014 年版,第 162—164 页。

② 沈德咏:《我们应当如何防范冤假错案》,《人民法院报》2013 年 5 月 6 日,第 2 版。

③ 参见张玥、亓树新:"民警张金波的十年冤狱",http://zqb.cyol.com/content/2007 - 02/09/content_1672891.htm,最后访问时间:2020 年 11 月 30 日。

生的压力直接影响了法官的司法行为和法院的审判管理行为,这样的影响主要体现在法院和法官为避免错案责任追究所采取的应对措施上。为避免错案责任追究,法院和法官的确采取了不少颇有"成效"的办法,以避免案件裁判被改变。

(一) 法院对"错案责任追究制"的应对

法院为避免错案责任追究所采取的办法可以概括为上下级法院之间的沟通机制。2009 年,广东省高级人民法院的课题组曾进行过"完善案件改判、发回重审沟通机制"的课题调研,并制作了《关于完善案件改判、发回重审的沟通机制的调研报告》(以下简称《调研报告》),[①]通过这个《调研报告》可以对上下级法院之间为降低改判和发回重审率而建立的沟通机制有比较全面的了解。

该《调研报告》详细列举了广东省法院系统在二审案件改判、发回重审的沟通方面的七个主要做法及其运用的具体情况:① 二审法院在审理案件时向一审法院询问事实认定和审理思路。根据问卷调查显示,审理案件时存在通过电话询问案件事实或要求说明有关事实的情形有 281 份,占 56.54%;要求一审法院到二审法院汇报的情形较少,有 15 份。② 二审合议后拟发改案件,提前与原审法院交换审理思路,听取一审法院的意见。③ 发改案件附内部说明函,为类似案件提供裁判指导。调查报告指出,近年来,出于缓解矛盾、服判息诉方面的考虑,一些法院较多利用这种做法。④ 二审法院定期进行发改案件评议指导。⑤ 建立审判联席会议制度,促进上下级法院之间的交流。审判联席会议是指上级法院业务庭与下一级法院对口业务庭之间联合召开的审判业务会议,一般由上级法院的主管副院长、业务庭长、副庭长以及下级法院对口业务庭主管副院长、正副庭长参加,主要采取论坛的方式,对二审案件发改中的情况、审判中的新情况和新问题等进行讨论和研究,以统一对法律观点和疑难问题、新问题解决方式的认识。⑥ 严格案件评查制度,定期进行案件发改原因分析。⑦ 案件请示汇报,解决疑难法律问题在一审裁判之前。《调研报告》指出,在实践中,一审法院遇到疑难、重大复杂、敏感或者新类型案件时,均会向上级法院请示。据问卷调查反映,承办案件过程中存在请示的有 382 份,占所有问卷的 77.15%,其中存在口头请示的有 315 份,占 63.69%。除了以上几种方式外,实践中还存在判后异

---

① 广东省高级人民法院课题组:《关于完善案件改判、发回重审的沟通机制的调研报告》,http://www.gdcourts.gov.cn/gdcourt/front/front!content.action?lmdm=LM53&gjid=20120320022136750225,最后访问时间:2020 年 11 月 30 日。

议制度、召开业务庭庭长会议、调研联络员制度、召开部门联席会议、审判业务研讨会、论坛等上下级法院的沟通形式。①

上下级法院的沟通不只是广东省法院系统所采用的用来减少改判率和发回重审率的做法，邯郸市法院也颁布了《两级法院案件沟通协调制度》，要求全市法院对同类案件处理保持一致性，以统一司法尺度和裁判标准，避免"同案不同判""上下反复案"等问题。② 湖南省永州市中级人民法院发布的《永州市中级人民法院关于加强全市法院司法绩效工作的意见》(2007年10月15日经本院审判委员会讨论通过)规定：二审对一审的发回和改判要有内部意见交换制度，其中第12条规定："严格规范再审立案，规范限制二审对一审的发、改。由于再审和二审对一审的发、改案件，对司法绩效影响比较大，且所占权数比重较大，在处理上一定要慎重。案件如果没有原则性的问题，轻易不能启动再审程序，要确保再审立案的准确性和司法裁判的既判力；规范限制二审对一审的发、改，二审对一审的发回和改判要有内部意见交换程序，并赋予一审法院的申诉权利。"③ 永州市还发布了《永州市中级人民法院关于对本院二审发改案件实行复议和意见交换的若干规定》(2007年10月15日经本院审判委员会讨论通过)，其中第2条规定："本院二审审理过程中，合议庭经讨论认为应当发回重审或改判的，应及时向庭长或主管院长汇报。"第3条规定："二审拟发回重审的案件，应当与基层法院主管副院长或业务庭庭长交换意见。"第4条规定："一审经基层法院审委会讨论的案件拟作改判的和二审拟作重大改判的案件，应当与基层法院主管副院长或业务庭庭长交换意见。"④ 事实上，由于上下级法院关系的行政化倾向，上下级法院之间的请示沟通是很普遍的现象，不过有的法院将其形成为明示的制度，而更多地表现为潜规则。

（二）法官对"错案责任追究制"的应对

法官又是通过什么方法来规避错案责任追究呢？有法官总结出四大"诀

① 广东省高级人民法院课题组：《关于完善案件改判、发回重审的沟通机制的调研报告》，http://www.gdcourts.gov.cn/gdcourt/front/front!content.action?lmdm=LM53&gjid=20120320022136750225，最后访问时间：2020年11月30日。
② 刘海波、孟令卫：《用机制促进廉洁将监督有效延伸：我市法院审判质量不断提升》，《邯郸日报》2011年8月15日，第7版。
③ 《永州市中级人民法院规范权力运行制度》第三部分"权力运行风险、防范措施、监督制约及责任追究"之(十二)《永州市中级人民法院关于加强全市法院司法绩效工作的意见》，http://yzzy.chinacourt.gov.cn/article/detail/2011/05/id/3052657.shtml，最后访问时间：2020年11月30日。
④ 《永州市中级人民法院规范权力运行制度》第三部分"权力运行风险、防范措施、监督制约及责任追究"之(十二)《永州市中级人民法院关于加强全市法院司法绩效工作的意见》，http://yzzy.chinacourt.gov.cn/article/detail/2011/05/id/3052657.shtml，最后访问时间：2020年11月30日。

窍"：对于民事案件强制调解，对于刑事案件轻判、放纵罪犯；尽可能将案件提交审判委员会讨论；向上级法院请示汇报；拖延。① 这都是在制度内规避法律责任的方法，这里主要介绍采用以下两种方法规避错案责任的实际情况。

一是减少对案件的裁判，以调解结案。我国《民事诉讼法》第96条规定："人民法院审理民事案件，根据当事人自愿的原则，在事实清楚的基础上，分清是非，进行调解。"第100条规定："调解达成协议，人民法院应当制作调解书。……调解书经双方当事人签收后，即具有法律效力。"从制度上看，以调解结案的案件，承办法官不需要进行事实和法律的判断，这减少了法官裁判错误的概率；以调解结案的民事案件，双方当事人不能上诉，这减少了案件因上诉而被改判或发回重审的风险；除非调解违背了自愿或是合法原则，以调解结案的民事案件不属于检察院抗诉的范围，也不属于法院依职权提起再审的范围，这减少了案件经审判监督程序被改判或发回重审的风险。因此，可以说，以调解结案是规避错案责任追究最便利的方法。目前在全国大力倡导构建和谐社会的背景下，法院系统非常重视甚至夸大调解在缓解社会矛盾方面的作用，将调解率作为衡量法院、审判业务部门和法官工作业绩的一个重要指标，这也为法官以调解结案提供了强有力的制度和政策的支撑。从一些新闻报道可以看到，许多基层法院的调解率相当高，例如，河南省永城市法院在2012年报道其2012年前半年民事案件、刑事附带民事案件调撤率均达90％以上，芒山法庭调撤率达100％，高庄、马桥、蒋口三个法庭的调撤率在96％以上。② 在这样的高调解撤诉率下，还有多少案件需要法官来裁判？

二是将裁判责任转移到审判委员会。修订前的《人民法院组织法》第10条规定："各级人民法院设立审判委员会，实行民主集中制。审判委员会的任务是总结审判经验，讨论重大的或者疑难的案件和其他有关审判工作的问题。"何谓"重大的或者疑难的案件"？只有《最高人民法院关于执行〈中华人民共和国刑事诉讼法〉的司法解释》第178条第2、3款有比较具体的解释，即"拟判处死刑的案件、人民检察院抗诉的案件，合议庭应当提请院长决定提交审判委员会讨论决定。""对合议庭成员意见有重大分歧的案件、新类型案件、社会影响重大的案件以及其他疑难、复杂、重大的案件，合议庭认为难以作出决定的，可以提请院长决

---

① 黄宇："论错案责任追究制度与回避制度的冲突与解决"，http://lzyffy.chinacourt.gov.cn/article/detail/2010/10/id/4059066.shtml，最后访问时间：2020年11月30日。

② 翟玉华："永城市法院加强审判管理提高审判质效"，http://www.hncourt.gov.cn/public/detail.php?id=127392，最后访问时间：2020年11月30日。

定提交审判委员会讨论决定。"除了这个司法解释所明确列举的几种案件外,至于其他疑难、复杂、重大案件如何判断其实没有明确标准,这为法官将案件的裁判责任转移到审判委员会打开了方便之门。一位法院副院长这样描述审判委员会:"现在审委会研究的很多不是重大疑难案件,而是分解矛盾、化解风险的案件。这带来一系列的问题。第一个问题是,合议庭的独立性受到影响。长期以来,法官形成了依赖心理,稍微困难一点的案子就上审委会……第二,审委会并没有最终化解矛盾,而是内部转移了出现的问题……一个案子有法官审理、审委会决定,但无人承担责任。"①

到底有多少法官存在有转移责任的心理而将案件提交审判委员会讨论,这是很难说清楚的,但是陕西省凤翔县人民法院汶金让法官在评析承办"赵某某案"的3名法官被停职时说的话或许能在一定程度上反映法官们的办案心态。他说:"对那3名法官予以停职完全没有必要,只会寒了大部分法官敬业之心,让他们感叹,案子没法办了,也不能办了! 不是吗? 法院的许多法官争着涌向不办案的部门便是一例! ……稍微重要一点的案子,法官都知道要上审判委员会决定的! 没有哪一个法官会傻到自己去独立作出决定!"②可以说,法官遇到有疑问的案件或一些当事人闹访、社会关注、领导过问等敏感或容易出问题的案件,为了避免承担责任,就将案件提交审委会决定,这是法官很正常的反应。

除了利用制度以外,法官还可以采取一些制度外的非正常手段来达到规避错案责任追究的目的,主要方法就是"公关",例如,自己找关系与上级法院的承办法官沟通,让上级法院的承办法官不改判或不发回重审自己的案件,二审法官也迫于情面,对案件不改判、不发回重审。

综上,法院和法官应对错案责任追究制的方法既增加了案件纠错的难度,也增加了追责的难度。

三、法院裁判责任追究程序的缺陷

自查自究式的追责方式也是裁判责任追究难以到位的重要原因。所谓自查自究,就是国家机关各层级的内部机构按照内部处理程序追究国家机关工作人员的责任。法官责任的法定责任形式都具有自查自究的特点。

---

① 李雨峰:《司法过程的政治约束》,《法学家》2015年第1期。
② 汶金让:"不要将体制导致的错误归罪于法官",http://blog.chinacourt.org/wp-profile1.php?p=188330&author=23251,最后访问时间:2020年11月30日。

在 2019 年修订前的《法官法》没有规定法官责任追究的组织形式、权限和程序,仅在第 35 条规定:"处分的权限和程序按照有关规定办理。"这里的"有关规定"指的是 2008 年最高人民法院参照全国人大常委会制定的《行政监察法》而颁布的《法院监察条例》,在这之前是最高人民法院于 1990 年颁布的《人民法院监察工作暂行规定》。根据《法院监察条例》第 14 条的规定:人民法院监察部门有权"受理对人民法院及其法官和其他工作人员违纪违法行为的控告、检举"和"调查处理人民法院及其法官和其他工作人员违反审判纪律、执行纪律及其他纪律的行为"。《法院监察条例》对人民法院监察部门的组织形式、组成人员的选任、责任追究的程序等进行了具体规定,概括如下。

中级及以上人民法院设立监察室,基层人民法院设立监察室或者专职监察员。监察室设主任一名、副主任若干名,主任、副主任一般应当从法官或者具有法官任职资格的人员中选任。最高人民法院监察室在最高人民法院院长的领导下主管全国法院的监察工作。地方各级人民法院监察室、基层人民法院专职监察员在本院院长和上级人民法院监察部门的领导下进行工作,监察业务以上级人民法院监察部门领导为主。

监察部门追究法官责任的程序是:① 根据本院院长或者上级人民法院监察部门的指示、要求,确定检查事项。② 根据检查发现的问题、控告检举的违纪线索,或者有关机关、部门移送的违纪线索,经初步核实,认为有关人员构成违纪应当给予纪律处分的,应当报本院院长批准后立案并组织调查。③ 对于立案调查的案件,经调查认定违纪事实不存在,或者情节轻微不需要给予纪律处分的,应当按照批准立案的程序予以销案,并告知被调查人。④ 对于可能给予纪律处分的案件,调查组结束调查后,应当交由审理组审理。⑤ 提出处分意见,根据处分类型报本院院长或本院院长办公会议批准后,下达纪律处分决定。⑥ 给予违纪人员撤职、开除处分,需要先由本院或者下一级人民法院提请同级人民代表大会罢免职务,或者提请同级人民代表大会常务委员会免去职务或者撤销职务的,应由人民代表大会或者其常委会罢免、免职或者撤销职务后,再执行处分决定。

由上可以看到,人民法院监察部门是各级法院内部的内设机构,组成人员都来自本级法院内部的法官或者具有法官任职资格的人员,除了院长、副院长、副院级领导干部、监察室主任、专职监察员外,对其他法官责任追究的立案、调查、审理和处分执行程序都在本级法院内部完成,只有撤职和开除,在处分之前需要在人大履行免职程序。但除了法院院长之外,其他法官的免职程序都需要法院院长的提请才能启动,只有法院院长的罢免程序是由法院之外的人民代表大会或其常委会启动的。因此,《法官法》所规定的法官责任追究制度完全是一个自查自究的过程。

《国家赔偿法》所规定的对法官追究的赔偿责任也具有自查自究的特点。《国家赔偿法》第 24 条是关于国家赔偿义务机关向具体办案人员追偿赔偿费用的具体规定,该法律条文对追偿的适用条件规定得比较清晰,但是没有规定追偿程序,追偿实际上只能在国家赔偿义务机关的内部进行,对错案追究法官的赔偿责任也是一种自查自究的追责形式。不仅如此,法院追偿赔偿费用的程序,在目前的法官责任追究程序中根本找不到任何依据。

对错案追究法官的刑事责任,须由检察机关立案侦查和起诉,由法院裁判。表面上看起来,刑事责任的追究属于外部追责机制,但实际上,刑事责任的追究仍然带有自查自究的特点。我国《宪法》第 135 条规定:"人民法院、人民检察院和公安机关办理刑事案件,应当分工负责,互相配合,互相制约,以保证准确有效地执行法律。"现实的情况是,公检法三机关在刑事诉讼中配合多、制约少。在这样的情况下,让检察机关立案调查追究法官枉法裁判的责任,实际上等于是检察机关在立案调查自己参与的错案,这必然会影响检察机关追究法官枉法裁判罪的意愿。

在自查自究的追责模式和外部监督力量不足的情况下,若无社会舆论的推动,法院内部很难产生追责动力,责任追究必然难以到位。

第七章　我国法官裁判责任追究的理性回归

基于审判独立和审判监督之关系平衡的考量,我国现在要做的不是取消对错案追究法官的裁判责任,而是要让错案追责回归理性。

第一节　我国法官裁判责任制度改革的考量因素

我国法官裁判责任制度的改革至少要考虑三个方面的因素:一是我国法官责任制度的基本性质;二是我国司法体制改革所决定的法官责任制度改革的走向;三是我国法官监督制度的基本格局。关于我国法官责任制度的基本性质,本书第六章已经进行了分析,结论是我国法官责任的性质是违法责任。那么,我国法官裁判责任制度的改革应按照这个基本逻辑进行,即法官裁判责任追究的依据只能是裁判违法。以下就另外两个考量因素进行分析。

一、我国司法体制改革所决定的法官责任制度改革的走向

我国在 1982 年《宪法》制定时曾存在机械理解审判独立的问题。自党的十五大提出"推进司法改革,从制度上保证司法机关依法独立公正地行使审判权和检察权"以来,对审判独立的机械化理解逐渐改变,审判独立的问题受到越来越多的重视。党的十八届三中全会进一步强调"确保依法独立公正行使审判权检察权",还提出"完善主审法官、合议庭办案责任制,让审理者裁判、由裁判者负责"的改革方向。党的十八届四中全会也再次重申了保障司法独立的立场。

为了从制度上保证司法机关依法独立公正地行使审判权和检察权,党的十八届三中全会明确提出,"改革司法管理体制,推动省以下地方法院、检察院人财

物统一管理,探索建立与行政区划适当分离的司法管辖制度,保证国家法律统一正确实施。""建立符合职业特点的司法人员管理制度,健全法官、检察官、人民警察统一招录、有序交流、逐级遴选机制,完善司法人员分类管理制度,健全法官、检察官、人民警察职业保障制度。""完善主审法官、合议庭办案责任制,让审理者裁判、由裁判者负责。"党的十八届四中全会提出了更多的改革举措,例如,"建立领导干部干预司法活动、插手具体案件处理的记录、通报和责任追究制度,建立健全司法人员履行法定职责保护机制";"建立健全司法人员履行法定职责保护机制。非因法定事由,非经法定程序,不得将法官、检察官调离、辞退或者作出免职、降级等处分";"改革司法机关人财物管理体制,探索实行法院、检察院司法行政事务管理权和审判权、检察权相分离";"完善主审法官、合议庭、主任检察官、主办侦查员办案责任制,落实谁办案谁负责"等。

最高人民法院为落实中央精神发布了《人民法院第四个五年改革纲要(2014—2018)》,具体改革措施包括:实行法院人员分类管理制度改革,建立法官员额制度,建立符合职业特点的法官单独职务序列;改革法官选任制度,在国家和省一级分别设立由法官代表和社会有关人员参与的法官遴选委员会,实现法官遴选机制与法定任免机制的有效衔接;建立省级以下地方法院人员编制统一管理制度,建立省级以下地方法院法官统一由省级提名、管理并按法定程序任免的机制;建立领导干部干预审判执行活动、插手具体案件处理的记录、通报和责任追究制度;健全法官履行法定职责保护机制,确保法官依法履职行为不受追究;在国家和省一级分别设立由法官代表和社会有关人员参与的法官惩戒委员会,制定公开、公正的法官惩戒程序。

具体到法官惩戒制度方面的改革,2016 年 7 月 22 日,中央全面深化改革领导小组在第二十六次会议上审议通过了《关于建立法官、检察官惩戒制度的意见(试行)》(以下简称中央深改组《意见》),强调:"要坚持党管干部原则,尊重司法规律,体现司法职业特点,坚持实事求是、客观公正、坚持责任和过错相结合,坚持惩戒和教育相结合,规范法官、检察官惩戒的范围、组织机构、工作程序、权利保障等,发挥惩戒委员会在审查认定方面的作用。"2016 年 10 月,最高人民法院、最高人民检察院联合印发了《关于建立法官、检察官惩戒制度的意见(试行)》(以下简称"两高"《意见》),对法官、监察官惩戒制度提出了如下具体改革方案:在省(自治区、直辖市)一级设立法官、检察官惩戒委员会。惩戒委员会由政治素质高、专业能力强、职业操守好的人员组成,包括来自人大代表、政协委员、法学专家、律师的代表以及法官、检察官代表。法官、检察官代表应不低于全体委员的50％，从辖区内不同层级人民法院、人民检察院选任。惩戒委员会主任由惩戒委员会全体委员从实践经验丰富、德高望重的资深法律界人士中推选，经省（自治区、直辖市）党委对人选把关后产生。

根据"两高"《意见》，法官惩戒工作办公室设在高级人民法院内，检察官惩戒工作办公室设在省级人民检察院内，这表明法官和监察官的惩戒过程是分开进行的，因此，惩戒委员会实际上可以区分为法官惩戒委员会和检察官惩戒委员会。本书只讨论法官惩戒委员会。

"两高"《意见》明确规定了法官惩戒委员会的具体工作程序：① 受理请求。人民法院将法官有涉嫌违反审判职责的行为向惩戒委员会提请审议。② 审议。惩戒委员会审议惩戒事项时，有关人民法院向惩戒委员会提供当事法官涉嫌违反审判职责的事实和证据，并就其违法审判行为和主观过错进行举证。当事法官有权进行陈述、举证、辩解。③ 决定。惩戒委员会经过审议，根据查明的事实、情节和相关规定，经全体委员的三分之二以上的多数通过，对当事法官是否构成故意违反职责、是否存在重大过失和一般过失提出审查意见。

法官惩戒委员会的设立是将对法官涉嫌违法违纪的调查权和对惩戒事项的审议权、认定权进行了分离。惩戒委员会设在省级，在一定程度上保证了惩戒委员会的权威性和公正性，以克服同级法院内部监察人员对法官的监督关系而对法官审判可能产生的不利影响。惩戒委员会实行合议制，且组成人员来源多元化，这表明惩戒委员会设计试图努力使惩戒委员会的判断具有独立性和公正性。在惩戒委员会审议程序中，法院和法官都可以举证，法官有辩解的权利，审议程序具有司法程序的特点，这有利于惩戒事项的公正认定。法官惩戒制度改革是尊重司法规律的改革，尽管还有不完善的地方，但在实现审判监督和审判独立的平衡方面迈出了一大步。

经过多年努力，司法体制改革的各项具体措施已一一落实，相关改革成果也已经反映在新修订的《人民法院组织法》和《法官法》中。这些改革都是基于审判权不同于行政权、法官不同于行政公务员的定性中进行的，而这个不同就是审判权比行政权需要更多的独立性，法官比行政公务员需要更多的独立性。

从党的司法体制的改革方针和所提出的具体改革措施来看，审判制度的改革正朝着审判独立和审判监督并举的方向发展，审判独立已经超越了职能分工的层面和外部部分独立的层面。在外部独立方面，审判独立不仅约束行政机关、社会团体和个人,而且还约束未列举的主体。个案监督未写进《各级人民代表大会常务委员会监督法》就是很好的例证。审判独立也从法院外部向法院内部延伸,"完善主审法官、合议庭办案责任制,让审理者裁判、由裁判者负责"就是在朝着法官独立的方向努力。这些改革已经在一定程度上改变了司法体制的行政化问题,而且这个过程仍在持续。

二、我国法官监督制度的基本格局

按照审判独立和审判监督平衡的基本司法规律来改革法官责任制度,必然要综合考量各种监督法官的机制及其强度,这样才能对法官裁判责任制度的具体改革方案作出科学合理的选择。

在我国,对法官的监督是全方位的。首先,从法官行为的规范层面来看,三大诉讼法既是调整诉讼中法权关系的法律,也是规范法官行使审判职权之程序和行为的法律,而《法官法》以及最高人民法院制定的《法官职业道德基本准则》和《法官行为规范》对法官在业内和业外的言行标准作出了明确的规定。其次,在以权力对法官的监督方面,我国建立了人民代表大会、监察机关、检察机关对法官的外部监督机制和法院系统的内部监督机制。再次,在以权利对法官的监督方面,公民可以通过宪法所赋予的表达自由和对国家机关及其公职人员提出批评、建议、申诉、检举、控告的权利对法官进行监督。当然,作为中国共产党党员的法官还要接受党内法规和纪律的约束,受到党的纪律检查委员会的监督。

所有的监督最终都要落实到责任追究上才是真实有效的,因此,追责能力能够反映监督强度。

在国家监察体制建立之前,能够追究法官责任的主体和方式主要是:同级人民代表大会及其常委会通过罢免和撤职方式追责;法院系统内部通过法院监察程序追责;检察机关和法院通过职务犯罪的刑事诉讼程序追责;党纪责任的追究。本书第六章对实际追责情况进行了分析,结论是对法官的监督呈现出矛盾现象:一方面,地方法院通过绩效考核和错案责任追究等方式超范围追究裁判责任对法官产生了高强度压力,这个问题已经得到了一定程度的纠正;另一方面,对法官法定责任的追究并不到位,原因主要是追责靠法院内部自查自纠式的监察机制,追责动力不足。

国家监察体制的建立将在很大程度上改变对法官法定责任追究不能到位的问题。监察机制作为专门的腐败治理机制,其监督强度是很高的,主要体现在以下方面：一是监察对象全覆盖，监察机关的监察对象包括所有行使公权力的公职人员。二是监察事项全覆盖，监察机关监察的事项包括公职人员履职、秉公用权、廉洁从政从业以及道德操守等各方面的情况。三是监督职权全程化，监察机关集检查、调查（包括一般职务违法调查和职务犯罪调查）和处分职能于一身。四是调查手段广泛，监察机关可以采用的调查方式包括：谈话；询问；搜查、调取、查封、扣押用以证明被调查人涉嫌违法犯罪的财物、文件和电子数据等信息；勘验检查；鉴定；使用技术调查措施；通缉；留置；等等。五是处罚权限大，除了刑事处罚外，监察机关可以采用多种处罚方式，包括各种口头诫勉和政务处分，还能对不履行或者不正确履行职责负有责任的领导人员进行问责。作为一种外部监督机制，国家监察制度的有效运行必然会增加对法官腐败行为的监督强度。

　　总体来看，随着国家监察制度的建立，针对法官行为的监督机制是全方位且是高强度的，法官裁判责任制度的设计不能不将其放在这样的监督格局之中来考量，只有这样，才可能真正平衡审判独立和审判监督之间的关系。

第二节　法官裁判责任追究范围的界定

　　顺应我国司法体制的改革走向，裁判责任追究的范围应当在违法责任追究的逻辑之下，根据审判独立和审判监督之间关系平衡的原则来确定。

一、追责事项范围的界定

　　修订前的《法官法》第 32 条将错案追责的范围限定为"滥用职权"和"玩忽职守，造成错案或者给当事人造成严重损失"。新修订的《法官法》第 46 条将第二种情形修改为"因重大过失导致裁判错误并造成严重后果的"。这样表述更为准确。新修订的《法官法》对错案追责范围的界定是符合我国国情的，正如最高人民法院大法官江必新所言，"就司法现状而言，在目前裁判质量和司法公信力不高的情况下，在审判独立与责任的平衡上，应当适度向责任倾斜。"①

　　具体来看，对于枉法裁判，显然是不能姑息迁就的，应当严惩，因为枉法裁判是法官知法犯法、严重背离职务义务的行为，会对审判权的功能和司法威信造成

----

① 江必新：《关于法官审判责任追究若干问题探讨》，《法制日报》2015 年 10 月 28 日，第 9 版。

极大伤害。而从目前我国的司法现状来看,相较于法治比较发达的国家,我国法官枉法裁判的数量较多,因此,加大监督力度、严惩枉法裁判是很有必要的。

对于过失导致的裁判错误,《法官法》追究法官责任设定了两个限制性条件:一是重大过失;二是造成严重后果。这两个条件的设置是恰当的,这种程度的限制,一方面能够保障法官敢于独立裁判;另一方面,也能够防止法官裁判的随意性,这符合审判独立和审判监督平衡的司法理性,也与我国当前的法官水平相适应。

从法官专业水平来看,一直以来,我国对法官专业任职资格的要求不高,从而影响了我国法官的质量。1995 年我国制定《法官法》时,第 9 条将法官任职的专业条件确定为:"高等院校法律专业毕业或者高等院校非法律专业毕业具有法律专业知识,工作满二年的,或者获得法律专业学士学位,工作满一年的;获得法律专业硕士学位、法律专业博士学位的,可以不受上述工作年限的限制。"2001 年修订的《法官法》第 9 条第 1 款将法官任职的专业条件提高为:"高等院校法律专业本科毕业或者高等院校非法律专业本科毕业具有法律专业知识,从事法律工作满二年,其中担任高级人民法院、最高人民法院法官,应当从事法律工作满三年;获得法律专业硕士学位、博士学位或者非法律专业硕士学位、博士学位具有法律专业知识,从事法律工作满一年,其中担任高级人民法院、最高人民法院法官,应当从事法律工作满二年。"2006 年全国人大常委会法制工作委员会将"高等院校非法律专业本科毕业具有法律专业知识"解释为:高等院校非法律专业本科毕业具有以下情形之一:第一,取得高等教育法律类专业证书。第二,在高等院校完成法律专业 8 门以上课程的学习或者取得高等教育自学考试法律专业 8 门以上单科结业证书。第三,通过国家司法考试,取得《法律职业资格证书》。第四,2001 年以前通过初任法官全国统一考试,取得《初任审判员、助理审判员考试合格证书》;参加初任检察官全国统一考试,成绩合格;通过律师资格考试,取得《律师资格证书》;从事法律工作满 5 年以上。尽管《法官法》第 9 条对法官任职的专业条件有所提高,但是仍然为没有经过专门法律训练的人员进入法官队伍敞开了大门。此外,《法官法》第 9 条第 3 款还规定:"适用第一款第六项规定的学历条件确有困难的地方,经最高人民法院审核确定,在一定期限内,可以将担任法官的学历条件放宽为高等院校法律专业专科毕业。"这个变通规定明显降低了对法官任职的学历要求。而从法律职业经验来看,第 9 条的要求也很低。总之,和法治比较发达的国家相比,我国对法官的专业任职资格要求不高。

由于法官业务水平参差不齐,故出现裁判错误是不可避免的。从相关研究可以看到,法官裁判错误的发生率也确实不低。有研究通过随机抽样方法在2012年11月—2013年11月的民事再审终审判决中选取了407件案例,在对这些案例进行统计分析中发现,再审终审改判和发回重审的案件共计183件,占总数的44.9%。其中,事实认定清楚、适用法律错误而改判的56件,占比13.7%;事实认定错误、适用法律错误而改判的69件,占比16.9%;事实认定错误、实体处理错误的改判29件,占比7.1%;事实认定清楚但判决理由有误,改判2件,占比0.5%;事实认定清楚但实体处理不当而改判的3件,占比0.7%;自由裁量权行使不当而改判5件,占1.2%。① 还有学者选取湖北省高级人民法院2009—2014年经过审监庭再审改判、发回重审的175件刑事案件作为全样本进行实证分析。在175件再审发改案件中,存在定性错误的有19件,发生适用法律错误的有56件,均占有很高的比例。尽管可能涉及法律的模糊性和因历史社会条件变化所带来的对法律解读的不一致性,但是更多的情况是法律规定是明确的,由于法官对法律规定不了解、理解不深刻或者对刑事政策把握不准确,最终导致适用法律错误。②

在法官业务能力有待提高、裁判错误出现的情况下,完全不对过失裁判错误追究法官责任,这是不利于促进法官提升业务水平、减少错案发生率的。

不过,对所有的过失错误裁判都追究责任又会使得法官因为担心被追责而不敢裁判,这在错案追责范围的确定上是不得不考虑的问题。基于审判独立和审判监督平衡的考虑,对过失裁判错误追究责任限定条件是很有必要的,2019年新修订的《法官法》对过失错误裁判的追责附加"重大过失"和"造成严重后果"等条件是必要的。

我国2019年新修订的《法官法》第12条提高了从事法律工作的时间要求:"从事法律工作满五年。其中,获得法律硕士、法学硕士学位,或者获得法学博士学位的,从事法律工作的年限可以分别放宽至四年和三年","初任法官应当通过国家统一法律职业资格考试取得法律职业资格"。随着法官职业素质的提高,相信法官出现重大过失而裁判错误的情况会减少。当法官的整体素质得到社会认可,且法官审判职业内外的活动能够得到有效监督的情况下,在审判独立与审判责任的平衡上应当适度向审判独立倾斜,虽然我国不必像英国

---

① 刘澍:《民事误判实证研究:以408件再审案件为分析样本》,上海三联书店2016年版,第140页。
② 杨凯:《论审判中心主义视角下刑事冤错案防范机制建构——以湖北高院六年175件刑事再审发改案件为样本的实证分析》,《法学评论》2016年第2期。

和美国那样全面豁免法官的裁判责任,但是可以考虑在实践中对法官过失裁判错误的追责采取谦抑态度,即如果法官裁判确系根据其内心确信作出,法官谨慎履职且无恶意,即使裁判被确定为错误裁判,甚至产生了不良后果,也不对法官施以惩戒。

二、责任形式的限定

根据我国《法官法》和《刑法》的规定,对违法的错误裁判最严厉的处罚是刑罚处罚。从域外国家的实践来看,刑事责任仅针对故意违法裁判。我国对错误裁判的刑事责任追究既针对故意违法裁判,也针对过失造成错案的情况。对故意违法裁判追究刑事责任是应该的,不过,对法官过失造成的裁判错误追究刑事责任还需斟酌。

近些年来发生的一些法官因为裁判错误被以玩忽职守罪追诉和定罪的案件引起了不少争议,例如"莫某某案""王某某案""刘某某案"等。前两个案件主要涉及是否正确认定事实的问题,后一个案件主要涉及是否正确适用法律的问题。莫某某和刘某某最后被判无罪,王某某被处以有期徒刑一年零六个月。莫某某被指控的理由是当民事案件涉及刑事犯罪时,应当遵循《刑事诉讼法》和1998年最高人民法院发布的《关于在审理经济纠纷案件中涉及经济犯罪嫌疑若干问题的规定》,裁定驳回当事人起诉,将有关材料移送公安机关或检察机关。① 王某某被指控的理由是在审理于某诈骗一案过程中,一直未发现公诉机关提供的定罪证据存在矛盾及来源不合法的问题,并将其作为定案根据,同时对于某及其辩护人的辩护意见没有进行调查核实。② 而刘某某被指控的理由是违反了《最高人民法院关于办理减刑、假释案件具体应用法律若干问题的规定》和河南省政法系统一份内部文件,即关于"一般在执行一年半以上方可减刑"的规定。③ 假定这些事实都成立,因为这些原因导致裁判错误是否应当追究法官的刑事责任?

按照刑事责任和刑事处罚相适应的原则,将过失裁判错误与故意枉法裁判相比较,其对审判秩序所造成的危害性肯定要小得多,那么,对过失裁判错误所追究的责任,即处罚也相应地小得多才合理。不过,将王某某案与其他枉法裁判案的具体处罚情况进行比较似乎并非如此。笔者曾梳理过北大法宝数据库上录

---

① (2004)粤高法刑二终字第24号。
② (2012)漯刑二终字第15号。
③ (2012)豫法刑抗字第2号;"刘德山法官被关押15个月后被判无罪:他出来后说些什么",https://new.qq.com/omn/20191214/20191214A09HX800.html?pc,最后访问时间:2020年11月30日。

入的 71 件枉法裁判罪案件定罪量刑的情况,在 59 件被定罪的案件中,有 25 件判处免予被告刑事处罚,34 件追究了被告刑事责任,其中最重的刑罚是有期徒刑五年,最轻的是拘役六个月、缓刑六个月,且只有 15 件案件的所判刑罚是高于一年零六个月的。根据《刑法》第 399 的规定,枉法裁判罪可判处的刑罚是:"五年以下有期徒刑或者拘役;情节严重的,处五年以上十年以下有期徒刑;情节特别严重的,处十年以上有期徒刑。"从司法实践看,我国对枉法裁判罪所判刑罚都是按最低一档在处理。相比较而言,王某某因过失裁判错误而被判处一年零六个月的有期徒刑,还是存在处罚过重的问题。

不仅如此,虽然我国《宪法》第 140 条规定:"人民法院、人民检察院和公安机关办理刑事案件,应当分工负责,互相配合,互相制约,以保证准确有效地执行法律。"但一直以来,公检法三机关是相互配合多、相互制约少,法官要公开质疑检察机关的定罪证据和对事实的判断并不容易,这也是为什么我国要进行以审判为中心的审判制度改革的重要原因。在这样的情况下,对法官因未能尽到调查义务和准确辨识证据的合法性而造成的裁判错误,最终对法官追究刑事责任存在处罚过重的问题。

如果从审判独立和审判监督平衡的角度出发,结合过失裁判错误的社会危害程度,对过失裁判错误追究责任可能以宪法相关法责任为限更为合适,即主要采用警告、记过、降级等方式追究法官责任,且追责应当符合《法官法》所规定的"重大过失"和"严重后果"这两个限制条件。

第三节　法官裁判责任追究主体的选择

一、监察体制改革带来的新问题

随着国家监察机关的建立和《监察法》的颁布实施,在人大监督、检察机关监督和法院监督之外又产生一种监督法官的新机制,这种新机制的出现带来了新问题,那就是各级监察机关和本级人大常委会在法官撤职权上的重叠,以及和法院在法官惩戒处分方面的职权重叠,这种重叠使得裁判责任追究的主体出现不确定性。

各级监察机关和本级人大常委会在法官监督职权上的重叠比较容易解决。因为按照我国《宪法》第 3 条确立的民主集中制原则,在我国同级国家机构中,人民代表大会及其常委会的宪法地位高于其他所有国家机关。在人大常委会宪法地位高于监察机关的情况下,若出现人大常委会和监察机关依法同时享有某方面职权的情况,人大常委会应优先行使相关职权,监察机关应当谦让。

相比较而言,各级监察机关和法院在法官惩戒处分方面的职权重叠问题解决起来会相对困难一些。首先,最高人民法院制定的《法院监察条例》和中央全面深化改革领导小组以及"两高"出具的《意见》都不在《立法法》的调整范围内,无法正式确定它们的效力位阶,因此,在评估这些规范性文件、党内决策、国家机关内部管理文件与《监察法》之间的效力位阶时缺乏明确的判断标准。其次,法官惩戒制度在司法体制改革中也在进行改革,其目的是减少法院监察制度因仿效行政监察体制所带来的行政化因素,但新建的监察制度却是脱胎于行政监察体制并整合检察机关的职务犯罪调查职能和反贪职能而形成的监督制度。按照新的监察制度的要求,应将法院对法官的惩戒职能全部转移到监察机关,但此举似乎又与司法体制改革的目标不尽一致。法官惩戒制度的改革何去何从,需要法律来明确,裁判责任的追究主体也需要法律来确定。

之所以出现法官惩戒制度的改革到底何去何从的问题,根源还在于关于监察体制改革和司法体制改革的决策性文件存在不协调的问题。

有关监察体制改革的决定毫无疑问首先表现为党的决策性文件。2016 年10 月,党的第十八届六中全会中提出"各级党委应当支持和保证同级人大、政府、监察机关、司法机关等对国家机关及公职人员依法进行监督";同年 11 月,中共中央办公厅印发《关于在北京市、山西省、浙江省开展国家监察体制改革试点方案》,部署在三省市设立各级监察委员会,从体制机制、制度建设上先行先试、探索实践。2017 年 10 月,党的十九大报告提出"组建国家、省、市、县监察委员会,同党的纪律检查机关合署办公,实现对所有行使公权力的公职人员监察全覆盖。制定国家监察法"。中国共产党全国代表大会和它所产生的中央委员会是中国共产党最高领导机关,这两个会议作出的决定当然是党的决策。

有关司法体制改革的决定也记载在党的决策性文件中。司法体制改革是中共十八大和它产生的中央委员会多年来一直在推进的改革任务,本书前文也列举了党的十八届三中全会和四中全会所提出的司法体制改革的具体措施。为落实党中央关于司法体制改革的目标,中央全面深化改革领导小组(以下简称深改组)又进一步提出了《关于建立法官、检察官惩戒制度的意见》(以下简称《惩戒制度意见》)。深改组是 2013 年中共十八届三中全会决定成立的,负责改革总体设计、统筹协调、整体推进、督促落实。2018 年中共中央发布《深化党和国家机构改革方案》，将深改组改为中央全面深化改革委员会，职能未变。深改组《惩戒制度意见》是深改组对司法体制改革进行总体设计、统筹协调、整体推进、督促落实的结果。

党中央和党中央权威性机构有关监察体制的改革和法官、检察官惩戒制度的改革决策同年提出，而两种改革要求的具体内容不一致的问题一直以来似乎没有引起必要的关注。究其原因，可能是党中央有关司法体制改革的决策和监察体制改革的决策分别以各自的方式贯彻落实，而两种改革在实践中缺乏足够的协调。党中央关于司法体制改革的各种决策一直以来都由最高人民法院通过司法文件的具体化在法院体系内贯彻落实，有关法官惩戒委员会改革的决策也是如此。监察体制改革则是由全国人民代表大会通过作出决定或修法的方式将党的决策转变为国家意志后加以推行，2016 年 12 月，第十二届全国人大常务委员会第二十五次会议通过《关于在北京市、山西省、浙江省开展国家监察体制改革试点工作的决定》，2017 年 11 月，第十二届全国人大常委会通过《在全国各地推开国家监察体制改革试点工作的决定》，2018 年 3 月，全国人民代表大会修改《宪法》，并通过《监察法》。

当然，如果从宪法层面而言，根据宪法所确立的人民代表大会制度，人民代表大会及其常委会的地位要高于同级人民法院，因此可以认为全国人大制定的《监察法》的效力要高于最高人民法院制定的司法文件。在坚持党的领导的原则下，如果认定最高人民法院贯彻落实党的决策的司法文件无效，这显然会影响党的决策性文件的权威性，不利于党的决策的贯彻实施，因此，必须从源头上解决好党的决策性文件不够协调的问题。而且，有关司法体制改革的决策由最高人民法院通过司法文件贯彻落实的做法是与目前所提出的"凡属重大改革都要于法有据"的要求是不相符的，应当予以纠正。如果司法体制改革也像监察体制改革一样走由全国人大及其常委会贯彻落实党的决策的宪法路径，由于两种改革由同一个国家机关来推进，故应该尽早提出从源头上解决好党的决策性文件的协调一致问题。

根据《深化党和国家机构改革方案》，深改委的职能就是负责改革中的重大工作的顶层设计、总体布局、统筹协调、整体推进、督促落实。深改委不仅要对党的决策性文件进行解释和协调，以便于国家机关对党的决策的贯彻实施，而且还要纠正国家机关在贯彻实施党的决策时可能存在的一些不合法的问题。

那么,当确定了党的决策性文件的解释和协调机制后,如何具体协调监察体制改革和司法体制改革中的决策冲突问题? 笔者认为,为加强反腐力度而整合和强化国家反腐力量,加强对公职人员的监督强度是必要的,但是,鉴于审判权的特殊属性,应将法官和行政机关的公务员区别对待,科学配置监督力量,给予法院和法官更多的独立性。在监察体制和司法体制双重改革背景下,法官惩戒制度的改革既要实现国家监察全覆盖,又要坚持遵循司法规律,监察机制部分介入法官惩戒制度的选择或许更好,即由监察机关、法院、法官惩戒委员会三者分担对法官的惩戒权能,法院对法官的惩戒机制予以保留,法官惩戒委员会改革继续深化。这个选项相较于监察机关全面承接法院对法官的惩戒职能而言,对审判独立和审判监督之间平衡度的影响相对较小。

二、新修订《法官法》的选择

在由监察机关、法院、法官惩戒委员会三者分担对法官的惩戒权能的选项下,裁判责任的追究主体应由谁来承担呢? 新修订的《法官法》给出了明确的答案,其中第48条规定:"最高人民法院和省、自治区、直辖市设立法官惩戒委员会,负责从专业角度审查认定法官是否存在本法第四十六条第四项、第五项规定的违反审判职责的行为,提出构成故意违反职责、存在重大过失、存在一般过失或者没有违反职责等审查意见。法官惩戒委员会提出审查意见后,人民法院依照有关规定作出是否予以惩戒的决定,并给予相应处理。"第46条第4项是"故意违反法律法规办理案件的",第5项是"因重大过失导致裁判结果错误并造成严重后果的"。根据这条的规定,关于裁判责任的追究,《法官法》选择由法官惩戒委员会行使审查权和追责建议权,由法院行使惩戒处分权。

从法治发达国家在平衡审判独立和审判监督之间关系的一些经验来看,监察机关的确不适合作为裁判责任的追究主体,而我国《法官法》的选择相比较而言更符合司法规律。这些经验在本书第五章已经进行了具体介绍:① 职务处分权和惩戒处分权分离;② 实行调查权和审理处分权分离;③ 专门惩戒机构组成人员来源的多样化;④ 审理和处分程序司法化;⑤ 不在法官没有违法违纪行为的情况下,基于法官的裁判行为对法官追责。从这些经验可以看到,无论是监督主体的组成,还是监督过程的职权配置,对法官的监督权能都呈现出相对分散的状态,这样的监督机制保持了法院及其法官的相对独立性,这应该说是审判独立和审判监督平衡的结果,也是司法规律的内在要求。

新建监察制度在某些方面的具体制度安排是与平衡审判监督和审判独立的具体做法相反的,这主要体现在以下几个方面:一是职务处分权和惩戒处分权集于监察机关一身。当然,对人大常委会任命的法官的职务处分应优先适用《地方各级人民代表大会和地方各级人民政府组织法》,即由人大常委会行使对法官的撤职权。二是惩戒处分的调查权和审理处分权未分离,在惩戒处分方面,监察机关是集监察、立案、调查、审理和处分决定等职权于一身的。三是监察委员会组成人员具有单一性,其组成人员是专门的监察官。四是《监察法》第五章"监察程序"部分主要规定了立案和调查程序,而没有规定审理和处置程序,只有第45条规定监察机关根据监督、调查结果依法作出处置,这也就是说,没有公开的审理和处置程序。

此外,对于监督权能如此强大的监察机关,其自身所受到的监督却非常有限,这种有限性主要体现在三个方面。

首先,同级人大对监察机关的监督能力较弱。在人民代表大会制度下,监察机关当然要由人民代表大会产生,对人民代表大会负责,受人民代表大会监督,这一点已经在我国《宪法》和《监察法》中得到充分体现。不过,鉴于实践中反映出来的人民代表大会及其常委会对其他国家机关的实际监督非常不充分,权力机关对监察机关的监督能力也肯定是有限的。不仅如此,人大及其常委会对监察机关的监督在实践中的普遍做法是:监察机关仅向同级人大常委会作专项工作报告,而不对同级人大汇报工作,因此,相对于对其他国家机关的监督而言,人大对监察机关的监督能力要更弱一些。

其次,同级其他国家机关对监察机关的制约能力较弱。在监察机关和同级政府、审判机关、检察机关的关系上,虽然我国《监察法》第4条第2款规定:"监察机关办理职务违法和职务犯罪案件,应当与审判机关、检察机关、执法部门互相配合,互相制约",但是鉴于监察机关对这些国家机关公职人员具有强有力的监督能力,后者对监察机关的制约效果恐怕不会很明显。

再次,监察机关内部监督机制尚未建立。我国《监察法》第55条规定:"监察机关通过设立内部专门的监督机构等方式,加强对监察人员执行职务和遵守法律情况的监督。"然而,这个监督机构目前尚未建立,即使建立,内部监督的监督效果也是有限的。

根据审判独立和审判监督平衡的原理,在裁判责任追究主体的选择上,法院比监察机关更适合,《法官法》的选择符合中国国情。

三、未来裁判责任追究主体的更好选项

裁判责任追究主体的更好选项应该是法官惩戒委员会,因为由法官惩戒委员会作为追责主体符合法官惩戒组织专门化、组成人员来源多元化、惩戒程序司法化的特点,能够满足审判独立和审判监督平衡的要求。不过,要实现这一点,还需对法官惩戒委员会进行进一步的改革,因为法官惩戒委员会还存在诸多问题。

第一,法官惩戒委员会的组织性质不清。中央深改委《惩戒制度意见》和"两高"《意见》都没有明确说明法官惩戒委员的组织性质,新修订的《法官法》也未对此作出规定。关于惩戒委员会的性质,《广东省法官、检察官惩戒委员会章程》第3条是这样表述的:"惩戒委员会是法官、检察官司法责任的专业评定确认机构,依照本章程规定独立行使职权,不受其他机关、团体和个人的干预。"①湖南省委常委、省委政法委书记、省委司法体制改革专项小组组长黄关春在惩戒委员会成立会议上强调:"惩戒委员会是独立于司法机关和其他国家机关以外的机构,是中立的第三方监督力量"。② 然而,从成立的过程来看,这个机构更像是一个附属于中国共产党的组织,因为各省、自治区和直辖市法官、检察官惩戒委员主要是由各地党委或政法委负责筹建成立的。2014 年 12 月 13 日,上海市成立全国首个省级法官、检察官遴选(惩戒)委员会,在成立会议上,是中共中央政治局委员、上海市委书记韩正向 15 位委员颁发聘书。③ 河北省法官、检察官惩戒委员会成立时也是由省委常委、省委政法委书记、省委司法体制改革领导小组组长为当选人员颁发聘书。④ 湖南省法官监察官惩戒委员会成立时,成立会议是由省委政法委常务副书记田福德主持的,省法官检察官惩戒委员会第一次全体会议推选省委政法委副书记杨光荣为惩戒委员会主任委员。⑤《广东省法官、检察官惩戒委员会章程(试行)》第 10 条明确规定:"各单位推荐的委员人选,经省委政

① 阳光检务网,http://www.gd.jcy.gov.cn/jcgg/201805/t20180518_2215360.shtml,最后访问时间:2020 年 12 月 1 日。
② "湖南省成立法官检察官惩戒委员会",新湖南网,http://m.voc.com.cn/wxhn/article/201806/201806201802445034.html,最后访问时间:2020 年 12 月 1 日。
③ "上海法官检察官遴选(惩戒)委员会成立",中国法院网,https://www.chinacourt.org/article/detail/2014/12/id/1506380.shtml,最后访问时间:2020 年 12 月 1 日。
④ "河北法官检察官遴选(惩戒)委员会成立",搜狐网,http://www.sohu.com/a/69040066_219067,最后访问时间:2020 年 12 月 1 日。
⑤ "湖南省成立法官检察官惩戒委员会",新湖南网,http://m.voc.com.cn/wxhn/article/201806/201806201802445034.html,最后访问时间:2020 年 12 月 1 日。

法委进行资格审核合格并征求纪检监察部门意见后,向社会公示。公示期满后未发现有影响履职情况的,由省委政法委颁发任命书,并予以公告。"①

第二,由法官惩戒委员会自定章程的做法值得商讨。"两高"《意见》在第5条提出惩戒委员会的工作职责之一是制定和修订惩戒委员会章程。那么,什么样的组织能够自定章程?国家机关及其组成部分是不能的。《立法法》第8条对此已经进行了明确规定,关于各级人民代表大会、人民政府、人民法院和人民检察院的产生、组织和职权的事项应当由全国人大及其常委会制定法律。从法律上说,只有社会成员依据法律规定的条件和程序成立的社会组织,例如企业、社会团体等可以依法自定章程,这是一种自治的体现。那么,法官惩戒委员会属于社会组织吗?从成立的过程来看,这个由党委或政法委负责筹建的组织显然不是社会成员根据法律成立的社会组织。

第三,法官惩戒委员会名不副实。根据"两高"《意见》,除了制定和修订惩戒委员会章程之外,法官惩戒委员会的职权是:根据人民法院调查的情况,依照程序审查认定法官是否违反审判职责,提出构成故意违反职责、存在重大过失、存在一般过失或者没有违反职责的意见;受理法官对审查意见的异议申请,作出决定;审议决定法官惩戒工作的其他相关事项。新修订的《法官法》第48条规定:"最高人民法院和省、自治区、直辖市设立法官惩戒委员会,负责从专业角度审查认定法官是否存在本法第四十六条第四项、第五项规定的违反审判职责的行为,提出构成故意违反职责、存在重大过失、存在一般过失或者没有违反职责等审查意见。法官惩戒委员会提出审查意见后,人民法院依照有关规定作出是否予以惩戒的决定,并给予相应处理。"结合《法院监察条例》,法官监督工作的职能分工是这样的:法院监察部门根据本院院长或者上级人民法院监察部门的指示或者要求行使监察权,法院院长行使对法官涉嫌违法违纪事项的立案和组织调查的决定权,监察部门行使对涉嫌违法违纪事项的调查权和惩戒处分的建议权,法官惩戒委员会行使对涉嫌违法违纪事项的审理权和认定权,法院院长行使对法官的惩戒处分和向人大及其常委会提请身份处分的决定权。从整个监督流程的职权配置来看,惩戒委员会并不是名副其实的惩戒主体,因为是否给予法官惩戒处分的权力仍然属于法院。

要深化法官惩戒委员会的改革,并解决上述问题,需要重新认识法官惩戒委

---

① 阳光检务网,http://www.gd.jcy.gov.cn/jcgg/201805/t20180518_2215360.shtml,最后访问时间:2020年12月1日。

员会的性质。关于法官惩戒委员会的性质，目前是将其定位为第三方司法责任评定机构，但是这种定位不准确。将法官惩戒委员会定位为设在法院组织体系内部较高层级但具有相对独立性的法官监督组织比较合适。法官惩戒制度是国家机构体系内对法官进行监督的制度，其性质是权力对权力的监督，因此，尽管法官惩戒委员会相对于法院和法官是第三方，但是其在惩戒程序中对惩戒事项进行审理和认定的职能性质应当属于国家权力的范畴，法官惩戒委员会应属于国家机构体系中的一个组织。那么，把法官惩戒委员会放在国家机构体系中的什么位置比较合适？从域外实践看，法官惩戒组织多是放置在法院组织体系内部的较高层级，是司法组织体系内部具有相对独立性的监督组织，多元成员组成的专门惩戒组织的这个特征尤为明显。这样安排能够较好协调内部监督和外部监督、审判独立和审判监督之间的关系。根据现行《法官法》第 48 条的规定，我国也是在最高人民法院和省、自治区、直辖市设立法官惩戒委员会。基于对法官惩戒委员会职能性质的权力定性，法官惩戒委员会的定位就清晰了，即法官惩戒委员会应是设在法院组织体系内部较高层级但具有相对独立性的法官监督组织。

基于对法官惩戒委员会所行使职能的定性，未来法官惩戒委员会的产生机制、职权范围应该进行相应的改革。

首先，法官惩戒委员会成员由党的机构提名、同级人大常委会聘任更为合适。法官惩戒委员会行使的监督法官的职权具有公权力的性质，因此，法官惩戒委员会成员由党的机构直接聘任就似乎不合适了。对于多元成员组成的法官惩戒委员会，各国对于成员的任命有不同的做法。例如，韩国《法官惩戒法》第 4—5 条规定，委员由大法院院长任命或委任，预备委员由大法院院长从法官中任命。[①] 美国各州关于成员的任命，有 10 个州是由州最高法院任命；其他大多数州，不同类别的成员由不同的组织任命，公民成员由州长任命，律师成员由州律师协会任命，法官由州最高法院任命。在一些州，组织成员的任命需要经过立法机关的批准。[②]

其次，应在条件成熟时扩大法官惩戒委员会的职权。关于法官惩戒委员会的职权，随着司法改革的深入，可在条件成熟的时候赋予法官惩戒委员会惩戒处

---

① 最高人民法院政治部：《域外法院组织和法官管理法律译编》（下册），人民法院出版社 2017 年版，第 763 页。

② Cynthia Gray. How judicial conduct commissions work. *American Judicature Society*，1999，pp.27 - 37.

分的决定权,由法官惩戒委员会采用具有司法程序特点的审理程序,对法官违反审判责任的行为进行审理和判断,并作出具体惩戒处分决定。赋予法官惩戒委员会惩戒处分权的改革可以使惩戒委员会名副其实。在这种多元成员组成的专门组织惩戒制度下,惩戒法官的具体程序是:法院监察部门根据法院院长的指示对法官违法审判的行为行使调查权,由法官惩戒委员会行使对法官违法审判行为的审理权和惩戒处分权。这样的制度吸收了域外法官惩戒制度在平衡审判监督和审判独立方面的经验,具有调查权和审理处分权分离、惩戒委员会成员多元化、审理处分程序司法化等特点,这样的制度安排不仅可以解决司法权去行政化的问题,而且也可以解决司法权去地方化的问题,从而实现审判监督和审判独立之间的平衡。

再次,应当由法律来规定法官惩戒委员会的职权、组成、任期、惩戒程序等内容,而不是由法官惩戒委员会自定章程。

第四节　地方法院裁判责任追究扩大化的纠正

随着我国法官裁判责任制度的理性回归,地方法院的错案追责应当回到法治的轨道上来,具体来说就是,地方法院应当放弃超范围错案追责的做法,回到《法官法》所限定的裁判责任追究的范围中来。要实现这一点,需要堵上制度上的漏洞,消解法律为地方法院裁判责任追究扩大化所提供的便利条件。

一、地方法院法官管理规则的清理

要让错案追责回归法治的轨道,首先要清理地方法院在法官责任方面制定的与法律规定和最高人民法院规定不一致的规范性司法文件。

(一)法院制定法官管理规则之权力的法源缺失

从法治的要求来看,任何主体制定规范性法律文件都要有宪法或法律依据,其制定规则的权限要在宪法或法律具体规定的权限范围内。那么,法院制定法官管理规则的权力有没有宪法或法律的依据?

从各级法院制定的法官管理规则实际的效力范围来看,各级法院制定的法官管理规则可以分为两类:一是对所在行政区域内的所有法院产生约束力;二是只对制定规则的法院产生约束力。以下分别根据规则的不同类型来讨论法院制定法官管理规则的权力来源问题。

1. 法院是否有权制定对所在行政区域内的所有法院产生约束力的规范性文件

这一类法官管理规则的主要制定主体是最高人民法院和高级人民法院,也有中级人民法院制定这类规则的,例如《伊春市中级人民法院关于法院干警业内、外活动"八个严格""八个不准"的有关规定》就适用于全市两级法院。[①]

我国《宪法》《立法法》和《法院组织法》并无关于各级人民法院有权制定某种形式规范性文件的任何规定。根据《立法法》第 2 条的规定,受《立法法》规范的法的形式是:法律、行政法规、地方性法规、自治条例、单行条例、规章。法院不是上述任何一类规范性文件的制定主体,当然不能采用上述任何一种形式来制定法官管理规则。

就实际功能而言,最高人民法院制定的适用于全国法院的法官管理规则类似于国务院制定的《行政机关公务员处分条例》,但是从法律上来说,最高人民法院制定的相关规则不可能有该条例的相应法律地位。我国《宪法》第 89 条所规定的国务院的职权是:"根据宪法和法律,规定行政措施,制定行政法规,发布决定和命令"。《行政机关公务员处分条例》是国务院行使制定行政法规权力的结果,于法有据。然而,最高人民法院制定相关规范找不到类似的依据。此外,最高人民法院和地方人民法院之间是监督与被监督关系,而非领导与被领导关系,这种性质的关系也决定了最高人民法院不适合制定在全国范围内适用的法官管理规则。

同理,高级人民法院和中级人民法院制定的对其所在行政区域内所有法院产生约束力的法官管理规则,虽然发挥着类似于地方政府规章的功能,但也因为找不到规则制定权的相应依据而不可能有规章的法律地位,而且其上下的监督关系也决定了上级法院不适合制定适用于下级法院的法官管理规则。

根据《全国人民代表大会常务委员会关于加强法律解释工作的决议》第 2 条的规定:"凡属于法院审判工作中具体应用法律、法令的问题,由最高人民法院进行解释"。《法院组织法》第 18 条用不同的表述方式对其作了同样的规定,即"最高人民法院可以对属于审判工作中具体应用法律的问题进行解释。"那么,最高人民法院制定的适用于全国的法官管理规则是不是司法解释?

---

① 伊春市法院网,http://yczy.hljcourt.gov.cn/public/detail.php?id=401,最后访问时间:2020 年 12 月 1 日。

最高人民法院制定的法官管理规则和司法解释在制定主体和程序上的确有相似之处，即都由最高人民法院审判委员会讨论通过、由最高人民法院公布。然而，由于与法官职务相关的权益争议不在三大诉讼法所规定的法院受案范围内，从而不存在最高人民法院对《法官法》在审判中如何具体应用进行解释的需要，因此，最高人民法院制定的法官管理规则不是司法解释。

2. 法院是否有权制定只对本院产生约束力的规范性文件

法院制定的只对本院产生约束力的法官管理规则相当于是法院的内部规章制度，一些法院不将制定的法官管理规则对外公布，也表明这些法院实际上的确是将其作为内部规章制度来对待的。

宪法和法律同样没有关于法院是否可以制定内部规章制度的具体规定。不过，一个国家机关会制定一些内部规章制度，例如，财务报销制度、文书制作标准、信息处理规则、公车使用规则等，如果国家机关在这些事务的管理上没有自主权，国家机关也很难正常有效运转。问题在于，法院是否可以采用内部规章制度对法官进行管理。答案是否定的。可以说，所有的国家机关都不能采用内部规章制度的方式对国家机关工作人员进行管理。

国家机关和国家机关组成人员之间的关系不同于企业与员工之间的关系。根据雇佣合同建立起来的企业和员工之间的关系涉及的是社会个体之间的利益关系，企业对员工的管理属于企业内部事务，在符合《劳动法》和雇佣合同约定的情况下，企业主要根据内部规章制度对员工进行管理。但是，国家机关组成人员行使职权时代表的是社会公共利益，其职权行使是以国家财政为依托的，因此，必须将对他们的管理活动置于人民代表大会和公民的监督之下，只有这样才能保障国家机关职权的有效运作，保护社会公共利益不受侵害。为此，对国家机关组成人员必须根据对外公布的法律进行管理，而不能根据内部规章制度进行管理。

鉴于以上原因，我国《立法法》第8条第2项规定，关于各级人民代表大会、人民政府、监察机关、人民法院和人民检察院的产生、组织和职权的事项只能制定法律。国家机关的组成人员是国家机关职权的实际运行者，因此，国家机关组成人员的职务关系只能由全国人民代表大会或其常委会制定的法律来调整。职务关系的内容主要包括国家机关组成人员的权利、义务和管理，该管理主要包括：职位的选任、晋升和退出机制以及人员的考核、培训、奖惩、工资福利等，为此，全国人大常委会制定了《代表法》《公务员法》《法官法》《检察官法》和《监察法》，对各种性质的国家机关组成人员的权利、义务和管理进行了全面规定。不能把对法官的管理作为法院内部事务来对待,对于《法官法》已经涉及的所有内容不能采用内部规章制度来管理法官。

综上所述,最高人民法院和地方各级人民法院在制定法官管理规则方面缺乏必要的宪法和法律上的依据,因此,根据法治原则,最高人民法院和地方各级人民法院都无权制定法官管理规则。

(二)法官管理规则制定权的合理配置

法官管理规则制定权于法无据和管理规则混乱的情况,应该及时应对与化解,否则,其不仅会引起司法体制改革和法官管理的合法性问题,而且也会造成人们对法律和司法的不信任。依据宪法的具体规定和基本精神,根据目前我国法官管理规则制定的实际情况和现实需要,法官管理规则的制定权进行如下配置比较合理。

1. 应由全国人大或其常委会以法律的形式制定法官管理规则

如前所述,根据我国《立法法》第 8 条第 2 项的规定,关于法官的权利、义务和管理都应当由全国人大或其常委会以法律的形式来规定。由立法机关制定法律管理法官,应当是法治国家的通常做法。《域外法院组织和法官管理法律译编》①收录了 11 个国家和我国两个特别行政区在法院组织和法官管理方面的法律,与这些法律进行比较可以看到,我国内地(大陆)地区的《法官法》的内容是颇为简略的。

因此,全国人大常委会可考虑制定一部内容翔实的《法官法》,把现行《法官法》留白的地方——补齐,这些留白的地方主要是法官的等级编制、评定和晋升办法;奖励的权限和程序;处分的权限和程序等内容。当然,如果我国《法官法》不能详尽规定所有事项,可以就某项特定管理事项作出原则性规定,然后由全国人大常委会制定相关的单行法律。例如,法官惩戒制度比较复杂,可以在《法官法》中规定惩戒的基本制度和一般原则,然后再制定专门的《法官惩戒法》,详尽规定对法官进行惩戒的事由、惩戒方法和幅度、惩戒组织和程序。

2. 全国人大及其常委会可授权最高人民法院就法官管理的改革事项制定试行规则

制度不会是一成不变的,当制度需要变革的时候,全国人大可以授权最高人民法院就改革事项制定试行规则,等条件成熟时再制定法律。

---

① 最高人民法院政治部:《域外法院组织和法官管理法律译编》(下册),人民法院出版社 2017年版。

我国司法改革正在进行之中,客观上很需要全国人大及其常委会授权最高人民法院就司法制度中的特定事项制定试行规则。最高人民法院于 2015 年发布了《关于全面深化人民法院改革的意见——人民法院第四个五年改革纲要(2014—2018)》,虽然该文件中的大部分改革措施是在具体落实我国《人民法院组织法》《法官法》和三大诉讼法所规定的各项制度,但是不少改革措施都是在突破法律的规定或是在填补法律的空白。例如,在法院设置方面,设立跨行政区划法院,这突破了当时《人民法院组织法》关于法院组织的相关规定,《人民法院组织法》也没有关于最高人民法院设立巡回法庭的内容。在审判责任制方面,确定的法院院长、庭长的审判管理职责和审判监督职责,这是在填补当时《人民法院组织法》所没有规定的内容。在法官管理方面,法官遴选制度、法官业绩评价体系和标准、法官惩戒委员会制度也是当时《法官法》所未曾规定的内容。最高人民法院设立巡回法庭和法院院长、副院长的审判管理职责的内容在 2018 年 10 月《人民法院组织法》修订时才写入该法。我国司法改革正在进行,在相关制度尚不成熟的情况下,最符合法治要求的方法是全国人民代表大会或其常委会授权最高人民法院制定相关规则并进行调整,等到条件成熟之时再制定法律。

我国《立法法》第 9 条只规定了全国人大及其常委会对国务院的授权立法,没有规定对最高人民法院的授权立法,这应该说是一个明显缺失。笔者建议《立法法》第 9 条增加一款内容,即"全国人民代表大会及其常务委员会有权作出决定,授权最高人民法院可以根据实际需要,对司法制度中的部分事项制定规范性文件。"在《立法法》修改之前,可以由全国人民代表大会根据《宪法》第 62 条第 15 项"应当由最高国家权力机关行使的其他职权"的规定作出决定,授权最高人民法院就司法制度的某些具体事项制定规则。

我国《立法法》第 10—12 条和第 98 条第 5 项对全国人大及其常委会的授权立法进行了规范,因此,全国人大及其常委会对最高人民法院的授权立法也当然受这些条款的约束,这些约束的具体要求是:全国人大及其常委会授权决定应当明确授权的目的、事项、范围、期限以及最高人民法院实施授权决定应当遵循的原则等;授权的期限不得超过 5 年,但是授权决定另有规定的除外;最高人民法院应当在授权期限届满的 6 个月以前,向全国人大及其常委会报告授权决定实施的情况,并提出是否需要制定有关法律的意见;需要继续授权的,可以提出相关意见,由全国人民代表大会及其常务委员会决定;授权立法事项,经过实践检验,待制定法律的条件成熟时,由全国人民代表大会或其常务委员会及时制定法律,法律制定后,相应立法事项的授权终止;最高人民法院应当严格按照授权决定行使被授予的权力,不得将被授予的权力转授给其他机关;根据授权制定的规则应当报全国人大常委会备案。

如果依上述制度设计,授权立法不仅能解决最高人民法院制定法官管理规则之权力来源缺失的问题,而且也能将最高人民法院制定法官管理规则的权力纳入全国人民代表大会及其常委会的监督之下,符合法治的要求。

3. 法律可授权最高人民法院就现有法官管理法律所规定的事项制定实施细则

我国《宪法》和《人民法院组织法》没有将法院的职能区分为审判职能和司法管理职能。区分这两种职能是很有必要的,我国正在进行的司法体制改革也正朝着这个方向努力。在将审判职能和司法管理职能区分开的情况下,《人民法院组织法》可以授权最高人民法院制定《人民法院组织法》《法官法》以及其他司法管理类法律的实施细则,这是与最高人民法院的地位和能力相匹配的。因为在审判职能方面,最高人民法院有权对在审判过程中如何具体应用法律、法令的问题进行解释,那么,在司法管理职能方面,最高人民法院也应当相应地享有司法管理方面的法律制定实施细则的权力。最高人民法院制定相关法律的实施细则应当同司法解释一样,自公布之日起 30 日内报全国人民代表大会常务委员会备案,接受全国人大常委会的监督。

4. 应由中国法官协会制定法官职业道德规范

职业道德是指在一定职业活动中应遵循的、体现一定职业特征的职业行为准则和规范。职业道德规范是职业自律的体现,一般由特定职业的自治组织制定。

职业道德规范不属于法的范畴。法是由法律规则、法律概念和法律原则组成的,法律规则是其主要内容。法律规则是以法权和义务为主要内容,由国家强制力保障实施的具有严密逻辑结构的社会规范。关于法律规则的逻辑结构,法理学教科书上介绍了多种学说,包括两要素说、三要素说和四要素说。无论采用哪种逻辑结构,法律规则都包含法律后果,即法律对违反其要求的行为作出否定性的评价,并进行相应的追究和制裁。职业道德规范显然不具有法律规则的"法律后果"要素,因为职业道德规范主要体现为义务,而没有规定违反义务的具体后果,不具有法律的强制性。

从内容上说,最高人民法院、司法部联合发布的《关于规范法官和律师相互关系维护司法公正的若干规定》,最高人民法院制定的《法官行为规范(试行)》

《法官职业道德基本准则》《法官行为规范》，还有地方法院制定的各种行为规范例如《辽宁省人民法官守则》《楚雄市人民法院法官业外活动行为规范（试行）》《龙江县干警廉洁自律规定》①等都属于职业道德规范的范畴，但是其制定主体与职业道德规范的性质不匹配。

中国法官协会是经最高人民法院批复同意并依法向民政部申请登记注册、由法官以个人身份自愿组成的社会团体，属于法官自治组织，由中国法官协会制定法官职业道德规范比较合适。

（三）地方各级法院不适合制定任何形式的法官管理规则

法官管理规则的性质和要求决定了不适合由地方各级法院制定任何形式的法官管理规则。

首先，地方法院没有必要制定法官管理规则。法官的功能就是根据法律所规定的审判程序和要求审理案件、裁判案件。审判案件的程序和要求是全国统一的，三大诉讼法已有具体而明确的规定，地方法院不能根据地方的特殊性有差别地执行。裁判案件的依据是全国统一的，即全国人大及其常委会制定的法律，且只有最高人民法院享有对法律的司法解释权，法律没有赋予地方法院司法解释权，这是否定了地方法院根据地方的特殊性解释法律、适用法律的可能性。那么，对法官的资格要求、任免和晋升的条件、考核标准、奖惩标准等也应该是统一的，不应当存在地方差异，即对法官的管理应当实行全国统一的标准。因此，有全国人民代表大会及其常委会制定的法律、最高人民法院制定的法律实施细则和有关法官管理的规则就已经足够了。此外，在中央层面的规则已经制定得相当详细的情况下，地方法院再耗费时间、人力、财力制定相同内容的规则就毫无意义了。

其次，地方法院制定法官管理规则的能力有限。前文所描述的地方法院制定法官管理规则所呈现出的无序状况，例如，制定依据混乱、内容杂乱无章、内容重复、标准不统一、表达不严谨等已经充分说明了这一点。

再次，地方法院制定法官管理规则存在不少弊端。一是损害法律的权威。在无监督的情况下，地方法院制定的法官管理规则很难避免出现违反国家立法精神和具体规定的情况，这使得国家立法无法正确贯彻落实，而在法官管理的实践中，地方法院一般会直接适用该法院制定的规则，这使得国家立法被架空，无法发挥应有的功能。二是异化法官的性质和地位。将法官管理视为法院的内部

---

① 黑龙江龙江县法院网，http://qqherlj.hljcourt.gov.cn/public/detail.php?id=523，最后访问时间：2020年11月30日。

事务来对待,用法院内部管理文件对法官进行管理会影响法官的独立性,不利于法官依法行使审判权。

既然地方法院制定法官管理规则既无必要,也无能力,还有如此严重的弊端,那么,地方法院是不适合作为法官管理规则的制定主体的,应当对地方法院制定的所有法官管理规则进行全面清理。

二、诉讼法误导因素的消除

本书第六章第三节指出了地方法院裁判责任追究扩大化的一个重要技术性条件,即我国三大诉讼法关于再审提出的理由、二审和再审对案件裁判的处理方式的具体规定不仅大量使用"错误"这个词语,而且还采用了将再审案件、改判案件与错案画等号的绝对化的表述方式,正是这种表述方式引导地方法院按照形式标准判断案件裁判的对错。然而,根据形式标准判断的错案并不一定是实质意义上的错案。有学者对 408 个民事再审案件进行分析的结果是:"在再审事由为'认定事实不清或错误'的 174 个案件中,再审终审法院判决认可该事由的仅为 56 件,占比为 32.2%。"[1]这表明,将启动再审的事由和错案直接联系是站不住脚的,启动再审的事由只能说是疑似错案。最高人民法院颁布的《违法责任追究办法》第 22 条和最高人民法院《司法责任制意见》第 28 条列举不得作为错案追责的各种情形,也表明根据形式标准认定的错案和根据实质标准认定的错案是不一致的。

要改变以形式标准来判断错案的做法最好是在不影响诉讼程序基本功能的情况下,对诉讼法相关内容进行修改。

(一) 删除诉讼法中关于二审维持原判和改判的适用条件的具体规定

很少有国家的诉讼法对上诉审处理原裁判具体方式的适用条件进行规定,而且这些国家诉讼程序的功能也并未受到什么不利影响。

我国诉讼法规定了二审维持原判和改判的适用条件,并将其与原裁判的对错直接关联,然而此项规定存在将上诉程序的功能绝对化的问题。上诉程序的功能是多样的,不是仅有纠错这一种功能。一般认为,上诉程序的基本功能包括:① 纠正下级判决的错误,保障解释和适用法律的正确性;② 保障法律解释和适用的统一性;③ 吸收当事人的不满,以提高司法判决的正当性和可接纳度;

---

[1] 刘澍:《民事误判实证研究》,上海三联书店 2016 年版,第 177 页。

④ 从制度上分担初审法官因判决案件而产生的责任和压力,促进审判独立,等等。如果将改判的适用条件和原判的错误直接挂钩,这显然否定了上诉程序的其他功能。

(二)在再审事由中删除裁判错误之类的表述

我国三大诉讼法授权审判机关和检察机关可以以"案件裁判确实存在认定事实或适用法律的错误"为由,对已经生效的判决和裁定依职权启动审判监督程序。虽然我国《刑事诉讼法》第 253 条、《民事诉讼法》第 207 条、《行政诉讼法》第 91 条详细列举了当事人及其法定代理人、近亲属申请再审、人民法院应当重新审判的事由,不过,列举的再审事由不仅包括出现的各种与事实相关的新情况,而且还包括"原判决、裁定适用法律错误"这种抽象事由。此外,关于因新证据提起再审的情形,我国《刑事诉讼法》第 253 条第 1 项是这样表述的:"有新的证据证明原判决、裁定认定的事实确有错误,可能影响定罪量刑的"。这显然是将出现新证据的这种再审事由和裁判错误进行了直接关联。

将我国诉讼法有关再审事由的规定与外国诉讼法的相关规定相比较可以看到,一些国家诉讼法对再审事由的规定具有以下特点:① 以列举方式规定再审事由;② 列举的再审事由主要限于出现的各种与事实相关的新情况;③ 再审事由不包含对原裁判结果是否错误进行直接判断的内容。

《法国刑事诉讼法》第 622 条列举的可以申请再审的案件是:① 在杀人案件定罪科刑之后,所提出的证据表明有足够的线索认定所谓的杀人案的受害人仍然活着。② 在对重罪或轻罪定罪科刑之后,又因同一犯罪事实对另一被告人作出了新的判决,两次定罪科刑不能吻合,两者之间的相互矛盾构成相关人员无罪的证据。③ 出庭作证的证人之一,在其作证的案件定罪科刑以后,因对被告人提供伪证而受到追诉并被判处刑罚。因作伪证受到有罪判决的证人,在重新审理活动中不得再听取其证言。④ 在案件定罪科刑以后,发生或发现法院在审理案件时不曾了解的新的事实或材料,足以对被判刑人是否有罪产生疑问。①

《法国民事诉讼法典》第 595 条规定:"再审申请仅能以下列理由提出:① 原判决作出后,发现该判决是由对其有利的一方当事人欺诈所致。② 原判决作出后,发现由于一方当事人所为,一些具有决定性作用的文件、字据被扣留而未提出。③ 发现判决系以其作出后经认定或经裁判宣告属于伪造的文件、字据

---

① 《法国刑事诉讼法典》,罗结珍译,中国法制出版社 2006 年版,第 371 页。

④ 发现判决系以其作出后经裁判宣告为伪证的假证明、假证言、假宣誓。在所有情况下,仅在提出再审申请的人自己无过错,且未能在原裁判决定产生既判力以前提出其援用的理由时,再审申请始予受理。"①

《德国刑事诉讼法典》将刑事再审分为有利于被告的再审和不利于被告的再审,第 359 条列举了只能为被告人的利益提出的再审理由,第 362 条列举了不利于被告人利益提起再审的事由。第 359 条列举的只能为被告人的利益提出的再审理由是:① 法院审理中对有罪判决人不利地作为真实证书系伪造或者变造;② 证人或鉴定人在提供对受有罪判决人不利的证言或鉴定时,故意或过失违反宣誓义务,或者故意作出虚假的未经宣誓的陈述;③ 参与判决的法官或陪审员在有关案件的问题上作出违反职务的可罚行为,以此违法行为非由有罪判决人引起为限;④ 刑事判决所依据的民事法院判决已被另一确定判决撤销;⑤ 提出新的事实或新证据材料,单独或先前提出的证据结合,使得有理由宣告被告人无罪,或者对其使用较轻刑法从而判决较轻刑罚,或者判处重大不同的矫正及保安处分;⑥ 如果欧洲人权法院确认违反《欧洲人权和基本自由保护公约》或其议定书,而该判决以此项违反为基础。第 362 条列举的不利于被告的利益提起再审的事由是:① 法庭审理中对被告人有利的作为真实证书系伪造或变造;② 证人或鉴定人在提供对被告人有利的证言或鉴定时,故意或过失违反宣誓义务,或者故意作出虚假的未经宣誓的陈述;③ 参与判决的法官或陪审员,在有关案件的问题上作出违反职务义务的可罚行为;④ 被宣告无罪人在法庭上或法庭外就犯罪行为作出了可信的自白。②

《德国民事诉讼法》规定的提起再审的理由分为两类,即无效之诉和恢复原状的原因。无效之诉的事由主要是审判错误中的审判组织错误和审判程序错误,而恢复原状的原因属于发现新证据的案件,具体原因包括:① 判决基础的伪造,例如当事人的假誓或伪证;② 以前裁判撤销;③ 以前判决的发现,即当事人发现以前在同一案件中作出的生效判决或者自己能够使用这个判决;④ 当事人发现或者可以适用另一种证书,而这种证书可能使自由得到更为有利的裁判。③

诉讼法将再审事由限定于出现的各种与事实相关的新情况是比较合理的。首先,这是案件纠错和国家审判能力平衡的结果。虽然有错必纠对具体当事人

---

① 《法国刑事诉讼法典》,罗结珍译,中国法制出版社 2006 年版,第 120 页。

② 《德国刑事诉讼法典》,宗玉琨译注,知识产权出版社 2013 年版,第 249—250 页。

③ 参见[德] 罗森贝克、施瓦布、戈特瓦尔德:《德国民事诉讼法》(下),李大雪译,中国法制出版社 2007 年版,第 1210—1217 页。

而言是最理想的状态,但是国家审判机关实际承担诉讼案件审判的能力是有限的,将"原判决、裁定适用法律确有错误的"作为再审事由,会带来诉讼程序终审不终的问题,这反而会造成审判资源分配上的不公平,从而影响审判效率和整体的司法公正。其次,对于已经终审的案件,社会应该对法官的裁判结果表示尊重,而不能不受限制地提起再审,这是建立司法权威的基本要求。再次,在审判前就已经作出原判决、裁定认定事实或适用法律确有错误的判断,这本身会在一定程度上影响再审法官的思路,从而妨碍再审法官作出公正的判决。

因此,改革我国诉讼法关于再审事由的规定方式是很有必要的,国外诉讼法有关再审事由的规定方式值得我国借鉴,即以列举方式规定再审的具体事由;列举的再审事由应限于出现的各种与事实相关的新情况;再审事由中不包含"裁判错误"等。

我国诉讼法在作出上述两项修改后,根据形式判断标准对错案追责的技术条件也就完全消除了。当形式判断标准消除之后,对法官裁判追责的依据就只能回到裁判违法上来,这符合我国法官责任追究制度的基本性质和追责逻辑。

结　　论

　　错案,即裁判错误案件,裁判错误包括认定事实错误和适用法律错误。认定事实错误分为两类:一是违反法定证明标准认定事实;二是虽然不违反法定证明标准,但是按照相对客观真实标准被确认的认定事实错误。适用法律错误的本质是违法适用法律。

　　对错案的防范需要多种机制共同发挥作用,这些机制主要包括公开公正的审判程序、保证法官质量的法官选任和培训制度、法官独立和职业保障制度、科学的司法责任制度、法官的自治和自律机制、有效的社会监督机制,等等。司法责任追究制度是错案防范的一个重要环节,对错案追究法官裁判责任是司法责任追究制度中的部分内容,其在整个错案的防范体系中所占的比重并不大。

　　错案追责机制所起的作用是有限的。在裁判错误的结果发生之后再对法官追责,这显然是一种事后监督方式。错案追责所发挥的功能只能是一方面对法官起到警示的作用,间接地发挥错案防范的功能;另一方面,对受害人和民众起到安抚作用,恢复人们对司法的信任。这种作用显然没有事前错案防范机制在错案防范方面所起的作用直接和有效。

　　具体来看,法官作出错误裁判的主观心理状态有两种表现,即故意和过失。故意裁判错误通常与法官的其他违法行为相伴,例如,接受贿赂,徇私,伪造、变造隐瞒证据等,对于故意错误裁判的情况,制定法官行为标准及其违反行为标准的法定责任并加强监督,可以在裁判之前就起到防止错案发生的效果,而错案责任追究作为一种事后追责方式,对错案的防范显然不如对法官的违法行为进行监督和追究责任来得直接和及时。

　　过失裁判错误通常与法官的业务水平有关,对于过失裁判错误的情况,把好法官选任关、做好法官培训在效果上肯定要比出现错案后再来追究责任要好得多。如果防范错案的其他方面的制度设计和实施出现问题,错案追责是很难真正发挥作用的,如果其他方面的制度设计是科学且能落实到位,有没有错案追责这个环节关系也不大。

鉴于法官裁判责任在防范错案方面所起作用有限,错案防范机制的建设和实施重点不应放在错案追责上,而应当放在错案的事前防范机制上,在裁判作出之前就把错案发生的概率降到最低,这要比错案发生之后再追责要重要得多。

具体到法官责任追究制度的设计上,以违法违纪行为为着眼点来构建法官责任制度比以错案为着眼点来构建法官责任制度更加科学和有效:一是这样的责任制度可以将监督的资源更多地放在事前监督上;二是这样的责任制度也能完全包容错案追责的相关内容。我国《法官法》和最高人民法院制定的法官责任规则事实上都是围绕违法违纪行为来构建法官责任制度的,地方法院对法官的责任追究应当回归到违法责任的追责逻辑中来,放弃以结果为导向的错案责任追究制。

我国司法体制改革正在按照党的十九大报告所指出的方向推进,随着司法体制综合配套改革的深化和司法责任制的全面落实,我们相信错案会越来越少,而且离"努力让人民群众在每一个司法案件中感受到公平正义"的改革目标也会越来越近。

主要参考文献

一、中文著作

周永坤:《法理学——全球视野》,法律出版社 2016 年版。

肖蔚云:《论宪法》,北京大学出版社 2004 年版。

董茂云:《宪政视野下的司法公正》,吉林人民出版社 2003 年版。

程春明:《司法权及其配置:理论语境、中英法式样及国际趋势》,中国法制出版社 2009 年版。

何家弘:《亡者归来——刑事司法十大误区》,北京大学出版社 2014 年版。

周其华:《错案与纠正》,中国方正出版社 2006 年版。

胡铭等:《错案是如何发生的——转型期中国式错案的程序逻辑》,浙江大学出版社 2013 年版。

李建明:《刑事司法错误》,人民出版社 2013 年版。

刘澍:《民事误判实证研究:以 408 件再审案件为分析样本》,上海三联书店 2016 年版。

王乐龙:《刑事错案:症结与对策》,中国人民公安大学出版社 2011 年版。

何家弘:《短缺证据与模糊事实》,法律出版社 2012 年版。

毛立华:《论证据与事实》,中国人民公安大学出版社 2008 年版。

谭世贵:《中国司法体制改革研究》,中国人民公安大学 2013 年版。

谭世贵:《司法独立问题研究》,法律出版社 2004 年版。

谭世贵等:《中国法官制度研究》,法律出版社 2009 年版。

全亮:《法官惩戒制度比较研究》,法律出版社 2011 年版。

杜磊:《司法改革视角下的法官惩戒制度研究》,群众出版社 2016 年版。

陈雅丽:《豁免权研究——基于宪法的视域》,中国法制出版社 2011 年版。

孙海龙:《司法责任制改革》,法律出版社 2017 年版。

沈志先：《法院管理》，法律出版社 2013 年版。

李晓兵：《宪政体制下法院的角色》，人民出版社 2007 年版。

孙洪坤：《司法民主、公平正义与法官》，法律出版社 2012 年版。

张越：《法律责任设计原理》，中国法制出版社 2010 年版。

王晨：《现代司法公正评价标准实证研究》，法律出版社 2015 年版。

余韬：《上下级法院关系研究——以〈宪法〉第 132 条为视角》，上海人民出版社 2018 年版。

周泽民：《国外法官管理制度观察》，人民法院出版社 2012 年版。

程汉大、李培锋：《英国司法制度史》，清华大学出版社 2007 年版。

雷飞龙：《英国政府与政治》，台湾商务印书馆 2010 年版。

王葆莳：《德国司法责任制度研究》，武汉大学出版社 2018 年版。

于熠、潘萍：《日本司法责任制度研究》，武汉大学出版社 2019 年版。

冷罗生：《日本现代审判制度》，中国政法大学出版社 2003 年版。

刘建平：《中外国家赔偿制度研究》，武汉出版社 2005 年版。

冯之东：《中国司法改革背景下审判责任制度研究》，中国社会科学出版社 2018 年版。

付子堂：《法理学初阶》，法律出版社 2009 年版。

张文显：《法理学》，高等教育出版社、北京大学出版社 2007 年版。

童之伟等：《宪法学》，上海人民出版社、北京大学出版社 2010 年版。

韩大元：《外国宪法》，中国人民大学出版社 2009 年版。

周道鸾：《外国法院组织与法官制度》，人民法院出版社 2000 年版。

怀效锋：《司法惩戒与保障》，法律出版社 2006 年版。

怀效锋：《法官行为与职业伦理》，法律出版社 2006 年版。

怀效锋：《法院与法官》，法律出版社 2006 年版。

刘金友：《证明标准研究》，中国政法大学出版社 2009 年版。

江国华：《错案追踪》，中国政法大学出版社 2016 年版。

刘斌：《20 世纪末平反冤假错案案例纪实》，珠海出版社 2001 年版。

最高人民法院司法改革领导小组办公室：《〈完善人民法院司法责任制度的若干意见〉读本》，人民法院出版社 2015 年版。

张军：《人民法院案件质量评估体系：理解与适用》，人民法院出版社 2011 年版。

戴景月：《基层人民法院管理体系》，人民法院出版社 2010 年版。

宋冰：《程序、正义与现代化——外国法学家在华演讲录》，中国政法大学出版社 1998 年版。

最高人民法院中国应用法学研究所：《美国法官制度与法院组织标准》，人民法院出版社 2008 年版。

二、中文译著

［英］哈特：《法律的概念》，徐家馨、李冠宜译，法律出版社 2011 年版。

［英］丹宁勋爵：《法律的正当程序》，李克强、杨百揆、刘庸安译，法律出版社 1999 年版。

［美］汉密尔顿、杰伊、麦迪逊：《联邦党人文集》，程逢如等译，商务印书馆 1982 年版。

［美］E.博登海默：《法理学——法律哲学与法律方法》，邓正来译，中国政法大学出版社 2004 年版。

［美］本杰明·卡多佐：《司法过程的性质》，苏力译，商务印书馆 1997 年版。

［美］亨利·亚伯拉罕：《司法的过程》，泮伟江译，北京大学出版社 2009 年版。

［美］布莱恩·福斯特：《司法错误论——性质、来源和救济》，刘静坤译，中国人民公安大学出版社 2007 年版。

［日］宇贺克也：《国家补偿法》，肖军译，中国政法大学出版社 2014 年版。

［法］勒内·弗洛里奥：《错案》，赵淑美译，法律出版社 2013 年版。

［德］罗森贝克、施瓦布、戈特瓦尔德：《德国民事诉讼法》（下），李大雪译，中国法制出版社 2007 年版。

［以］巴拉克：《民主国家的法官》，毕洪海译，法律出版社 2011 年版。

三、外文著作

Irene Tesitor & Dwight B. Sinks. *Judicial Conduct Organizations*. American Judicature Society，1980.

Charles Gardner Geyh，James J. Alfini，Steven Lubet & Jeffrey M. Shaman. *Judicial Conduct and Ethics*. Matthew Bender & Company，Inc.，2013.

Marvin Comisky and Philip C. Patterson. *The Judiciary —— Selection*，

Compensation, Ethics and Discipline. Quorum Books, 1986.

Mary L. Volcansek. *Judicial Impeachment: None Called for Justice*. University of Illinois Press, 1993.

Edited by Guy Canivet, Mads Andenas and Duncan Fairgrieve. *Independence, Accountability and the Judiciary*. British Institute of International and Comparative Law, 2006.

Richard A. Posner. *The Federal Courts: Challenge and Reform*. Harvard University Press, 1996.

Thomas E. Baker. *The Good Judge: Report of the Twentieth Century Fund Task Force on Federal Judicial Responsibility*. Priority Press Publication, 1999.

Emily Field Van Tassel. *Why Judges Resign: Influences on Federal Judicial Service, 1789 to 1992*. Federal Judicial History Office and Federal Judicial Center, 1993.

C. Ronald Huff and Martin Killias. *Wrongful Conviction: International Perspectives on Miscarriages of Justice*. Temple University Press, 2008.

Charles H. Sheldon and Linda S. Maule. *Choosing Justice: The Recruitment of State and Federal Judges*. Washington State University Press, 1997.

Tong Zhiwei. *Right, Power and Faquanism: A Practical Legal Theory from Contemporary China*. Brill Academic Publishers, 2018.

四、中文论文

杜茂筠:《论错案》,《宁夏社会科学》1988 年第 3 期。

肖文昌:《建立错案责任追究制的几点思考》,《法律适用》1993 年第 6 期。

王晨光:《法律运行中的不确定性与"错案追究制"的误区》,《法学》1997 年第 3 期。

周永坤:《错案追究制与法治国家建设——一个法社会学的思考》,《法学》1997 年第 9 期。

李建明:《错案追究中的形而上学错误》,《法学研究》2000 年第 3 期。

梁慧星:《叫停"错案追究" 完善"法官弹劾"》,《公民导刊》2003 年第 10 期。

贺日开、贺岩:《错案追究制实际运行状况探析》,《政法论坛》2004 年第 1 期。

姚建才:《错案追究制度的反思与重构》,《江西公安专科学校学报》2004 年第 2 期。

陈学权:《刑事错案的三重标准》,《法学杂志》2005 年第 4 期。

刘德法、孔德琴:《民事枉法裁判罪若干问题研究》,《郑州大学学报(哲学社会科学版)》2006 年第 2 期。

魏胜强:《错案追究何去何从?——关于我国法官责任追究制度的思考》,《法学》2012 年第 9 期。

张玉洁:《错案追究终身制的发展难题——制度缺陷、逆向刺激与实用主义重构》,《北方法学》2014 年第 5 期。

陈瑞华:《法官责任制度的三种模式》,《法学研究》2015 年第 4 期。

李雨峰:《司法过程的政治约束》,《法学家》2015 年第 1 期。

朱孝清:《试论错案责任》,《人民检察》2015 年第 16 期。

朱孝清:《错案责任追究的是致错的故意或重大过失行为——再论错案责任》,《人民检察》2015 年第 21 期。

蒋银华:《法官惩戒制度的司法评价——兼论我国法官惩戒制度的完善》,《政治与法律》2015 第 3 期。

杨凯:《论审判中心主义视角下刑事冤错案防范机制建构——以湖北高院六年 175 件刑事再审发改案件为样本的实证分析》,《法学评论》2016 年第 2 期。

王伦刚、刘思达:《从实体问责到程序之治——中国法院错案追究制运行的实证考察》,《法学家》2016 年第 2 期。

朱孝清:《错案责任追究与豁免》,《中国法学》2016 年第 4 期。

周赟:《错案责任追究机制之反思——兼议我国司法责任制度的完善进路》,《法商研究》2017 年第 3 期。

江钦辉:《错案责任追究制度的目标偏移与矫正——以西北地区某基层法院错案责任追究的实践为考察对象》,《河北法学》2019 年第 7 期。

王会清:《从错案责任制到司法责任制——理念与机制上的嬗变考》,《湘潭大学学报(哲学社会科学版)》2019 年第 2 期。

童之伟:《中国实践法理学的话语体系构想》,《法律科学》2019 年第 4 期。

童之伟:《法权说对各种"权"的基础性定位——对秦前红教授批评文章的

迟到回应》,《学术界》2021 年第 2 期。

五、外文论文

Cynthia Gray. How Judicial Conduct Commissions Work. *Justice System Journal*, 2007, Vol.28(3).

Edvard J. Schoenbaum. A Historical Look at Judicial Discipline. *Chi.-Kent L.* Rev. 1, 1977.

六、各国法律文件中文资料来源

《世界各国宪法》编辑委员会:《世界各国宪法》,中国检察出版社 2012 年版。

最高人民法院政治部:《域外法官组织和法官管理法律译编》(下册),人民法院出版社 2017 年版。

《德国公务员法 德国联邦公务员惩戒法》,徐久生译,中国方正出版社 2014 年版。

《德国刑法典》,徐久生、庄敬华译,中国方正出版社 2004 年版。

《德国民法典》,郑冲、贾红梅译,法律出版社 2001 年版。

《德国刑事诉讼法典》,宗玉琨译注,知识产权出版社 2013 年版。

《法国新民事诉讼法典》,罗结珍译,中国法制出版社 1999 年版。

《最新法国刑法典》,朱琳译,法律出版社 2016 年版。

《俄罗斯联邦刑事法典》,赵路译,中国人民公安大学出版社 2009 年版。

《日本刑法典》,张明楷译,法律出版社 2006 年版。

索　引